民國歷史與文化研究

十八編

第 **11** 冊

胡先驌年譜
（第一冊）

胡 啟 鵬 著

花木蘭文化事業有限公司

國家圖書館出版品預行編目資料

胡先驌年譜（第一冊）／胡啟鵬 著 -- 初版 -- 新北市：花木
蘭文化事業有限公司，2024〔民 113〕
目 4+242 面；19×26 公分
（民國歷史與文化研究 十八編；第 11 冊）
ISBN 978-626-344-640-3（精裝）
1.CST：胡先驌 2.CST：年譜
628.08   112022508

ISBN-978-626-344-640-3

9 786263 446403

民國歷史與文化研究
十八編 第十一冊   ISBN：978-626-344-640-3

胡先驌年譜
（第一冊）

作　　者　胡啟鵬
總 編 輯　杜潔祥
副總編輯　楊嘉樂
編輯主任　許郁翎
編　　輯　潘玟靜、蔡正宣　美術編輯　陳逸婷
出　　版　花木蘭文化事業有限公司
發 行 人　高小娟
聯絡地址　235　新北市中和區中安街七二號十三樓
　　　　　電話：02-2923-1455／傳真：02-2923-1452
網　　址　http://www.huamulan.tw 信箱 service@huamulans.com
印　　刷　普羅文化出版廣告事業
初　　版　2024 年 3 月
定　　價　十八編 22 冊（精裝）新台幣 55,000 元

胡先驌年譜
（第一冊）

胡啟鵬　著

作者簡介

胡啟鵬，男，漢族，1970 年出生，新建縣人。大學文化，經濟師，副研究員。供職南昌市新建區長堎鎮人民政府，新建區作協副主席，江西省作家協會會員，江西省書院研究會理事。專著《胡先驌傳》《中國生物學界的老祖宗胡先驌》《胡先驌全傳》；合著《楊惟義傳》。主編《新建縣歷史名人》《胡先驌詩文集》（上下冊）。曾接受新華社，安徽衛視，江西電視臺、南昌電視臺，江西晨報、江南都市報等媒體採訪 100 多次，發表文章 50 多篇。獲得 2011 年度「江西省科學先進工作者」，2012 年度農工黨江西省委會「撰稿積極分子」，2017 年「江西省最美讀書人」等榮譽稱號。

提　　要

　　胡先驌（1894 ～ 1968），江西新建人，字步曾，號懺庵。1925 年獲哈佛大學博士學位。植物分類學家，中國植物學的奠基人，文學家、教育家、詩人。曾任國立南京高等師範學校、東南大學、中央大學生物系主任、教授，中國科學社理事，中國科學社生物研究所植物部主任，北京靜生生物調查所所長，北京博物學會會長，北京師範大學教授、北京大學名譽教授，廬山森林植物園董事，雲南農林植物研究所所長，中國植物學會會長，中正大學校長、中國科學院植物研究所研究員。曾三次代表中國科學界參加太平洋科學會議，任國際科學教授會副會長，國際植物命名法規委員會委員，代表中國之植物學名審查會之永久會員，國際植物學會副會長。1930 年開始，國民政府聘為中央研究院評議會第一、二、三屆評議員，1948 年當選首屆院士。

　　本書是一部完整記錄胡先驌生平事蹟的年譜。書中廣泛採集有關檔案材料、發表文章、專著、譯著、信札、自傳、報刊採訪，回憶、總結及各種相關資料，以年為序，從學習生活，科學研究，參與並主持科研機構等事業建設，社會交往等方面客觀、完整地記錄了胡先驌一生經歷。本書取材廣闊、考訂細緻，敘述公允，收錄各種圖片五百條幅，是研究胡先驌較為完整的編年資料，對近現代生物學史、植物分類學史、植物採集史、教育學史，文學史，科學研究和科學機構建設史等均有重要的學術與史料價值。

謹以此書
紀念胡先驌先生誕辰 130 週年

（1894 年～2024 年）

目

次

第十冊

第十一冊

第十二冊

凡　例

（關於編撰體例作以下說明）

　　《胡先驌年譜》是一部記載胡先驌的生平、思想和業績的編年體著作。這部年譜，以大量檔案文獻資料為依據，詳實準確地記述了胡先驌一生主要活動，反映了在植物學、文學、教育學、詩詞、政治、經濟等方面貢獻。該書廣泛搜集、審慎整理、仔細考證就關於胡先驌的各種歷史資料，包括檔案、期刊、報紙、演講、報告、文集、日記、回憶、手稿等，凡與譜主生平事蹟有關的可靠史料，儘量採集收錄，力求系統、全面而準確記述譜主的一生史事。真實反映胡先驌作為二十世紀科學巨匠，中國生物學界的老祖宗豐富多彩的一生，包括人生道路、思想歷程、機構建立、採集標本、植物研究、標本鑒定、古植物化石考證、專著剖析、發表論文、創辦刊物、學術交流、文學創作、教育認識、詩詞唱和、社會活動、人際交往等各方面，為胡先驌研究提供了紮實的參考文獻。

　　一、按照年月日順序紀事，部分條目根據敘事的需要採用紀事本末的寫法。具體時間考訂不清的寫旬，旬考訂不清寫月。用旬、月表述的條目，一般放在該旬、月的末尾，有的視情況酌定。用季表述條目，春夏秋冬為3月，6月，9月，12月底，只能判定時間為某年的條目，一律放在年末。

　　二、反映在一段時間內的會議和其他活動的條目，起止時間用「～」連接。

　　三、記述譜主的活動，一般省略主語。如果確實需要，出現譜主姓名。

　　四、一條中包括不同月日多次活動的，開頭用第一次時間，其餘各次的時間在行文中出現。

五、同一時間有多條內容的，在第一條開頭寫明時間，從第二條也用月日時間表示。

六、對確有差錯的具體史實和時間，在經過嚴密精細的考證後，採取直接訂正辦法處理。

七、對於文中涉及的人和事，作了簡要注釋。中國人的職銜，只在人名第一次出現時作注，以後職銜發生變化時再重新作注；外國人士的職銜，在人名第一次出現時作注，在另一段時間又出現時再重新作注。

八、對於目前尚不適宜出版的部分內容，文中用「從略」或者省略號「……」表示，並注明參考文獻，為讀者指示進一步查閱的途徑。

九、由於文獻資料歷史久遠、保存不當，在選錄文章時，模糊不清文字，每字用一個口表示，依次照推。

前　言

　　一、譜主年齡有的以出生年為一歲，有的為零歲，筆者根據胡先驌自己填寫檔案計算為準，1894 年 5 月出生，1940 年 11 月表格，年齡填寫為 47 歲，按照這樣推算，1894 年即出生年為一歲，依次逐漸增加。

　　二、著作，包括專著、編著、合著、翻譯等書籍。包括出版社名稱、時間、字數、頁碼數、印數、出版版次、再版時間、書名、內容提要、自序、目錄及後記等信息。校、校訂、審閱等書籍，注明書名、著者、譯、編譯、編輯、編、原編、改編的姓名，出版時間，出版社，版次等信息。

　　三、入譜作品，均記題目並擇要作內容簡介。文章，包括自然科學和人文科學方面，力求所有的文章都介紹，發表刊物雜誌，報紙名稱，時間，卷期號及頁碼。自然科學文章，論文摘錄前言、論點，科普文章錄重點、要點。人文科學文章錄前言、觀點。有的文章較短，全錄；有的文章較長，僅錄重要部分，主要反映作者的學術思想，力爭做到每篇文章有信息。

　　四、英文著作、論文僅僅錄標題名稱，及發表時間，刊物名稱，英文著作等信息。

　　五、信札，包括個人互通的信札、多人致函一人、一人寫給多人，其他人員互通信札，內容涉及譜主，應錄盡錄。與譜主相關通訊，選擇重要內容摘錄。外文書信不錄。

　　六、詩詞，按照編年形式，詩詞的標題逐年摘錄在當年文後，部分重要的詩詞摘抄文中，僅僅是小部分。

　　七、專著封面圖、信札手跡、書籍手稿、文章的遺稿及重要歷史照片，結

合當時歷史，放入當年譜中，有歷史厚重感、真實感，做到圖文並茂。

八、胡先驌是科學社時期的股東，1916 年開始在《科學》發表文章，1924年當選為理事，以後一直當選，是少數與中國科學社相始終的領導人物之一，對中國科學社的貢獻甚大。作為董理事會成員，參加董事會會議，會議內容的決策者，參與者，涉及到會議決議事項全錄。沒有參加董理事會議，或沒有明確確定胡先驌參加會議，僅錄與胡先驌直接或相關事項。

九、中國科學社每年舉行年會，胡先驌作為社員、理事，按要求，每年都應該參加，由於公務繁忙，或其他事情，沒有及時參加，加上他平時沒有記日記習慣，一些會議，不能確定是否參加。在年會記錄中，有些年會，如主持會議，宣讀論文、講演等明確工作情況，實行摘錄。有些年會，明確參加會議，全部報導中沒有他任何信息，全部融入在會議中，只記載參加會議，不作詳細介紹。有些年會，沒有參加，也沒有任何記載信息，一般不錄。

十、參加會議時，有時為胡先驌，有時為胡步曾的簽名，文章記載也有類似情況。為了保持歷史的原貌，不作更改，雙名並存。

十一、1936 年～1937 年，胡先驌向蔣中正所提《關於中國亟應舉辦之生物調查與研究事業的建議》《關於改革中國教育之意見的建議》《關於解決農村問題之另一途徑的建議》《關於改革中國教育方案的建議》《關於消費研究與倡導節約的建議》等五篇文章，手稿現藏臺灣國史館。文章內容較長，部分文章在期刊雜誌發表，全部錄上。

十二、江西《民國日報》刊載大量的胡先驌文章和信息，約 10 萬字，收錄大部分，包括發表著作、即時講話、國立中正大學（中正大學二名稱通用）開展活動、參加江西省會務活動，個人消息等信息。

十三、《梅庵憶語》《京師大學堂師友記》《近世中國農業研究機構概況》《北京的科學運動與科學家》《我國學者應如何學習米丘林以利用我國植物資源》《懺庵叢話》等多篇文章，篇幅較長，是中國教育史、科學史、生物學史、人物史等領域重要研究材料，沒有選錄摘錄，全部收錄。

十四、二十世紀五十年代，中國科學院植物分類研究所人員參加政治學習，其他人都用筆記本記錄，胡先驌沒有作筆記。批判的人說他：拒絕政治學習，不作筆記。他說自己的記憶力好，不用作筆記。胡先驌沒有作筆記的習慣，也沒有寫回憶錄，只是零星寫了回憶片段文章，曾經寫《對於我的舊思想的檢討》《對於我的舊思想的再檢討》《對於我的舊思想的第三次檢討》《自傳》等

四篇文章，對自己歷史、發生事件作了交代，留下十分珍貴的資料。

十五、1958 年 8 月，著《植物分類學簡編》中的《中國現代化的植物分類學研究》《植物分類學的文獻》兩篇科普文章，是中國植物學史、植物分類學史、植物採集史研究的重要資料，篇幅較長，讀者很少看到，文章重要，全部錄上。

十六、同事、家屬、學生等當事人寫的回憶文章，選錄重要事項、重點內容。研究者的文章，對某項事件闡述，僅錄研究的結論。

十七、鄭瑤先生著《繼往開來責在斯——國立中正大學農學院研究（1940～1949）》，2019 年江西師範大學碩士研究生學位論文。該文多處涉及到胡先驌珍貴歷史檔案資料。經與鄭瑤先生聯繫，將其在中國第二歷史檔案館、江西檔案館文獻摘抄資料發給筆者，為了尊重作者辛苦勞動，秉持實事求是態度，全部注明。採用兩種處理辦法，一是原論文中僅僅引用了一部分，年譜採用完整的引用，作為補充，條目僅作適當修改。二是，論文中沒有採用的文獻資料，說明由鄭瑤先生提供，為便於查找，注明來源出處等信息。

十八、胡宗剛先生著《靜生生物調查所史稿》《廬山植物園最初三十年》《雲南植物研究史略》《江蘇省中國科學院植物研究所·南京中山植物園早期史》《中國植物誌編撰史》《胡先驌先生年譜長編》《廬山植物園八十春秋紀念集》等著作，及在公眾號註冊名稱「近世植物學史」，發表的文章，本年譜中摘錄這些書籍、文章裏關於胡先驌歷史資料及相關信息，並加注書籍書名、出版社名稱、出版時間及頁碼。

十九、本書的箋注、注放在該條信息後面，即隨文注，便於查找。用比正文小一號的另一種字體，以示區別。箋注、注同時出現，箋注在前、注在後。

名　言

乞得種樹術、將以療國貧。

大學教育、既貴專精、尤貴宏通。

植物的富源，當更富於金礦。因為世界上金礦有開發完盡的一天，而植物的寶藏則愈用愈多，永無絕滅！

我們一生的精力不應該限於職業，在從事職業之暇，應善自利用時間，去追求真善美，去追求世上無窮的知識。

大學教授必須是學術宏通品德高尚可為青年表率者，才能勝任，品德不足以為青年師表者，雖有專門學問，也不能勝任。

我雖是一個科學家，但對於中國舊學有相當深的研究，所以我十分珍惜這種封建文化。我認為胡適、陳獨秀這些人竟敢創造白話文，來打倒文言文，我雖不問政治，但對這個毀滅中國民族的崇高文化運動，是不能坐視的。

——胡先驌

名人論胡先驌

　　1956 年 4 月 25 日～28 日，中央政治局擴大會議上討論《論十大關係》的講話。陸定一在 27 日發言中，他從中國生物學家胡先驌的一篇文章講起。他說：從前我們看重他的政治問題，因為他那個時候罵蘇聯，所以我們就氣了。他講的問題是生物學界很重要的問題，這個人在生物學界很有威望。

　　毛澤東插話：不是什麼人叫我們跟他鬥一鬥嗎？

　　陸定一說：後來我們把那個東西和緩了，報紙上沒有提他的名字，是在一個什麼米丘林的紀念會上有幾個人講話講到了他，我們掌握了這一點，就是報紙上一個名字都不講，因此還沒有和他撕破臉。

　　毛澤東問：胡先驌的那個文章對不對？

　　陸定一說：他批評李森科的那個東西很好，那是屬於學術性質的問題，我們不要去干涉比較好。

　　毛澤東說：那個人是很頑固的，他是中國生物學界的老祖宗，年紀七八十了。他贊成文言文，反對白話文。這個人現在是學部委員嗎？

　　陸定一說：不是，沒有給。

　　毛澤東話：恐怕還是要給，他是中國生物學界的老祖宗。〔註1〕

　　1956 年 5 月 1 日，周恩來同中國科學院負責人談科學與政治的關係問題時指出：可以先把二者分開，科學是科學，政治是政治，然後再把它結合起來，比如對李森科的學說，首先應在科學領域內進行研究，看看哪些是對的或是不對的。其次，再對李森科否定的那些學說進行研究，看哪些是對的不應否定，哪些是不對的應該否定。然後再對中國科學家胡先驌批評李森科的文章進行

〔註 1〕中共中央文獻研究室編，逢先知、金沖及主編《毛澤東傳（1949～1976）》，中國黨史出版社，2009 年 3 月版，第 489 頁。

研究，看看批評對不對、對了多少。如果李森科不對，我們沒有理由為李森科辯護，我們就向被批評的胡先驌承認錯誤。這樣就把科學和政治分開了。然後再把科學與政治結合起來，不使科學和政治脫節，對一切科學，都要這樣。〔註2〕

陳毅副總理讀《水杉歌》，讀後記說：胡老此詩，介紹中國科學上的新發現，證明中國科學一定能夠自立且有首創精神，並不需要俯仰隨人。詩末結以『東風佇看壓西風』，正足以大張吾軍。此詩富典實，美歌詠，乃其餘事，值得諷誦。一九六二年二月八日。〔註3〕

清華新聞網 2015 年 9 月 24 日電，國家主席習近平訪美期間專程來到位於西雅圖的全球創新學院，把水杉作為國禮贈送。水杉是中國特有的樹種，被譽為植物王國的「活化石」，100 年以上的水杉品種，全世界只有在中國生長。將此樹贈送給清華大學與華盛頓大學、微軟公司在美國聯合創辦的全球創新學院，寓意中國科技走向世界。水杉是中國獨一無二的植物特有品種，1948 年被胡先驌與鄭萬鈞共同發現，震驚全世界，胡先驌被稱為「水杉之父」。〔註4〕在此之前，胡耀邦總書記、胡錦濤總書記先後視察湖北省利川水杉基地。1992年，鄧小平視察深圳時，在仙湖植物園，特意說到水杉和發現者胡先驌。

習近平主席向全球創新學院贈送水杉樹儀式

〔註2〕中共中央文獻研究室編《周恩來年譜（1949～1976）》上卷，中央文獻出版社，1997 年 5 月版，第 570 頁。

〔註3〕1962 年 2 月 17 日《人民日報》。

〔註4〕中國青年網北京 2015 年 9 月 24 日電（見習記者王亞輝）據清華大學官方網站消息，當地時間 9 月 23 日，國家主席習近平來到首個由中國高校在美設立的實體校區——位於西雅圖的全球創新學院（Global Innovation eXchange institute，簡稱 GIX）看望工作人員，並贈送水杉樹。

水杉郵票及信封

中國科學院植物研究所王文采院士說：「他（著者注：胡先驌）和鄭萬鈞先生發現的活化石水杉，的確是轟動了世界。我 1996 年在美國密蘇里植物園，看到一株水杉樹，已是那麼高大，大概就是（著者注：二十世紀）四十年代胡老、鄭老發現（著者注：水杉）以後不久，寄給他們種子栽培種植。1988 年吳征鎰先生與密蘇里植物園主任 P. H. Raven 分別代表中美兩國簽訂合作出版英文版《中國植物誌》的協議，就是在這棵樹下簽署。現在世界上到處都有水杉，他（著者注：胡先驌）的貢獻很大！」〔註5〕

徐綏之著《二十世紀百年百人排行榜》一書，將胡先驌列為第 69 位，說他是「敢於唱反調的科學家和詩人」。縱觀百年中國科技史，以胡先驌為代表的植物學家群體，不僅在生物學界，而且在整個科技界都具有典型性。或可把這概括為四個方面——崇尚自然、忠於事實的求真態度，循序漸進、吃苦耐勞的實踐能力，以民為本、洋為中用的強國理想，剛柔兼濟、守正不阿的處世境界。

《世界名教授》一書是由德國書籍出版集團於 2010 年 7 月 22 日發行出版的有關世界著名教授的傳記。內收伯特蘭·羅素、胡先驌等一批世界各國著名大學教授，屬一本專門介紹收錄大學教授生平的傳記。

2023 年 1 月 28 日星期六（初七）21：30 分，CCTV-13 與中央電視臺央視新聞頻道《新聞調查》欄目《百年守望》國家植物園背後的故事為主題，春節特別節目 45 分鐘紀錄片《百年守望》（原名《胡先驌的國家植物園之夢》），詳細介紹胡先驌一生的豐功偉績，系統講述了我國植物園建設的來龍去脈，其

〔註 5〕王文采口述、胡宗剛整理：《王文采口述自傳》，湖南教育出版社，2009 年版。

中重點講述了胡先驌先生創建廬山植物園的歷史，即是其國家植物園夢開始的地方，以及發現水杉艱辛歷程和鮮為人知的故事。國家植物園標誌（Logo），選擇了最能代表中國的兩種特有珍稀植物銀杏和水杉，標誌設計包含了植物保護和生態生命理念，標誌設計內涵上具有國家的代表性與珍稀瀕危植物的代表性。

胡先驌年譜

身世

江西省新建區聯圩鎮鱐鑗口治平洲中胡村人（今聯圩鎮均洲中胡），位於中國第一大淡水湖鄱陽湖的西邊，係明經胡氏。

新建區聯圩鎮牌坊「先驌故里」

明經胡氏是胡氏家族重要一支。歷史上有一個悲慘而傳奇的故事。公元904年1月，唐李曄（昭宗）的大將朱溫握有重兵，權傾朝野，對唐宰社稷垂涎已久，對大臣們進行拉攏、打擊、迫害、甚至殺害。3月，何皇后臨產，生一男嬰兒，取名為李昌翼。朱溫命令將唐昭宗及家屬強迫遷到洛陽，昭宗皇帝知道家庭大禍來臨，遭到滅門之災，與何后暗中商量，將太子交給隨御駕東遷心腹胡三公，胡三公不顧個人的安危，秘密將太子帶回婺源考川，改名為胡昌翼，過著隱居生活。昭宗及家屬來到洛陽之後不久，全家就被殺害。胡昌翼在

胡三公精心培育下，經過自己的勤奮努力，終於在唐莊宗同光三年（公元 925 年）明經科考取進士，所以後人尊稱他為明經公。胡昌翼知道自己的身世之後，無意仕途，娶妻生子，樂居鄉村，開設書院，培養下一代。胡昌翼生有 3 子：長子胡延進（一作政）、次子胡延賓、三子胡延臻。為了報答胡三公的養育、覆翼之恩，並稱胡三公為義父。胡昌翼改姓為胡姓之後，他的子孫一直沿用胡姓，胡氏後裔為了表明與望出安定郡的胡氏的區別，所以稱為明經胡氏，後人也稱李改胡。明經胡後裔尊昌翼為始祖，胡三為義祖。

一世始祖為昌翼公。

傳二十二世祖榮五，明朝洪武九年（1376 年），由江西婺源縣遷徙鄱陽州（今鄱陽縣）田畈鎮馬鞍山村。後遷鄱陽縣潼子渡坡洲圩老基地（今鄱陽縣柘港鄉慶豐村）。

傳三十一世祖和公，為治平洲始祖。從明朝末年（約 1644 年），由鄱陽縣潼子渡坡洲圩老基地胡家，遷徙豫章、樂居新建。

胡氏遠祖：

昌翼—延進—文五—今一—旦十八—三九—訓明—積友義—義至—伸存—呆亮—輝炳—坤庭—省一—明勝—天林—庭芳—朝京—智良—泰二—棣四—榮五—闍三—顯一—貴二—文十—大四—高義—錦安—恩貴

治平洲胡氏世系源流：

和公—天龍—植—汝美—朝選—次聖—益謙—雄才—元吉—家玉—庭鸞（濟清）—承弼—先驌

天龍公自幼好學，能詩善文，因家境貧寒。童年幫家人牧鴨，十一二歲時，在鄱陽湖之濱洲頭放鴨，晌午飢餓轆轆，即戲吟詩曰：「風微微，雨稀稀，肚中飢餓唯自知，本想回家吃碗飯，又恐鸕鷹叼鴨去」。成年後，他重操牧鴨舊業。開始行跡無定所，當覓鴨食於新建縣聯圩鄉老屋墩時，一鴨每晚能生雙黃蛋，遂搭棚定居下來。年復一年，夫妻和睦，克勤克儉，安居樂業，人丁興旺。以後大興土木，建造土屋。至今老屋墩仍留有當年規模宏大工程之遺跡。

宗寅公，字益謙，因事晚出，見村前東南方約百米的一個小洲上，似有兩盞燈籠熠熠生輝，他將此事告之家人，均認為此地乃吉祥之兆，小洲定屬寶地，經闔族長者商定後，移遷至小洲建房居住。隨著斗轉星移，歲月更替，男耕女織，豐衣足食。後輩寒窗苦讀之人才，如雨後春筍，層出不窮。胡家玉即在新基地誕生。

新建區聯圩鎮治坪洲胡氏牌坊

　　三十九世祖胡元（？～1843），胡家玉三叔，胡元對家族影響之大，特別
是對胡家玉的教育，引導，功不可沒，如文章的修改。胡家玉自訂年譜中，專
門記載三叔教他學習情況，今選兩段：道光十三年癸巳（1833），九月，先祖
晉署，予（家玉）寓廳事西之書房。三叔（胡元）命予十日作一文，並命予課
瑞弟璧弟讀。予與三叔早晚侍先祖膳。臘八日，酒酣，三叔喜謂先祖曰：「家
玉近日文筆大有進境，不患不售，他日可望鼎甲！」先祖曰：「談何容易。」
三叔曰：「是不難，即如今科狀元汪朗渠寫作，不過爾耳，家玉何多讓焉。」
先祖笑而頷之。道光二十年庚子（1840），元旦啟行，燈節後抵京，寓東館。
與南邑諸君聯課。闈春，仍不第。卷為胡詠芝先生（林翼）所薦，旋移寓西
館。與鄒林，徐亭梅聯課，將課藝寄呈三叔，復書云：「照此用功，斷無不售
之理。」

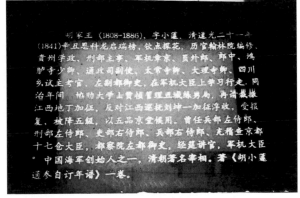

胡家玉（1808-1886），字小蓮，清道光二十一年
（1841）辛丑恩科龍啟瑞榜，欽点探花，历官翰林院编修，
貴州学政、刑部主事、军机章京、员外郎、郎中、鸿
胪寺少卿、通政司副使、太常寺卿、大理寺卿、四川
乡试主考官、左副都御史、在军机大臣上学习行走。同
治年间，协助大学士贾桢管理丑坝练勇局，奏请裁撤
江西地丁加征，反对江西巡抚刘坤一加征浮收，受报
复，被降五级，以五品京堂候用，曾任兵部左侍郎、
刑部左侍郎、吏部右侍郎、兵部右侍郎、充稽查京都
十七仓大臣、都察院左都御史、经筵讲官、军机大臣
。中国海军创始人之一，清朝著名宰相。著《胡小蓮
通参自订年谱》一卷。

牌坊中胡家玉生平

牌坊中胡先驌生平

江西最後一位宰相胡家玉

1854年，胡家玉為《孫坑、西垣合修族譜》作序。

　　我胡氏系出有虞尚，己而年代湮遠，世次多不可考。江右諸同族，宗華林者居多，華林自唐天祐間公官侍御史，五子俱顯宦，族益滋大，耿夫人墓，書院遺址，今尚存焉。余幼時曾見華林大成譜，惜多殘蝕，僅能髣髴一二。省垣有宗祠，每歲仲冬設大祭，祭畢分胙，作團圝宴，敦族誼也。祠在縣署前，邑中應試者多居之，故益相親近。喬嶺內之孫坑，由樓下遷居者也，西垣、大橋又從孫坑分出，由華林遷樓下也，具詳於裘囊勤序中，不復贅。

　　余支祖和公，自鄱陽童子渡遷治平洲，今二百餘年矣，去孫坑

六十餘里。道光乙酉，先三叔選拔貢，成均孫坑支遺人稱賀，辛丑余登進士第，亦送扁額於支祠，然未嘗履其地也。

咸豐三年夏五月，省垣被圍，道路梗塞，家君由泮湖莊避居於孫坑之燕窩村，先太恭人未之知也，攜子若孫買舟東去，浮家泛宅於柘湖，鴉鵲湖之濱，閱兩月抵黃溪渡，始悉家君避居所。冒險入吳源港，踰喬嶺達孫坑，始得團聚。族中父老子弟如舊相識，一切稱貸無少吝。燕窩村屋少而窄，復分居車頭、店園，先太恭人攜三弟居祠內旬餘，疾作醫藥無靈，嗚呼，蓼莪之痛，陟屺之衰，尚忍言哉！時家人皇皇無所措，賴靜川訓臨衛瞻照遠慶，余立廷及諸昆季襄大事，殯殮均如儀，遂暫厝於祠之中堂，嗚呼，可傷也，亦可感也！予在樞垣得江督警報，即請假歸省，沿途梗阻，春仲始抵里，匍匐奔赴孫坑，扶櫬出山，安厝往還數回，備知孫坑支所由來，嘉平月孫坑、西垣、大橋合修宗譜成，屬余弁言，余深感孫坑支族誼之高，人情之厚，而又悲先太恭人，遭時不偶，流離轉徙，竟見背於支祠也。

謹揮淚而為之序。

賜進士及第翰林院編修

提督貴州學政刑部四川司主事

軍機處行走加五級族未家玉頓首　拜撰

時皇清成豐四年甲寅（1854 年）季冬月吉旦〔註1〕

1875 年，胡湘林南昌府新建縣學附生民籍。參加江西鄉試，光緒乙亥恩科，中式第二十名舉人。硃卷中的戶籍家族登記資料。與現在家譜記載相吻合。

治洲始祖和公，由鄱陽童子渡坡洲圩遷居。

始祖姚氏郭。

二世祖，諱，天龍。

二世祖姚氏李。

三世祖，諱，植，儒隱。

三世祖姚氏段。

四世祖，諱，汝美。

〔註 1〕《新建縣胡氏家譜》，1982 年印刷。

胡家玉祖母熊太孺人之墓（新建區樵舍鎮楓樹村竹埠涂家富家腦山）

四世祖妣氏張，旌表節孝，詳邑志。

五世祖，諱，朝選。

五世祖妣氏曾。

太高祖，諱，次聖。

太高祖妣氏轟。

高祖，諱，益謙。誥贈奉政大夫，晉贈光祿大夫，都察院左都御史。

高祖妣氏熊，誥贈宜人，晉贈一品太夫人。

曾祖，諱，雄才。鄉飲大賓，勅封文林郎，旌德縣知縣，晉贈光祿大夫，都察院左都御史。

曾祖妣氏熊，旌表孝烈，詳《江西通志》。敕封孺人，晉贈一品太夫人。

氏熊，敕封孺人，晉贈一品太夫人。

祖，諱，元吉。國學生，敕封儒林郎，翰林院編修，晉封奉直大夫，累封中憲大夫，晉贈光祿大夫，都察院左都御史。

祖妣氏劉，敕封孺人，晉封恭人，贈一品大夫人。

庶祖母氏李，敕封孺人。

父名家玉，優廩生，道光乙未恩科（1835）舉人，咸安宮教習。辛丑恩科（1841）一甲第三名，賜進士及第。翰林院編修。癸卯（1843）提督，貴州學政。刑部四川主事，陝西司員外郎，江蘇司郎中總辦，秋，審處軍機章京。方略館協修、纂修。提調欽加四品銜。截取知府，特旨以四五品京堂候補鴻臚寺少卿，通政使司副使，光祿寺卿，太常寺卿，大理寺卿，都察院左副都御史，軍機大臣，兵部左侍郎，吏部左侍郎，都察院左都御史，歷兼署刑部左侍郎，吏部右侍郎，兵部右侍郎。

胡家玉墨寶

咸豐辛酉科（1861）湖南鄉試副考官。順天鄉試同考官。同治甲子科（1864）四川鄉試正考官；癸酉科（1873）順天鄉試副考官。丁卯科（1867）各省舉人複試閱卷大臣。庚午科（1870）順天舉人複試閱卷大臣。戊辰科（1868）會試複試閱卷大臣，朝考閱卷大臣，庶吉士。教館閱卷大臣。拔貢朝考閱卷大臣。考試孝廉方正閱卷大臣。癸酉科（1873）考試試差閱卷大臣。丁卯科（1867）順天武鄉試校射大臣。戊辰科（1868）武會試校射大臣。欽差湖南查辦事件大臣。西陵查辦事件大臣。管理五城練勇局務大臣。複覈朝審，查核工部內務府年終報銷，揀選雲南、貴州、甘肅等省府州縣官，盤

查三庫，稽查京通十七倉大臣。賞戴花翎，經筵講官，紫禁城騎馬，誥授光祿大夫。

　　妣氏陳，誥贈恭人，晉贈一品夫人。

　　　氏夏，誥封恭人，晉贈一品夫人。

　　　庶妣氏周。

　　　庶母氏（華中附），敕封孺人。

　　庭訓。

　　外舅訓。

　　業師。

　　盧敬五夫子。

　　梁諫臣夫子。

　　羅鏡心夫子，諱，澄監。

　　袁錫臣夫子，印，恩韡。

　　張夫子，印，敬書。

　　張撝亭夫子，印，受謙。

　　劉輔臣夫子，印，克基。

　　端木子疇夫子，印，埰。

　　阮寶丞夫子，印，光鼎。

　　熊厚岡夫子，印，鍾麟。

　　夏治亭夫子，印，經鎔。

　　陳厚菴夫子，印，德薰。

　　龍雲圃夫子，印，文彬。

　　受知師。

　　孟子卿夫子，印，慶雲。

　　許星臺夫子，印，應鑠。

　　許星督夫子，印，庚身。

　　嚴侍下。

　　胡湘林，字竹沅，號撝甫，行六。咸豐己未年（1859）七月十九日吉時生，南昌府新建縣學附生民籍。

　　胞曾伯祖敬修候選從九。鳳池，邑廩生，屢薦未售事，詳縣志。遺才類著有《燕詒堂文稿》《桐岡詩鈔》。英才，貤贈登仕佐郎。

胞叔祖元和，屢試前茅，負才早世，貤贈奉直大夫。元，字子蕙，道光乙酉科（1825）拔貢，朝考一等，以知縣用。歷署安徽婺源、銅陵、黟縣事。原任旌德縣知縣。捐廉倡修，城垣豐備義倉，鼻山書院，詳《旌德縣志》充。乙未科（1835）江南鄉試同考官。敕授文林郎，貤贈光祿大夫，都察院左都御史。元熙，邑庠生，貤贈朝議大夫。元照，國學生，貤贈中憲大夫。

嫡堂伯叔，祖逢泰，邑庠生。鍾、錦、鈿、元迪，從九職銜。元傑、鏡、鏵、元森候選縣丞。

胞叔家琦，國學生。家珣，國學生，浙江湯溪縣典史，候補縣丞，陞用知縣，出繼胞叔元和為嗣。恩綼，內閣供事候，選從九品。

嫡堂叔家瑞，增貢生，原任信豐縣訓導，守城出力。賞戴藍翎，浙江餘姚縣縣丞，候補知縣。家璧，郡廩生，候選訓導。義慈，郡廩生即選訓導，欽加大常寺，博士銜。出繼胞叔祖元熙為嗣。家瑛，邑庠生。家琳，郡庠生。家森，國學生。

從堂伯叔，家齊、家潔軍功六品。家觀、家法、家安、家福、家浩、家大軍功九品。家榮、家酉、家泉、家興、家隆、家德、家琥、家文、家清、家永、家望、家和軍功九品。

胞兄濟清，附貢生，原任浙江布政司，廣濟庫大使，戶部雲南司主事，派辦捐銅局，四川候補同知。誥授奉政大夫。庭楨，早世。翰清，邑廩生，候補選知縣，屢薦未售。庭鶴，業儒早世。毓清，國學生，分部學習，主事，候選知州。庚午科（1870）堂備本科呈薦。相清，國學生，分發試用監大使，本科順天鄉試，挑取謄錄。

胞弟庭鵠，殤。庭鸚、殤。庭鴉，殤。光甲，業儒。

嫡堂兄弟，巽，邑癢主，本科堂備。庭鷺，業儒。坤，邑庠生。庭凰，業儒。庭鷹，業儒。庭鷥，業儒。庭鶴，業儒。庭鵬，業儒。庭鴈，業儒。

從堂兄弟，綏馨，邑庠生。綏章，同治癸酉科，拔貢，旗官學教習。綏聯，國學生，考取謄錄。綏揚，業儒早世。綏青，邑庠生。綏宣，業儒早世。綏恩，邑庠生。綏榮，國學生。綏彝，業儒。翰，業儒。綏採，業儒。綏若，業儒。綏泰，國學生。綏，業儒，早世。綏芝，業儒。庭鸑，業儒。庭鯉，業儒。庭芳，業儒。

胞姪承弼，邑庠生。承詔，業儒。承諫，業儒。

從堂姪，承楷、承烈、承傑俱幼。

胞姊二。一適貴溪道光甲辰（1844）翰林通政使司，通政使朱公夢元長子、同治辛未（1871）翰林琛。一適德興道光辛丑（1841）翰林、現任甘肅按察使，楊公重雅五子，庠生德成。

妻許氏。奉新廩貢生，欽加三品銜。誥封資政大夫宗祀，鄉賢臚菴孫女，道光己酉科（1849）拔貢，咸豐己未恩科（1859）舉人，同治癸亥恩科（1863）進士。翰林院編修，己巳（1869）補行。己未（1859）、辛酉（1861）、壬戌（1862）三科，貴州鄉試副考官，提督陝甘學政，欽加五品銜，賞戴花翎，印，振禕，五女，業儒作緝胞妹。

族繁不及備載。

世居治洲。

【箋注】

選自《欽命四書詩題》。《欽命四書詩題》的基本知識：清代的科考，順治初年（1644）規定第一場考《四書》《五經》，用八股文，謂之制義，亦稱制藝、時藝、時文；第二場考論一篇，判五道，詔、誥、表擇作一道；第三場考經、史、時務策五道。乾隆五十二年（1787）後，改第一場考《四書》文三篇，五言八韻詩一首；第二場考經文五篇；第三場考策問五道，題問內容為經史、時務、政治。順天鄉試的《四書》題和貼試詩題由皇帝欽命，其餘考試內容由主考、同考官員命題；各省鄉試均由主考命題。乾隆皇帝還指派學者方苞編定明清兩朝名家所寫八股文，定名《欽定四書文》，刊行全國，供赴考舉子閱讀。

二十世紀五六十年代，寫《懺庵叢話》之《宋代名賢題詠華林胡氏譜牒真蹟》文章，以為本家族出自華林胡氏，收錄在《胡先驌文存》中。有些學者以此為根據，錯誤認為胡先驌出自華林胡氏。其實是明經胡氏，特此把這幾篇文章同時錄取，供大家甄別。

宋代名賢題詠華林胡氏譜牒真蹟。

宋胡直孺公所作安定胡氏家乘序云：「胡氏之先，系出不一。一則世本有胡曹者，黃帝時人，黃帝治天下，衣裳之制，曹始為之，一則左氏載虞胡公者，為周陶正，武王以元女大姬配之而封之陳，

以備三恪。又史記載虞胡公滿者，虞帝舜之後也，周武王克商，求舜後，得媯滿，封之於陳，以奉帝舜祀，是舜胡公，其後以諡為姓。唐書則曰，夏禹封舜子商均於虞城，三十二世孫遏父為周陶正，武王以元女大姬生滿，封之於陳，賜姓媯，以奉舜祀。三說雖小異，要之胡公舜後也。一則胡以國氏，成周時為子爵，其地在潁州汝陰西二里，胡城是也。魯定公十五年楚昭王滅之，其後子孫分散，有望安定者，即汝陰之別也。或者又謂周時胡國參胡之後，其先出顓帝高陽氏，曰重黎，為帝嚳火正，死後弟吳回生陸終，陸終之次子參胡董姓，封於韓墟，周時為胡國，楚滅之。嗟夫古者天子因生以賜姓，胙之土而命之氏，諸侯以字為氏，因以為族，官有世功，則有官族，邑亦如之，而胡氏乃有以姓者，以諡者，以國者，以賜而改者，其原既各有所出，後世子孫蔓延於天下，分散扶疏，欲合而一之可乎？直孺之族由劉宋元嘉中仕為太子左衛，諡壯侯，諱藩者，世居豫章之新吳華林，由是子孫世居之，雲仍日蕃，衣冠日盛，宏謨駿烈，國史紀焉。直孺懼族人散處，欣戚慶慰之禮，或不相及，恐久而至於途人，乃重修胡氏譜圖，將以統其疏而合其離也。是貴鉅細畢錄，偏全互見，要以摹寫形容，備章風格，令觀者仰止高山之意焉。紹興元年秋九月龍圖閣學士通議大夫權吏部尚書直孺謹序。」

由此序觀之，胡氏雖淵源遠溯邈古，實非一支，傳至後世，分居各省，亦猶王氏有琅琊太原之別，故如唐詩人胡曾乃湖南邵陽人，北宋學者胡瑗乃江蘇泰州人，南宋經學家胡安國乃福建建陽人，宋元史學家胡三省乃浙江天台人，元文學家胡天遊乃湖南平江人，明文學家胡應麟乃浙江蘭溪人，明開國丞相胡惟庸乃安徽定遠人，明開國名將胡大海乃江蘇泗洪東南人，明平倭總督胡宗憲乃安徽績溪人，明詩人胡震亨乃浙江海鹽人，清巡撫胡林翼乃湖南益陽人，皆與江西華林胡氏風馬牛不相及者也。今江西籍胡氏皆溯源於新吳（今奉新縣）之華林，有總宗祠在焉，距縣城八里，並有始祖城公妣世稱為耿氏十八太婆之唐敕封華林始祖妣徐國夫人胡母耿夫人之墓，相傳葬自司馬頭陀，為吾族發祥地也。〔註2〕

〔註2〕張大為、胡德熙、胡德焜合編《胡先驌文存》上卷，江西高校出版社，1995年8月版，第497～498頁。

胡家玉同治年間留影

　　曾祖胡家玉（1808～1886），原名全玉，又稱鈺，字琢甫，號小蘧，晚號夢與老人。出生於嘉慶十三年十一月五日（1808 年 12 月 21 日），逝世光緒十二年三月十三日（1886 年 4 月 16 日）。道光十五年（1835）第八名舉人。二十一年（1841）殿試一甲第三名（探花），賜進士及第。翰林院編修，軍機大臣，都察院左都御史，稽查京通十七倉大臣，賞戴花翎，經筵講官，紫禁城騎馬。江西籍最後一位宰相，《清史列傳》卷五三收錄胡家玉傳。

　　　胡家玉，江西新建人。道光二十一年一甲三名進士，授翰林院編修。二十三年，提督貴州學政。二十七年散館，以主事用，分刑部。咸豐二年補官。三年，請假省親。旋丁母憂。時太平軍方張，省垣設局勸捐炮船經費，家玉在事出力。五年，巡撫陳啟邁疏請獎敘，以員外郎用。六年，服闋，七年閏五月，充軍機章京。八月，丁父憂。巡撫耆齡以家玉勸捐出力，請以郎中用，允之。十年，服闋。十一年三月，補員外郎。五月，充湖南鄉試副考官。嗣因湖南停止鄉試，命馳驛回京。八月，充順天鄉試同考官。九月，升郎中。

　　　同治元年，以方略館辦理冊檔出力，加四品銜。二年九月，俸滿裁取引見，命開缺以四五品京堂候補。十一月，授鴻臚寺少卿。三年，以黃河北徙，疏請撥固本京餉築堤束水，保衛農田。詔下所司核議，以內地為靖，庫帑不足，寢之。三月，升通政使司副使。

四月,擢光祿寺卿。五月,充四川鄉試正考官。七月,升太常寺卿。九月,以江寧克復,賞戴花翎。尋奉密諭,偕副考官給事中張晉祺馳赴湖南查辦巡撫惲世臨、升任巡撫毛鴻賓被參各事。十月,升大理寺卿。四年正月,偕張晉祺覆奏查辦情形,惲世臨等降級有差。四月,回京,仍充軍機章京。五年三月,擢都察院左副都御史,命在軍機大臣上學習行走。七月,升兵部左侍郎。

八月,會議直隸添練六軍事。家玉以直隸練軍多年不效,請練京旗兵萬五千人。因密疏具陳曰:「直隸總督請設七軍,辦理三年,迄無成效。豈改為六軍,遂成勁旅?即使加餉添操,漸有起色,而挑兵十數標,勢渙而情散,駐兵六七處,屯分而力單。是有拱衛之名,而無其實。與其練京外之兵以輔京師,何如練京內之兵以實京師?京內旗綠各營額兵十五萬有奇,自漕運不通,錢糧折減,疲困日甚。設有緩急,何以禦之?擬仿神機營法,挑選驍騎營、護軍營,巡捕諸兵各五千,共一萬五千人,分作三軍。以一千人為洋槍隊,一千人為馬隊,三千人為步隊,名曰神武營,擇城外空閒地而訓練之,與神機營互相策應。」疏上,格不行。剏北巡撫曾國荃疏劾湖廣總督官文有饋送家玉程儀銀兩一節,欽派尚書綿如譚廷凝查辦。家玉以不知遠嫌,下部議,得旨革職留任,毋庸在軍機大臣上學習行走。年十月,命會同大學士賈楨管理五城練勇局務。十一月,捐賑米四百石。詔寬免革職留任處分。十二月,兼署刑部左侍郎。七年,河決滎澤。家玉疏請濬雲梯關入海故道,擬爭直隸等省留防勇營分段挑掘,使舊河一律深通,然後引上游決口之水掣流東行。尋以議大贊巨,不果行。九年,兼署吏部右侍郎。十年五月,調補吏部左侍郎。九月,兼署兵部右侍郎。充稽查京通十七倉大臣。十月,賜紫禁城騎馬。十二月,家玉以時局艱難宜籌挽救,條陳四事。略曰:「自古言理財者,不外開源節流。而論節流於今日,則莫大於核勇數,汰營勇,苟且補苴,非開源而似開源。又莫要於一捐納,謹釐稅。咸豐年間粵匪鴟張,徵兵募勇,需餉甚巨。於是就地抽釐,勇自外募,餉自外籌,部臣皆不暇過問。今髮捻蕩平,難保營官哨官不虛張勇數,以少報多,花名既不可憑,報銷從何稽核?應令造冊報部,嚴懲抗違。至各省留防之勇,多者數萬,最少數亦近萬,

誠部庫一大漏卮。請飭各督撫體察情形，陸續裁汰。籌餉事例不得
已而為之，自黔捐皖捐減價出售，較戶部捐銅局約少一半，陝捐甘
捐復踵行之。然收雖減成，而報部仍未嘗稍減，每百萬兩約短收三
四十萬。勢必由報銷局多列款目，浮開用費以彌縫之，殊非核實辦
公之道。請飭下軍務省分督撫將勸捐員弁迅速撤回，統歸藩司收捐
上兌。每月將捐數報部，聽候部撥。釐金病民甚於加賦。商賈操奇
計贏，抽一分釐金，即增一分市價，名為徵商，實則取之於民。軍
務未平，勢難驟行停止。惟有請旨飭下各督撫罷苛細之徵，輕漏報
之罰，毋藉善後之名，而營不急之務。以上四者，皆理財急務。而
最要關鍵，尤在嚴核營勇。戶部周知天下勇數，然後綜計天下地丁
錢糧漕折關稅洋稅歲入若干萬，捐款釐金又計若干萬，除提充部庫
外，各路徵勇各省防勇各藩庫留支歲出共若干萬，通盤計數。不足
則請將各處徵勇、防勇大加裁汰。總期歲入之數有餘於歲出之數而
後已。」疏入，上韙其言。

　　十一年八月，授都察院左都御史。十二月，充經筵講官。十二
年四月，疏請裁江西省地丁加徵銀兩。先是，九年十月，家玉奏江
西錢糧新章，於定例每兩徵銀一兩，隨徵耗銀一錢，外加徵銀四錢。
以江西額徵銀一百八十餘萬，每兩加四錢計，每年實浮收七十餘萬
金，有違永不加賦成憲，請敕江西巡撫飭屬停止。至是應詔陳言，
複申前請，上未俯允。五月，疏請酌核保舉，疏通正途。詔下部議
行。七月，江西巡撫劉坤一覆奏，請仍加徵丁漕分成提解司道兩庫，
以抵捐攤之款，分給道府州縣，以抵漕規節壽禮月費各陋規。有旨
著照所議辦理。仍隨時認真稽查，倘有絲毫浮收，即行從嚴參辦。
家玉反覆較論，引據祖訓部章，瀝陳其弊。得旨交部妥議。尋議照
舊收錢每兩著加二百文。允之。八月，充順天鄉試副考官。十月，
劉坤一奏江西漕丁改章，家玉曾致書干預，又本籍有未完錢糧。命
交部議處，並令劉坤一據實具奏。部議家玉書信雖為公事起見，究
屬不合，坐降二級留任。十二月，以舉人徐景春試卷磨勘，斥革降
二級調用。嗣劉坤一覆奏，家玉及弟侄田畝，歷年應完錢糧，實有
未經被災辦緩仍未完納者。會給事中邊寶泉疏言；「家玉累次未完漕
糧，劉坤一豈漫無覺察，何以事歷多年，概置不問？家玉既有干預

原籍諸事之信，何以不立時奏聞？迨家玉奏陳江西加徵違制、互相牴牾，始藉端報復，係屬挾私攻評。」於是，家玉及劉坤一均下部議處，請分別革職革任。得旨，胡家玉著加恩改為降五級調用，旋允部議以五品京堂候補。

光緒五年九月，補通政使司參議。十二月，以海防緊要，疏陳管見：

一、北洋宜設外洋水師。北洋大臣駐紮天津，為京師切近屏藩。天津向無水師，大沽、葛沽有炮臺而無戰艦，株守一隅，畢竟可慮。請添設外洋水師提督一員，總兵二員，挑選輪船十餘支，分配弁兵二三千，往來於南北兩洋，令其熟習海濤、沙線、展輪、停輪、裝炮、放炮諸法。有戰船、有戰將、有戰兵，較之口舌爭勝，奚啻倍蓰。如慮軍餉支絀，擬請移緩就急。於天津水勇、淮軍兩項內選謀勇兼備之將，年力精壯之勇，以成北洋水師一軍。即以南省歲饋之餉贍之，無慮餉虛不繼。

二、南洋宜設外洋水師。江南海口上達數省，防務亦不可鬆。內河雖有水師，而快蟹艇船非槳不行，非風不駛。捕盜尚虞不足，安能禦侮？海氛方熾，擬請移緩就急，改長江水師提督瓜州、岳州兩總兵為外洋水師提鎮。南洋洋面較寬，所用輪船應較北洋多三四支。所配水軍亦應多撥千百人。一切弁兵書識，即於該提鎮所管營汛內挑選。一轉移間，於海防甚有裨益。

三、福建船廠宜造鐵甲輪船。洋人製造軍械，愈出愈奇。今復有鐵甲輪船，炮子不能轟入，橫行海上，所向無前。是造鐵甲船為今日當務之急。福建船廠已造成鐵脅船矣，而鐵脅終不及鐵甲，請飭船政大臣嗣後專造鐵甲輪船，逐年增添，分撥南北洋水師配駕，以壯軍威，而備攻剿。疏入，上韙之。未幾議設海軍焉。六年六月疏請疏濬江西全省河道。又奏河南漕糧，宜徵本色，均下所司議行。七月，因病陳請開缺，允之。家玉自升任侍郎，充舉人複試閱卷大臣五次，考試孝廉方正進士複試、朝考拔貢、朝考庶吉士散館考試、試差考試漢膺生閱卷大臣各一次。先後恩賞福字如意荷包、文綺珍玩、宮扇四次。十二年卒。（《清史列傳》卷五三）〔註3〕

〔註3〕蔡冠洛《清代七百名人傳》，中國書店，1987年6月版。

　　祖父胡濟清（1828～1872），庭鳳，又作庭鸞。附貢生，咸豐七年（1857）報捐布庫大使，在京候選。十年（1860）選授浙藩庫大使。曾任浙江布政司，廣濟庫大使，戶部雲南司主事，派辦捐銅局，四川候補同知。在京城以詩書自娛，多次為他人編纂詩集。道光二十六年（1846）濟清納婦，伍氏。同治四年（1865），置妾陳氏。十一年（1872）濟清患急症而亡，誥授奉政大夫。生三子，曰胡綱，承弼，禪臣。胡綱又名丹臣，光緒十四年（1888）戊子科第二十九名舉人，議敘鹽大使。禪臣：民國初期曾任朝鮮大使。

　　胡濟清排行老大，其父親胡家玉年譜記載有八位兄弟。其弟弟胡湘林考舉人試卷籍貫記載，有十一位兄弟。由於當時的醫療條件差，部分夭折而亡沒有記載。其中有四位影響較大，分別是：二弟翰清，邑廩生，候補選知縣，屢薦未售。五弟毓清，國學生，分部學習，主事，候選知州。庚午科（1870）堂備本科呈薦。六弟相清，國學生，分發試用監大使，本科順天鄉試，挑取謄錄。七弟湘林，1877 年進士。

　　叔祖公胡湘林（1857～1925），又名湘霖，字竹沅，號揆甫。光緒元年（1875年）第二十名舉人，三年（1877）進士。二十一年（1895）武英殿總纂。二十三年（1897）陝西同州府知府。二十八年（1902），調補山西冀寧道。二十九年（1903）為廣東布政使。三十三年（1907），宣統元年（1909），兩次任命為護理兩廣總督。

署理兩廣總督胡湘林

1923 年 6 月 23 日，前排從左起：1. 周鴻孫、2. 周慶雲、3. 朱祖謀、4. 余誠格、5. 趙尊嶽、6. 趙灼臣、7. 唐紹儀、8. 趙鳳昌、9. 王鳳卿、10. 甘作蕃、11. 胡湘林、12. 梅蘭芳、13. 王秉恩、14. 姚玉芙、15. 陳三立、16. 姜妙香、17. 勞念祖、18. 徐乃昌、19. 況周頤等在上海合影。（摘錄李開軍輯釋《散原遺墨》，鳳凰出版社，2020 年 4 月版，第 324 頁。）

陳三立《皇清誥授光祿大夫護理兩廣總督廣東布政使胡公墓誌銘》：

公姓胡氏，諱湘林，字揆甫，江西新建人。曾祖雄才，祖元吉，皆以公考貴，贈光祿大夫。妣皆一品夫人。考家玉，道光辛丑第三人及第。累官至左都御史。妣陳，繼妣夏，皆一品夫人。公資稟穎異，早歲補諸生，舉光緒乙亥鄉試，聯捷成進士。當廷對，以疾告。越明歲乃對，改庶吉士，授編修，充國史館、功臣館、武英殿協修、纂修官。察典課最，簡知陝西同州府。因治盜折獄有名，檄調權漢中。未之官，會西安守缺員，大吏以為諸守中無如公能者，復檄權西安，旋為真。庚子拳亂作，天子奉皇太后狩西安，公除道，繕治行在宮室，供張一切，趨辦適旨，有詔褒美，擢延榆綏道，留置布政使，兼鳳邠鹽法道。昕夕入值，一日七召對，賞齎稠疊，殊恩異數，比內廷大臣矣。辛丑，調補山西冀寧道，晉二品頂戴。時講成，晉歲增費大萬，乃以公兼董籌餉事，慎選掾吏，廉己為率，綜覈釐揚，閉絕奸利，賦入羨饒，民不任罷。巡撫奏聞，特旨加頭品頂戴，累署按察使、布政使，擢湖南按察使。未上，再擢廣西布政使，調廣東。廣東為海南重鎮，百貨浩穰，大吏多喜事，揮斥無度。公至，庫儲僅十二萬，舉外債且百萬，公一以治晉者治之，數年積逋盡償，帑藏大贏，公私給足矣。兼按察使者一，提學使者再。丁未（1907），護總督。丁衡軍之變，一持以鎮靜，市廛不驚而亂定。己酉（1909），再護督篆，將受代，遽乞病歸，歸三載，而有辛亥之變。鬱鬱僑上海，憑廡陋巷中，出入一小車，從二三耆舊遊，絕口不道世事。以乙丑八月十二日卒，享年六十有九。

公家世貴盛，劬學篤行，不資門任，自致通顯。生平與人落落寡合，官翰林日，懿戚孫、徐並在樞要，絕跡不往幹。以故迴翔清要十二餘稔，而衡文之任，終不一屬。比為外吏，以幹能自見，至大官矣，而深曠太息於國事之不可以有為，一旦決然引去，避位賢者，古所謂有猷有守，難進易退之君子，非其人歟？配許夫人，先公卒。子：承詒、承誥，前死。承榮、承恩。孫八：先佐、先雩、先雲、先傑、先任、先雯、先佺、先俊。將以丙寅九月八日，葬於上海法華鄉之原，以狀來督銘，乃為銘曰：

趾美厥考，載升玉堂。肇典大郡，迄藩雄邦。楙乃嘉績，令聞

丕顯。方假節旄,遽蛻軒冕。豈不牽位,臣力則殫。罔克义艱,曠貴用慚。趑趄江海,懸命崩坼。沉憂積疢,煎魂鑠魄。縋棺九幽,崇封一邱。來者曷訊,茲銘之求。〔註4〕

胡藻墓碑拓片

族叔胡藻(1877～1907),字夢鄉。光緒二十三年(1897)第三十二名舉人。二十九年(1903)癸卯科進士,選庶吉士,散館授編修,翰林院侍講。三十一年(1905)赴日本,對日本的鐵道和教育作了深入的考察。以書法見長。曾撰寫對聯三副,如:一、山中杜若思公子;門外桃花似去年。二、多情顧曲周公瑾;垂老填詞沈去矜。三、八字曹碑詞絕妙;三彈馮鋏客何能。現存有《為敬陳桑梓艱苦情形請罷議加徵事呈文(光緒三十三年)》《奏為翰林院編修胡藻等敬陳桑梓艱苦呈請免議加徵代奏事(光緒三十三年十月十五日)》等兩份奏摺。清末江西南昌書院經訓考試文章集,收錄《問中國生利之法策》《杜預分官牛付將士得穀數論》兩篇文章。楊昀谷作《新建胡夢薌像贊》:「天生異才,不可一時。剖析新政,至精至邃。運丁百六,未竟所志。奕奕英姿,遂即憔悴。江聲不揚,斗宿斯晦。神理不滅,安知所際。」〔註5〕

(胡晶先生提供)

父親胡承弼(1851～1902),字佑臣,別號墨香居士。同治八年(1869)6月,入邑庠。光緒二年(1876)丙子科應江西鄉試,中第二十一名舉人,光

〔註4〕胡宗剛撰《胡先驌先生年譜長編》,江西教育出版社,2008年2月版,第6～7頁。

〔註5〕楊昀谷著、樊茜校注《楊昀谷詩文集校注》,江西高校出版社。2008年版,第12頁。

緒三年（1877）6月，官至內閣中書。1869年臘月，承弼納婦，徐氏小雲樞部之女。生兩女和子先騤。

胡承弼受業於安徽歙縣鄭氏候補令（由熙）之門，鄭氏愛其才，見其妻子早逝。光緒十年（1884）四月，將女為繼室生一女。

胡承弼命運多舛，兩度喪妻，人們都說他「命」太硬，前面先後娶的二位妻子都被他「剋」死了。光緒十八年（1892）再娶夫人陳彩芝。

母親陳彩芝（1866～1914），是廣西流寓南昌之名門淑女，以大齡出嫁，通經史，諳詩詞，操持家務，教善子女，恩慈得宜，是閨中之佼佼者，頗有大家風範，助夫教子，操持家務之餘，夫婦詩詞唱和，頻添閨房逸情新趣。

兄先騤（1876～1952），字「慰曾」。畢業於江西武備學堂。任李烈均麾下上校騎兵團團長，北伐受傷，中年足殘，致仕於家。

奉政大夫益謙公墓

胡氏宗祠

聯圩鎮胡先驌文化廣場

清光緒二十年甲午（1894） 一歲

生於公元 1894 年 5 月 24 日，農曆四月二十日，於江西南昌城六眼井附近繫馬樁。字步曾，號懺庵，英文名字（Hsen-Hsu Hu，簡寫：H. H. Hu，Hu Xian-Su）。自傳載：「胡先驌，字步曾，男性，漢族，江西省新建縣人，出生於1894 年陽曆五月（陰曆四月二十日）。」〔註6〕

「先」字是治平洲胡氏家譜中輩份，宗族的派號；驌（su）為古書上說的一種良馬，當時他的胞兄取名「先騏」。叔伯兄弟取名「先驥」「先駭」「先駿」「先騮」「先驪」等，均用「馬」字旁，族兄弟 18 位，有十八匹馬之說。他排行第八，同輩比他小的稱他為「八哥」，侄輩稱他為「八叔」，比他大的稱他為「老八」。以「步曾」為字，就是父親希望他要步曾祖父（胡家玉）之後，能成為朝廷的重臣，光耀門庭。

懺，懺（chan），指為所犯的過失而悔恨，懺悔；僧人或道士代人懺悔，拜悔；拜懺時所念的經文，懺摩是印度梵語為懺悔。庵，盦（an），古代一種帶蓋的盛食物的器皿；同菴，多用於人名；名（文），圓頂的草屋茅庵結草為庵；小寺廟，多指尼姑住的尼姑庵；有蓋之器，借作庵字用，仍供佛之小舍。懺庵，懺盦者，是自喻住在小舍中，經常懷著懺悔心的人，以某庵為別號，是自昔以來文人之風尚，與是否信佛無關，有大智慧者，才會有懺悔心，以「懺庵」為號既自謙，又自負。

對自己身世、早年立志有關事情作回顧。

〔註 6〕胡先驌著《自傳》，1958 年。《胡先驌全集》（初稿）第十五卷人文科學文章，第 656～659 頁。

　　我出身於官僚地主的家庭，封建思想自幼便根深蒂固地生長在我的意識中。因為我自幼便接受了中國封建的舊文化，我的思想便無法擺脫這封建文化的影響。我「立志」甚早，幼年便有「為國為民」的志向……。由於家庭出身的關係，我的思想總是落後跟不上時代的。由於祖先做過滿清皇帝的大官，我自幼時便有為滿清皇朝服務的志向。〔註7〕我因為出身於大官僚家庭，自小便有做官的封建思想，雖立志為國為民，是站在統治階級的為國為民，也就是說與人民是根本……。我自小便承認滿清王朝是正統，這個封建思想一直根深蒂固的盤踞在我的腦子裏，所以一直是反對革命的，連孫中山的資產階級革命，在最初的時候，我都是厭惡的。〔註8〕

是年，父親胡承弼 44 歲，母親陳彩芝 29 歲。

是年，美國傳教士萬卓志收集我國生物標本。

　　在華的美國傳教士也多有熱心考察收集我國動植物的。1894 年來華，在北京通州傳教的萬卓志（G. D. Wilder）就是其中的一個。他曾長期在我國的華北各地，尤其是北京附近觀察留鳥和各種候鳥通過北京的季節性遷徙，同時收集鳥類標本。他對鳥類研究頗有興致，曾在 20 世紀 20 年代參加當時由外國人發起成立的北京博物學會，被選為該會的首任會長。1909 年初，萬卓志和盈亨利（J. H. Ingram）等人從通州出發，去河北承德的木蘭圍場收集生物標本。他們在那裏獵得青羊，公然從那裏射殺皇家禁獵的梅花鹿，還獵得麅子、豹貓、貉和 3 種松鼠等獸類。另外，他們在那裏還收集到白冠長尾雉等數種雉雞，以及鶹、大黑啄木鳥和郭公等鳥類標本。他們是較早溜進圍場狩獵的外國人之一。1924 年夏天，他再次去承德收集觀察鳥類。同年，他與在保定傳教並與同樣熱衷鳥類研究的美國傳教士胡本德（H. W. Hubbard）合作發表過「直隸省鳥類一覽表及隨記」等文章。1925 年初，萬卓志又帶著數人到河北遵化的東陵（當

〔註 7〕胡先驌著《對於我的舊思想的檢討》，1952 年 8 月 13 日。《胡先驌全集》（初稿）第十五卷人文科學文章，第 629～640 頁。

〔註 8〕胡先驌著《對於我的舊思想的再檢討》，1952 年 8 月 18 日。《胡先驌全集》（初稿）第十五卷人文科學文章，第 641～646 頁。

時泛指受保護的東陵區域，不是今天狹義的東陵）收集和觀察烏鴉和山雀等鳥類，其目的試圖解決拉陶齊和魏戈爾德描述當地這些鳥類時存在的一些問題，同時收集其他動物標本。他們從北京出發，經牛欄山、密雲，出長城到興隆山區進行考察收集，所得有長嘴鴉、普通鵟、鶻、煤山雀、甘頭鶇、啄木鳥、普通鴉、水鵪、鷦、灰臉鷹、鵲鴝、白冠長尾雉和其他 2 種雉及另外一些鳥類標本。他們雇用的獵手還給他獵得麛、貉和鼪鳥等。〔註9〕

是年，前蘇聯土地部派員來我國進行植物標本採集。

1894 年，俄國土地部派出了一個考察團到東亞，調查瞭解茶葉栽植所要求的各種自然條件，以便在黑海東南部巴統附近的查爾瓦（Chalva）栽培這種經濟植物。這個考察團由克林根（I. N. Klingen）率領，團員中有農學、植物學、地學方面的學者。他們先到錫蘭（斯里蘭卡）和印度的大吉嶺這些引種茶葉最成功的地方考察，瞭解有關茶樹引種栽培的情況。然後乘船到中國，到湖北蒲圻和福州附近的一些茶區進行調查。接著去了日本，從那裏回俄。後來再回來把在華的收集和在中日雇用的製茶工匠運回國內。回程中他們還到過廈門和香港考察。克林根的一個助手則繼續在華多待了幾個月的時間以便完善地收集各種有關資料。此次他們不但成功地引種了茶樹，使茶葉後來成為俄國高加索地區的重要資源之一，而且還成功地引種了其他一些亞熱帶植物。〔註10〕

是年，英國人韓爾禮在我國多地進行植物標本採集。

1894 年，英國人韓爾禮雇臺灣當地人給他採集植物，要求每種植物都必須收集雙份標本，計得 2000 號，1000 種。在這之前，1889年，英國人韓爾禮被調到海南的海口任職後，也非常熱心地在那裏收集植物標本，後來共採得 750 號標本送到西方。1896 年，韓爾禮被調到雲南蒙自任職。不但幫他在縣城附近採集標本，而且還替他到南部的熱帶森林採集。採集的地點包括元江（在越南境內稱紅河）

〔註 9〕羅桂環著《近代西方識華生物史》，山東教育出版社 2005 年 10 月版，第 276 頁。
〔註10〕羅桂環著《近代西方識華生物史》，山東教育出版社 2005 年 10 月版，第 206 ～207 頁。

和黑江（越稱黑水江）河谷，北部灣前緣等地。這些都是前人沒有採集過的地方。他在蒙自總共給丘園送去了 2511 號植物標本，約含 1800～2000 種。1898 年，韓爾禮被調到思茅海關任職後，還從那裏給丘園送過 3000 號採集自蒙自的植物標本。韓爾禮在華收集的標本據說送回丘園的就有超過 150000 號，除丘園外，歐美各大植物學研究機構也都有他採集的標本，總共約含 5000 種。此外，他還撰寫了《中國植物名錄》《中國經濟植物札記》等作品。〔註11〕

清光緒二十一年乙未（1895）　二歲

出生後兩歲，還不會說話，家中人都以為是啞吧。有一天，突然開口說「穿山甲」，家人都非常驚訝，原來母親床上經常放一搔癢用的穿山甲殼，家人經常說，竟被牢記。

是年，科馬羅夫對我國東北進行生物採集。

彼得堡大學的科馬羅夫（V. L. Komarov, 1869～1945）是另一位在我國東北，尤其是今東北三省進行過長期植物學考察和收集得大量標本的學者。這是一名很勤奮且有才華的植物學家。在 1892～1893 年間他還是學生的時候，就曾到中亞的撒馬爾罕（今烏茲別克斯坦境內）北面澤拉夫尚河流域等一些地方為彼得堡植物園採集植物。還在中亞的其他一些地方做過考察，並獲得俄地理學會的勳章。1895 年，他到黑龍江流域及其北部的布列亞山區採集植物。1896 年，俄地理學會組織了一個科學考察隊到我國的東北，尤其是擬修鐵路的沿線地方進行綜合考察。他以植物學家的身份，隨一個俄國考察團到我國東北黑龍江一帶，和他同行的還有動物學家揚科夫斯基（A. Yankovski）。他們從海參崴出發，先到綏芬河附近的波克羅夫卡。其後科馬羅夫進入東北綏芬河的原始森林區，在那一帶收集植物標本。隨後，太了二岔口（東寧），接著沿綏芬河谷旅行，過穆陵河往西南到牡丹江流域的一些地方考察、收集植物標本。又沿牡丹江南行到寧古塔（寧安）。發現那些地方分布著大量的橡樹林、山楊林，還有一些類型的鼠李、樺木和椵樹。再往西南方向下到畢爾騰湖（鏡泊湖）

〔註11〕羅桂環著《近代西方識華生物史》，山東教育出版社 2005 年 10 月版，第 109 頁。

考察收集，從那裏繼續南下來到鄂摩（額穆）和索羅收集，接著又向西穿過老爺嶺到達吉林，進入松花江盆地做調查收集。然後返回到鄂摩，再往東南去了鄂多哩。從那裏到其東南面的布爾哈圖河流域和圖們江兩岸採集。接著順江而上到琿春，再回到海參崴。〔註12〕

是年，英國人李特萊達爾在我國西北等地採集植物標本。

1895 年，英國人李特萊達爾（G. R. Littledale）帶人經新疆的喀什、和闐進入藏北（這在後面還要提到）。途中他們一行收集得 60 多種植物，有 10 個新種。這些標本幾乎全採自念青唐古拉山。1898 年，李和其妻到蒙古北部做了一次旅行，採得 200 多種植物標本送給丘園。〔註13〕

清光緒二十二年丙申（1896） 三歲

1月12日，康有為在上海創辦《強學報》。

8月9日，直隸總督王文韶、湖廣總督張之洞奏請設立蘆漢鐵路公司，並舉薦津海關道盛宣懷督辦。九月十三日，光緒帝召見盛宣懷，盛詳細陳述了借款築路的具體打算。九月十四日，鐵路總公司正式設立，命盛宣懷以四品京堂候補，督辦該公司事務，命王文韶、張之洞協助辦理。

是年，英國人好博遜到我國採集植物標本。

1896 年，英國人好博遜到亞東任職時，在喜馬拉雅山麓採得 1500 號植物標本，這批標本很有價值，因為它們採於海拔較低的森林地區，不同於以往英國人涉足的北部那些荒涼地區。〔註14〕

清光緒二十三年丁酉（1897） 四歲

5月，上海務農會創辦《農學報》，是我國最早的一種傳播農業科技的專業刊物。

是年，四歲，在家裏培英書屋接受私塾教育，熊子乾先生循循善誘教育，

〔註12〕羅桂環著《近代西方識華生物史》，山東教育出版社 2005 年 10 月版，第 172～173 頁。
〔註13〕羅桂環著《近代西方識華生物史》，山東教育出版社 2005 年 10 月版，第 111 頁。
〔註14〕羅桂環著《近代西方識華生物史》，山東教育出版社 2005 年 10 月版，第 111 頁。

一年能識數千字，識字既多而皆盡了其意思。

余平生最心感之師，乃吾之啟蒙師熊子乾先生。先生名嘉棟，奉新人，恩貢生，來吾家教授時年已六十餘矣。師初非有碩學也而循循善誘。余四齡即在吾家後園培英書屋從師受業，最初教授亦不過世俗之三字經千字文等，但主要之學業則惟在識字。以黃紙裁作方形，正面為所認識之字，反面則注字義，同一字而有異音異義者亦必注明，故每識一字，則必徹底明其音義及其用法。最初每日識四字，浸而六而八，終至十六，於是一年而識數千，終而一萬二千焉，識字既多而皆盡了其意思。〔註15〕

是年，英國博物學者斯特揚等在福州採集動物標本。

1897 年底，英國博物學者斯特揚（F. W. Styan）與里科特結伴到距福州約 100 公里的福建古田水口鎮附近的清風嶺、野貓坑、谷園等地方收集鳥類和其他動物標本。他們在當地獵手的幫助下收集到魚狗、斑胸鴉雀、鳳頭鷯、白鷴、藍鵬、雀鷴、鶾鶯、竹雞、樹鵲、太陽鳥（Aethopyga siparaja）、畫眉、噪鶥、鉤嘴鶥、鷓、黃絨啄木鳥、黑枕綠啄木、竹啄木、啄花鳥、捕蠅鶯、黃眉鶲，以及鴉雀、鵲和鷹等。此外，當地的獵手還幫他們收集到食蟲目的小動物鮈鼱和小麂的標本。〔註16〕

清光緒二十四年戊戌（1898） 五歲

戊戌變法，失敗。

是年，五歲，學論語，詩經，並知其含義，瞭解文章內容，沒有任何困難。應客人要求，當場對對子，父親聽後，非常高興。

故五歲而受論語，乃絕無困難。嘗憶第一日讀學而時習之至有子曰其為人也孝悌全章，驟聆孔門師弟修身論學之語，其喜悅不。文後文章可名狀。午膳時以所業告母，母子怡怡之狀，歷六十餘年，記憶猶新焉。識字既已奠基本功，又習所謂洪武正韻者，則絕惡世

〔註15〕《懺庵叢話·熊子乾師》見《胡先驌詩文集》（下冊），黃山書社 2013 年 8 月版，第 670～671 頁，約作於 1961 年。
〔註16〕羅桂環著《近代西方識華生物史》，山東教育出版社 2005 年 10 月版，第 120 頁。

俗之破體字，故非江西官書局之刻本四子書不肯讀，讀之亦極易瞭解其意義。四子書卒業後，則授詩經。

常憶五齡時，先中翰君以庚子之難自京歸，飯時飲酒而出一對云「五齡小子」，即對以「七歲神童」，先君為之色喜。〔註17〕

清光緒二十五年己亥（1899）　六歲

繼續在家裏培英書屋接受熊子乾私塾教育。

是年，瑞典人斯文赫定對我國生物標本採集。

1899年，探險旅行的著名瑞典人斯文赫定（Sven A. Hedin, 1865～1952）得到瑞典國王和技術專家諾貝爾的資助，再次到我國的新疆塔里木河流域和羅布泊等地考察。1901年在率領考察隊沿新疆塔里木盆地的孔雀河干河谷試圖確定真正的羅布泊位置時，他雇用的一個維族青年很有戲劇性地發現了古樓蘭遺址。那以後他從新疆的南部越過阿爾金山進入青藏高原考察，於1902年初回到瑞典。四年後，斯文赫定再次前來我國，前往西藏的奇林錯、岡底斯山和雅魯藏布江江源等此前西方人沒有考察過的一些地方旅行。這兩次旅行使他成為在世界上享有盛譽的探險家。斯文赫定在我國的新疆羅布泊考察期間，他的雇員幫助收集鳥類和魚類標本，他的獵手則在附近的沙漠獵獲幾頭野駱駝標本；在孔雀河流域考察期間，他購買到常在那一帶出沒的新疆虎（也叫中亞虎）的標本，還對這種老虎的習性和當地人的狩獵方式都做過細緻的瞭解。在阿爾金山的考察中，他的獵手又幫他收集到當地的大型有蹄類動物藏野驢、野犛牛和一些羚羊的標本。在前往西藏的探險的途中，他的獵手又幫他狩獵得熊、狼等動物標本。上述動物不少是我國西北的著名獸類動物。他也收集過植物標本。〔註18〕

是年，俄國人羅波羅夫斯基在我國西北進行生物採集。

1899年，羅波羅夫斯基率領一個由政府撥款、地理學會派出的

〔註17〕　《懺庵叢話‧熊子乾師》見《胡先驌詩文集》（下冊），黃山書社2013年8月版，第670～671頁，約作於1961年。

〔註18〕　羅桂環著《近代西方識華生物史》，山東教育出版社2005年10月版，第293頁。

18 人考察隊到我國西北等地考察。1899 年 7 月底這支考察隊從俄國
進入蒙古，後來到科布多，隨即考察了阿爾泰山的西部山區。在科
布多他們獲得很有地域特色的河狸（Castor fiber）的標本。然後往東
南進入甘肅北部，隨後經武威到蘭州。爾後又到青海湖北面的南山
地區和柴達木盆地東南部考察收集。在那些地方科茲洛夫收集到飛
鼠等齧齒類動物和不少大型的食草動物。接著，他們一行往南循道
穿布爾汗布達山和阿尼瑪卿山之間的山地，到達黃河源上的兩個大
湖──扎陵湖和鄂陵湖，在那些地方收集得許多動物標本，再次收集
到上面提到的藏雀這種少見的鳥類。從湖區出來後，這個考察隊又
向南過了通天河到達玉樹。〔註19〕

是年，英國人威爾遜來我國採集植物標本。

英國園藝學者威爾遜（Emest Henry Willson, 1876～1930）前後
五次來華進行生物收集。時間分別是 1899～1902 年，1903～1905
年，1907～1909 年，1910～1911 和 1918 年。頭兩次為英國的上述
花卉種苗公司收集，後三次為美國哈佛大學阿諾德樹木園收集。前
四次在中國的湖北、四川工作長達 11 年，最後一次去的是臺灣。涉
足的地域主要在神農架外圍、大巴山、四川成都盆地和橫斷山、二
郎山區及臺灣玉山一帶。由於有良好的學術素養和工作熱情，加上
所到之處花卉植物極端的豐富，威爾遜引進了比以前任何人都更多
的觀賞植物。……這裡的花木之多給他留下了極為深刻的印象，以
至於他後來撰寫其名著《一個博物學家在華西》（A Naturalist in
Westem China）時，情不自禁地稱這裡為「花的王國」、植物學的天
堂、西部花園等等。威爾遜幾次來華採集所得標本計約 65000 號，
代表 5000 種，其中約有 900 個新種，其中還不包括他在臺灣的採
集，是在華發現新植物最多的人之一。〔註20〕

清光緒二十六年庚子（1900） 七歲

10 月 1 日～10 日，第一屆國際植物學大會在法國巴黎召開，有代表 233

〔註19〕羅桂環著《近代西方識華生物史》，山東教育出版社 2005 年 10 月版，第 195 頁。
〔註20〕羅桂環著《近代西方識華生物史》，山東教育出版社 2005 年 10 月版，第 123
頁。

人，全部來自歐美國家。每 5 年在重要城市舉行一次重要國際會議，每屆大會均聚集了植物學界的知名學者進行多學科的學術交流研討植物學的各項重大問題，對植物學科的發展起著重要的推動和指導作用。

第一屆國際植物學大會

11 月，杜亞泉創辦綜合科學刊物《亞泉雜誌》，其中發表生物學文章數篇。

是年，七歲，熊榮卿教辨四聲陰陽習對偶等知識，對於讀詩有很大的幫助。小時候喜歡塗鴉、繪畫，寫詩，並將繪畫添加意境詩句，送給遠行就職的父親。

> 至予七歲，師乃以年高辭回鄉，而薦其子榮卿自代。除識字讀書外，則有習字對對等常課，辨四聲陰陽習對偶，乃有利於讀詩。
>
> 先君曾口授杜詩如憶舍弟、夢李白諸五言律詩，故七歲時先君赴陝，時已入秋，景物蕭索，乃以片紙粗畫風雨孤舟狀，而題詩兩句云：「連日風和雨，孤舟遠遠行」，先君後在漢江舟行，恰值此境，乃續兩句云，「可憐兒七歲，猶解宦遊情」。此一段童年就學之小業績，皆蒙熊子乾師之賜，終身不能忘也。〔註21〕

〔註21〕《懺庵叢話·熊子乾師》見《胡先驌詩文集》（下冊），黃山書社 2013 年 8 月版，第 670～671 頁，約作於 1961 年。

清光緒二十七年辛丑（1901） 八歲

是年，回憶幼年時，母親教育事情。

　　我常看到鄰居的小孩玩水，玩泥巴，做泥菩薩，扮家家酒，回憶我的童年時代並沒有玩過這些。從我三歲時學說話起，母親便開始教我認字，教了一遍又一遍，問了一遍又一遍，直到我指認無誤，母親才牽著我的手或抱著我在院子裏散步。我若累了，便睡在母親懷裏，醒來時吃點食物或茶水，她又再繼續教我認字，我一直沒有和鄰居孩子們玩耍過。我四歲開始從師受業，五歲讀論語，詩經，七歲讀書經，還教我辨四聲，吟詩作對。每逢假日，母親必帶我郊遊，一路上把天氣的陰晴，經過的街道，小橋流水，田野風光，農夫的辛勤，天上的浮雲，田野山邊的飛鳥等景物，都一一描述給我聽，郊遊歸途，亦復如此。回到家休息後，母親要我把沿途所見所聞復述一遍，考驗我能記憶多少，所以我根本沒有時間會想去玩，也幾乎沒有離開母親身邊的機會。經過種種嚴謹的母教，到我識字多，能以文字表達意思時，便可把出遊經過寫成一篇很好的遊記。這就是我幼年受母教的情形。母親花心血教導我，望子成龍的心情，愛我育我的恩惠，真是「昊天罔極」。〔註22〕

是年，美國人祁天錫在我國進行生物學研究。

　　1901 年來我國的生物學家祁天錫（Nathaniel Gist Gee, 1876～1937），是一位在華長期進行生物學教學和科研的學者，也是對華生物有相當研究的人物之一。他曾在我國的蘇州和北京等地的美國教會大學任教授。早年對蘇州及附近地方的動植物區系有過初步的考察；經常發表關於我國綠藻的文章。1919 年曾發表《蘇州及其鄰近地區動植物的初步研究》，1922 年發表過《江蘇植物名錄》。另外，他也研究和收集我國的鳥類。1913 年，他曾和同在江蘇並樂於此道的慕維德（L. I. Moffett）合作發表了「長江下游的鳥

〔註22〕 黃光亮（民三七級政治）撰文「對母校首任校長胡先驌博士的追思」。臺灣《國立中正大學校友通訊》，1994 年 5 月 24 日出版第 106 期。胡啟鵬主編《撫今追昔話春秋——胡先驌的學術人生》，北京燕山出版社，2011 年 4 月版，第 179～180 頁。

類檢索表」。1917 年，他們又合作出版了《長江下游的鳥類索引》（ A Key to the Birds of Lower Yongtse *Valley, With Popular Descriptions of the Species Commonly Seen* ）。書中認為，中國的鳥類就分布而言，可分為北、西、南三部，南北以長江為界，西部包括西藏及四川下至宜昌。此書描述了我國常見鳥類的形態習性。後來他又在華北等地採集鳥類標本，1926～1927 年間與慕維德和熱心鳥類學的美國傳教士萬卓志（G. D. Wilder）合作，出版了《中國鳥類嘗試目錄》。〔註23〕

清光緒二十八年壬寅（1902） 九歲

3 月，父親胡承弼因病逝世於南昌天燈下故居，享年 48 歲。家中失去頂樑柱，經濟無來源，家道中落。

余九歲喪父。〔註24〕

父早故，母在我年二十二歲時在美國留學時病故。家有異母兄一人，習武，分居已久。幼年父死後，家庭經濟困難，二十二歲留學回國後，即憑個人學術謀生。前妻王惠真早故，繼妻張景珩現存，未有職業。「本人平生極大部分時間從事教育與研究工作，幼時喜好文學，早年的思想及政治態度，可以說是甚少受到他人的影響。」〔註25〕

是年，清政府重建京師大學堂，設速成、預備兩科。同年京師大學堂仕學館、師範館成立。京師大學堂創辦於 1898 年 7 月 3 日，是中國近代第一所國立大學，其成立標誌著中國近代國立高等教育的開端。

是年，李煜瀛赴法留學，曾在巴斯德學院和巴黎大學攻讀生物學。

是年，廖世襄譯述《動植物生理學教科書》，由商務印書館出版，國內最早專門介紹動植物生理學的教科書。

〔註23〕 羅桂環著《近代西方識華生物史》，山東教育出版社 2005 年 10 月版，第 271 頁。
〔註24〕 《懺庵叢話·沈乙庵師》見《胡先驌詩文集》（下冊），黃山書社 2013 年 8 月版，第 672～673 頁，約作於 1961 年。
〔註25〕 胡先驌著《自傳》，1958 年。《胡先驌全集》（初稿）第十五卷人文科學文章，第 656～659 頁。

清光緒二十九年癸卯（1903） 十歲

在家學習及守孝。

是年，《最新中學教科書·植物學》《最新中學教科書·動物學》出版。

商務印書館成立於 1897 年，發起人有夏瑞芳、鮑咸恩、鮑咸昌、高鳳池等，從初期主要從事印刷商業表冊發展到出版各類書籍。自進人教科書出版領域起，商務印書館一直是近代教科書方面的最大出版商。清政府實行新學制後，商務印書館出版了我國第一套現代意義上的教科書——「最新教科書」系列。這套教科書中與生物學有關的包括：1.《最新中學教科書·植物學》由日本三好學著，亞泉學館編譯，1903 年出版。該書主要是根據三好學的植物學教科書並參考日本其他植物學教科書編譯而成。原書沒有給出中文名和拉丁名的，作者參照中西植物名錄進行了補充。全書共四篇十八章，介紹了植物形態學、解剖學、生理學和分類學。學部審定該書的評語為「體例完備，記述簡要，最合中學教科之用。譯筆明淨，為近時譯本所罕覯。且於植物名目，博考本草等書而定之，故能確有證據，迥非率爾操觚者可比」。2.《最新中學教科書·動物學》由美國人白納著，黃英譯述，奚若校訂，1905 年出版。〔註26〕

是年，鍾觀光在上海創辦《科學世界》，介紹生物學知識文章。

清光緒三十年甲辰（1904） 十一歲

是年，參加府試。

十一歲甲辰春服闋，先母命赴童子試觀場，時縣試已過，乃赴府試。時知南昌府事者為浙江嘉興沈乙庵師曾植，先曾祖門下士也，知余赴試喜甚，場場錄取，至於團覆，而見黜於院試。〔註27〕

是年，英國人白里在我國西藏等等進行生物標本採集。

〔註26〕學部審定中學教科書提要（續）〔J〕。教育雜誌，1909，1（2）：9～18。羅桂環主編《中國生物學史》，廣西教育出版社，2018 年 6 月版，第 98～100 頁。

〔註27〕《懺庵叢話·沈乙庵師》見《胡先驌詩文集》（下冊），黃山書社 2013 年 8 月版，第 672～673 頁，約作於 1961 年。

1904 年，侵藏英國軍人白里（F. M. Bailey）到拉薩，此後在錫金等地任職。他曾在西藏的雅魯藏布江考察，試圖瞭解它是否是印度布拉馬普特拉河或緬甸的伊洛瓦底江的上游，一直持續到 1913 年。他也曾在西藏毗鄰的川西打箭爐等地旅行。在這期間，他收集得一些生物標本，包括數十個鳥類標本和一些齧齒類動物標本。〔註 28〕

清光緒三十一年乙巳（1905） 十二歲

6 月 11 日～18 日，第二屆國際植物學大會在在奧地利維也納召開，有代表 504 人。

第二屆国际植物学大会参会代表

第二屆國際植物學大會

9 月，美國人梅耶來我國收集作物和經濟植物標本。

20 世紀初，美國農業部外國植物引種處的負責人曾試圖說服韓爾禮回到中國，幫他們收集各種優良作物種苗，但沒有成功。後來雇用了荷蘭人（後加入美國籍）梅耶（F. N. Meyer）到我國各地收集各種作物。梅耶在荷蘭和美國的一些園林打過工，有一定的園藝植物知識。從 1905 年 9 月起，他先後四次來華。如果說福瓊主要是在我國的花園和茶園做收集的話，則梅耶主要是在我國的果園和田園

〔註 28〕羅桂環著《近代西方識華生物史》，山東教育出版社 2005 年 10 月版，第 159 頁。

做收集，而且主要在我國的旱作區收集。因為其主要目的是收集作物和經濟植物，所以一般不到野外採集。梅耶首次來華是在 1905～1908 年間。先後在我國的北京周圍、東北和浙江等地收集。在北京的西山，他收集到當地普遍栽培的板栗、柿子、葡萄、杏、山桃（*Prunus davidiana*），以及一種盆栽的檸檬等果樹的果實，大白菜、水蘿蔔和角瓜等蔬菜的果實或種子。另外，他還帶著極大的興致收集北京地區常見的觀賞樹木和花卉的種苗，其中有黃刺玫、黃連木、白皮松、圓柏（*Juniperus chinensis*）、旱柳、楊樹、花楸、榆樹、櫟。〔註29〕

是年，參加童試，考中秀才，同科傅尚岩年齡最大 30 歲，稱龍頭，胡先驌年齡最小，稱為龍尾。「我在十二歲考科舉進學，更加深了這種志向，在那時連民族主義的思想都沒有」。〔註30〕「加以家庭中的影響，故封建思想極為濃厚。但鄉居多年，對於農民的生活亦有點體會。」〔註31〕

　　翌年乙巳赴縣試未終場。赴府試，成文甚敏速。完卷後急欲交卷，故事府試皆假貢院舉行，時值大雨，號門前積水數寸，而有一巨木斜臥，竊計若沿木上行十數步即可達甬道，可往至公堂交卷。遂左手持卷緣木而行，不料苔滑而至傾跌，左手適插泥中，卷面已污損，又不知請給試卷重繕，遂以袖將卷面之泥擦去，匆匆交上，而三代籍貫等資料皆已模糊莫辨，於是被黜。後聞乙庵師見榜上無我名，甚詫，搜落卷得之，見文尚佳，仍欲錄取，後幕僚謂卷面太污犯規，取錄不便，不如在院試時，保送幼童亦有裨益云云。於是乃從南昌新建兩縣，各保幼童二名，余之名次排在十一排第一，事後曾將污卷經過面告，先母，被黜後，家人明知其故，乃故加訕笑，使益勤學，兼以送幼童，倍為學使所注意，遂蒙取錄，雖小有才，然皆乙庵師玉成之也。

　　試後至府署拜謝，初睹儀容，見師雖任衝繁之首府巨仟，實乃

〔註29〕羅桂環著《近代西方識華生物史》，山東教育出版社 2005 年 10 月版，第 261 頁。

〔註30〕胡先驌著《對於我的舊思想的檢討》，1952 年 8 月 13 日。《胡先驌全集》（初稿）第十五卷人文科學文章，第 629～640 頁。

〔註31〕胡先驌著《自傳》，1958 年。《胡先驌全集》（初稿）第十五卷人文科學文章，第 656～659 頁。

藹然儒者，頭戴破舊之紗製便帽，身著一皺褶灰黯之舊綢衫，入其
書室則四壁皆書史，自地板直抵承塵，其數量之多，殆不勝指數，
覿面時無非敘世誼話家常，兼諄諄勖其劬學，語不盡記，其時亦不
能測吾師海涵地負之博學也。〔註32〕

主考官十分器重胡先驌的才華，欲許女相配他為妻，問他已否訂親？胡先
驌回家後，急得結結巴巴以實情告訴母親，這件事不知怎的傳到了王蓉芬的母
親耳中，她家就急急忙忙把大紅喜貼送到胡先驌家來，以示兩家早已定親，才
避免了這場風波。

是年，嚴復譯述《天演論》，首次鉛印出版。

清光緒三十二年丙午（1906） 十三歲

2月，由師座沈曾植諮送到江西省南昌府洪都中學堂為插班生。〔註33〕自
傳載：「本人進了江西省南昌府的洪都中學，兩年半即畢了業。」〔註34〕「科
舉制自南昌小試後即奉令停廢而辦新式學校。翌年丙寅師乃諮送至府辦洪都
中學為插班生，是余從事新學之始基亦師所推薦。」〔註35〕

【箋注】

1902年，南昌洪都書院更名為南昌洪都中學堂。1911年更名為洪都中學。1914
年劃為省管，改名為江西省立二中。1925年重建洪都中學。1931年南昌縣、新建縣等
九縣共建省立洪都中學。1953年10月21日，改為南昌市第三中學。

由於教師緊張，物理、化學、動物、植物均由一老師講授，內容及其荒誕。
如：「於物理則認永動為可能，於植物則謂有食人之樹，於動物則教學生以人
首獸身之海和尚，以耳為目，恬不知恥。」〔註36〕

〔註32〕《懺庵叢話‧沈乙庵師》見《胡先驌詩文集》（下冊），黃山書社2013年8月
　　　　版，第672～673頁，約作於1961年。
〔註33〕南昌市第三中學校史，2002年版，第8頁、第83頁。
〔註34〕胡先驌著《自傳》，1958年。《胡先驌全集》（初稿）第十五卷人文科學文章，
　　　　第656～659頁。
〔註35〕《懺庵叢話‧沈乙庵師》見《胡先驌詩文集》（下冊），黃山書社2013年8月
　　　　版，第672～673頁，約作於1961年。
〔註36〕張大為、胡德熙、胡德焜合編《胡先驌文存》上卷，江西高校出版社，1995年
　　　　8月版，第46頁。

是年，京師大學堂設立植物園。

是年，清政府農商部在京設立京師農事試驗場。

是年，出版《中學植物學教科書》《中學動物學教科書》。

　　　文明書局成立於 1902 年，發起人包括廉泉、俞復、丁寶書等，是近代較早涉入教科書出版發行的民辦出版機構，在清末民初教科書的發展史上佔有重要地位。文明書局出版的生物學教科書主要有普通教科書、中等教科書、最新教科書等多個系列。以下列舉幾種有特色的教科書。《中學植物學教科書》由藤井健次郎著，華文祺譯，於 1906 年初版。全書分為四章，分別介紹植物的形態及生態、解剖及生理、分類、分布及應用。對於書中引用的例子，「凡有不適我國之用者，胥由譯者參考他書，或增或芟……凡所稱述者，皆有來歷，非敢杜撰也」，而且書中還附有精美的插圖。《中學動物學教科書》由安東伊三次郎、岩川友太郎和小幡勇治合著，錢承駒譯編，於 1909 年初版。該書分為上、下兩編，分別為分論和通論。作者參考了其他十數種書籍，「又去原書之專言日本者，而取吾國切近之事實充補之」，除解剖圖沿襲原書外，其餘十之三四採自他書。該書注重實驗，書末附有實驗用紙，要求學生將六個實驗所得之要件記人。學部評價該書「體制得宜」。〔註37〕《最新植物學教科書》的特色是在各論方面用力少，在總論上用力多，植物體各部分的形態、效用、生理、生態尤其詳細。學部評價該書「簡而扼要，層次井然，於吾國中學程度，最為相宜。譯筆亦簡潔不苟，且於原書中不適吾國之教材，頗多更易，迴非直譯者可比」。〔註38〕

清光緒三十三年丁未（1907）　十四歲

　　繼續在洪都中學堂學習。

　　12 月 3 日，羅斯福主張以庚子賠款援助中國教育。美國總統西奧多·羅斯福在致國會的年度咨文中，提出「授權減免和取消對中國超出此數的賠償要

〔註37〕錢承駒，中學動物學教科書〔M〕。上海；文明書局，1914：例言。
〔註38〕學部審定中學教科書提要（續）〔J〕。教育雜誌，1909，1（2）：9～18。羅桂環主編《中國生物學史》，廣西教育出版社，2018 年 6 月版，第 97～98 頁。

求」，並謂：「我國宜實力援助中國厲行教育，使此巨數之國民能以漸融洽於近世之境地；援助之法，宜招尋學生來美，入我國大學及其他高等學社，使修業成器，偉然成材，諒我國教育界必能體此美意，同力合德，贊助國家成斯盛舉。」

清光緒三十四年戊申（1908） 十五歲

6月，在洪都中學堂學習，成績合格，畢業。

8月，胡先驌轉入在江西高等農業學堂學習。

在湖廣總督（時任兩江總督）張之洞、江西巡撫德馨等人的支持下，蔡金臺等人於1896年率先在江西高安設辦蠶桑學堂，自編教材，考求種植，開講種桑養蠶課程，是為清中央政府批准的第一所農業學校。當時任江西布政使的翁曾桂認為，只在高安設立一所蠶桑學堂，難以滿足全省蠶桑經濟的發展，必須廣興蠶桑學堂。於是同年4月，翁曾桂在南昌開辦了江西蠶桑局，內設江西蠶桑總學（今朱德軍官教育團紀念館處），全省的蠶學由蠶桑局總辦，並委託《蠶桑說》教材的編寫者江毓昌協理。1903年，江西蠶桑局劃歸江西農工商礦總局，並且設立農事試驗場，承接蠶桑，展開農事試驗與農學專科教育。1904年7月，傅爾斌等12名學生被送去日本學習實業。光緒三十一年（1905年）七月，成立江西實業學堂，引進「外智」教學，編寫農、林、牧和土壤、昆蟲學等教材，招考學生百餘人，此校為我省高等農業教育的開始。光緒三十三年（1907年），江西實業學堂更名為江西高等農業學堂，胡先驌就是當時被招收的學生之一。當時，江西還出現了一份農學綜合性期刊——《江西農報》，創辦於光緒三十三年（1907年）四月，是我國近代創辦最早的農學期刊之一，也是我國近代具有顯著特點的科技期刊。清宣統元年（1909年），江西高等農業學堂增設林科，第二年便遷往盧山白鹿洞書院，成立了江西高等林業學堂。至民國元年（1912年），高等林業學堂又與高等農業學堂合併，成立江西高等農林學堂，不久後更名為江西公立農業專門學校（以下簡稱江西農專）。1927年2月，江西農專編入江西中山大學，改為中山大學農業專門部，後來中山大學停辦，又改回江西農專。上世紀30年代初，教育部取消專門制，

學校又更名為省立農藝（農業）專科學校。〔註39〕

　　逐漸接受了民族主義思想、改良主義思想，嚮往日本維新運動，通過社會改良，達到民富國強道路。

　　進中學後，受了《新民叢報》的影響，改良主義的思想漸漸萌芽，深惜戊戌政變的失敗，以為若戊戌變法成功，中國可能走上明治維新變成富強的國家的道路；同時受了《國粹學報》的影響，漸漸有了民族主義的思想，但這思想並不濃厚，所以對於孫中山的革命運動漠然視之，毫無關心。〔註40〕

　　9月，美國人克拉克來我國進行生物標本採集。

　　　　華盛頓國家自然博物館是較早開始收集我國動物標本的一個機構。1901 年，隨軍到我國的美國士兵德雷克（N. F. Drake）在河北駐留期間，收集了不少產於海河的魚類標本送到華盛頓國家自然博物館。在那以後的 1908 年 9 月，美國華盛頓國家自然博物館派出克拉克（R. S. Clark）探險隊，來華採集動物標本，英國人索爾比（A. C. Sowerby）受雇參加。他們一行出發到我國西北考察和收集動物標本。所到之處包括山西中部的太原，陝西北部的榆林、延安和中部的西安。在西安附近，他們得到水貂和斑羚、岩兔及數種蝙蝠和其他一些動物標本，包括一個新亞種。後來又向西行進到了甘肅的蘭州。沿途他們進行了地理測繪、氣象觀測。〔註41〕

　　是年，《中學堂用博物學動物篇》一書出版。

　　　　1905 年清政府正式設立學部，次年成立學部編譯圖書局，負責編譯教科書。這是國家編寫統一教科書的首次嘗試。不過編譯圖書局編譯的教科書種類並不多，影響也不大，加之教科書在審校時衍生不少訛誤，反成笑柄，因此更不受歡迎。編譯圖書局出版的中學生物學教科書並不多，如 1908 年出版的《中學堂用博物學動物篇》。該書分為四部分，即動物分類表、動物學緒論、動物學本論（分述

〔註39〕江西檔案《中國近代農業辦學始於江西》，公眾號「江西檔案」，2023 年 02 月 09 日。

〔註40〕胡先驌著《對於我的舊思想的檢討》，1952 年 8 月 13 日。《胡先驌全集》（初稿）第十五卷人文科學文章，第 629～640 頁。

〔註41〕羅桂環著《近代西方識華生物史》，山東教育出版社 2005 年 10 月版，第 246 頁。

脊索動物等十一門）、生物泛論（包括動植物異同與關係、生物的遺傳與進化等），書中有 101 幅插圖。從敘述上看，該書是改編或翻譯自其他教科書。該書中前後兩次提到瑞典博物學家林奈，但是兩次譯名不一，分別是「李壬阿斯氏」和「林梛氏」。該書中還有不少刊刻錯誤，只得在正文前列出數條勘誤。學部編譯圖書局還有水祖培編寫的植物學教科書，可惜並未成書出版。〔註 42〕

清宣統元年己酉（1909） 十六歲

春，被保送京師大學堂預科學習。

對思想的轉變，「聽見清朝的攝政王罷免了袁世凱，我還對於新皇朝寄以莫大的希望。」〔註 43〕

3 月 14 日，參加光緒出殯。

11 月 9 日，參加慈禧出殯。

在學校生活三年中，有二事值得記憶：一為送西太后與光緒帝之殯。送殯的學生由學校挑選，胡先驌選入隊伍，時值冬天，學校五更時組織學生在地安門外等候，直到中午，靈柩從地安門緩緩始過，儀仗隊伍雄姿威武，各位都匍匐道左竊視。一為與張之洞一同謁聖。一天，張之洞來大學視察，率領教習學生，一同謁聖。胡先驌因得一見顏面，當時張年逾七十，行動要人攙扶，身材矮小，瘦如乾柴，臉面無肉，面尖如猿猴，身著貂褂，年齡大，但精神矍鑠，神采奕奕。「自我進了京師大學堂預科之後，我當被學校選去送西太后的殯，在後門外跪候。我當時不但不引為恥辱，反以為光榮。」〔註 44〕

11 月 13 日（農曆乙酉十月初一日），經過數年的醞釀，南社在蘇州虎丘張東陽祠正式成立。南社成為中國近代第一個民族革命旗幟下的文學社團，以文章相砥礪、以氣節相標榜、以詩歌相酬唱的著名革命文學團體。由柳亞子、

〔註 42〕江夢梅。論現行教科書制度及前清制度之比較〔J〕。中華教育界，1913，2（1）：14～22。羅桂環主編《中國生物學史》，廣西教育出版社，2018 年 6 月版，第 95 頁。

〔註 43〕胡先驌著《對於我的舊思想的檢討》，1952 年 8 月 13 日。《胡先驌全集》（初稿）第十五卷人文科學文章，第 629～640 頁。

〔註 44〕胡先驌著《對於我的舊思想的檢討》，1952 年 8 月 13 日。《胡先驌全集》（初稿）第十五卷人文科學文章，第 629～640 頁。

高天梅、陳巢南三人為南社發起人,當時成立參加集會的社員共十七人,他們是陳巢南、柳亞子、朱梁任、龐檗子、陳陶遺、沈道非、俞劍華、馮心俠、趙厚生、林立山、林秋葉、朱少屏、諸貞壯、胡栗長、黃賓虹、蔡哲夫、景耀月,及兩位來賓張采甄、張季龍。

是年,英國人珀登對我國西北進行生物標本採集。

1909 年,曾在維徹公司樹木苗圃和丘園受過培訓的珀登(W. Purdom)被派到我國西北,為維徹公司和阿諾德樹木園收集。他在甘肅的岷山山地和山西、內蒙的一些地區進行了兩年的旅行,既收集植物種苗也收集乾標本,曾收集得錦雞兒等花木送到阿諾德樹木園。〔註45〕

清宣統二年庚戌(1910) 十七歲

第三屆國際植物學大會

5月14日～22日,第三屆國際植物學大會在比利時布魯塞爾召開,有代表305人。

是年,在京師大學堂預科學習。諸多名師。

預科講席頗多名師:國文教習著名桐城文學家郭立山,陳劍潭先生,諸師中最令人懷念者的林琴南先生。經科柯劭忞先生,文科孫雄

〔註45〕羅桂環著《近代西方識華生物史》,山東教育出版社2005年10月版,第152頁。

先生，農科羅振玉先生、陳衍先生，理學名家夏震武先生等等。〔註46〕

是年，滿清政府腐敗無能，革命運動風雲四起，社會動盪不安，在「不為良相，便為良醫」觀念中，誓以學醫為根本，立足社會。

　　後來看見朝政日非，革命運動愈演愈烈，感覺到滿清皇朝必被推翻，但個人對於孫中山的革命並未熱情參加，且以為像我這樣家庭出身的人是不應該參加的，並聽了我母親的教訓，想學中醫來維持生活，做滿清皇朝一個遺民。這種落後的腐朽的封建思想站在中國人民的立場來看，是多麼可恥。〔註47〕

是年，中國地學會創辦《地學雜誌》，刊載植物學文章。

清宣統三年辛亥（1911）十八歲

青年時代的胡先驌

〔註46〕胡先驌著《京師大學堂師友記》，黃萍蓀主編《四十年來之北京》雜誌（第2集，第52～58頁），大東圖書公司，1950年2月。

〔註47〕胡先驌著《對於我的舊思想的檢討》，1952年8月13日。《胡先驌全集》（初稿）第十五卷人文科學文章，第629～640頁。

京師大學堂預科肄業。諸多有建樹的同學。

預科諸同學中的學術事功名者頗不乏人，而最偉大者為陝西水利局長李協先生。此外預科同學以學術成名者則有秉農山（志）兄。與予同期而學術事功咸有建樹者，有李麟（聖章）兄。同學以文學成名者，不乏其人，而姚鵷雛尤擅才名。吾鄉汪國垣兄（辟疆）、亦同學之以詩鳴者也。同學中與汪辟疆兄同以詩名者為王曉湘（易）兄。預科同學中有一至奇特之人物，是為林庚白。預科同學中另一特殊人物是為龔雲伯兄（家驊）。本科同學以少與往還故知之頗少，知名者有經科同學吾鄉余仲詹兄（謇）。另有一煊赫一時之同學，一為閩侯黃秋嶽（濬）；一為閩侯梁鴻志（眾異）。〔註48〕

民國元年壬子（1912） 十九歲

5月4日，京師大學堂改名為國立北京大學，嚴復任第一任校長。

夏，江西省文事局（相當於教育局）局長熊育錫，倡議省派學生出洋留學，學習西方的科學技術等知識。此項建議得到江西都督李烈鈞的大力贊同和支持。

【箋注】

熊育錫，即熊純如（1868～1942年）。曾任江西教育會長、教育局長，是江西教育界泰斗人物。1901年創立「南昌熊氏私立心遠英文學塾」，1911年改名為心遠中學校（現在南昌二中），北洋水師學堂總教習嚴復親自為心遠學校作校歌。1922年開辦心遠大學，當時教育部長章士釗還撥出專款給予獎勵。

8月28日，江西省政務會議對此提案議決通過，決定撥公款十萬元，選送一百零二人，分赴歐美、日本留學。

8月，中國教會高校第一個生物系創立。

祁天錫在東吳大學創立了中國高校中第一個獨立的生物系〔註49〕，並擔任系主任，開始將自己的工作從層次較低的基礎教育，逐步轉變到培養未來的生物學家。為此，他設置了相關的課程。在教

〔註48〕 胡先驌著《京師大學堂師友記》，黃萍蓀主編《四十年來之北京》雜誌（第2集，第52～58頁），大東圖書公司，1950年2月。

〔註49〕 王志稼，祁天錫博士事略〔J〕，科學，1940，24（1）：69～70。

學過程中，他非常注重科學實驗，不但經常帶學生到野外採集動植物標本，進行廣泛的實習訓練，而且建立起了當時中國最先進、最完善的生物實驗室。為了配合實驗室工作的開展，他積累了大批的生物學標本，還規劃在系裏建設生物材料所。在其同事和學生的共同努力下，生物材料所很快建成，並且取得了傑出成就。時人寫道：「重以祁天錫教授歷年採集發見之所得，吾校標本，遂美且備。匪特陳死標本，羅列無所遺。即其生者、活者，亦罔不俯拾即是。是以治生物者，人各得而躬自實驗外。復有材料一科，國內外之以材料仰給於我者，大有山陰道上，不暇應接之慨。至若儀器之應有盡有，猶其餘事耳。」〔註50〕

江西派送留美學生 1912 年合影，左起前排為歐陽祖綏、胡先驌、饒毓泰、徐寶璜，中排為熊遂、熊正琚、王守光、盧其駿、俞瀾、羅英，後排為熊正理、沈孟欽、段育華、吳照軒、李有樞、程孝剛

9 月 2 日，參加江西省教育司選送官費赴美留學考試，正式錄取十六人，胡先驌成績名列第五名，其他為歐陽祖綏、饒毓泰、徐寶璜、熊遂、熊正琚、王光守、盧其駿、俞瀾、羅英、熊正理、沈孟欽、段育華、吳照軒、李有樞、程孝剛。

〔註50〕王國平，張菊蘭，錢萬里，等，東吳大學火料選輯（歷程）〔M〕。蘇州：蘇州大學出版社，2010；221。羅桂環主編《中國生物學史》，廣西教育出版社，2018年 6 月版，第 38 頁。

1912 年江西考送東西洋留學生合影，中排左 2 胡先驌

9 月，江西省籌辦大學儲備金，專門用於資助江西優秀學生出國留學。

當時廣大青年學生，出於渴求知識的強烈願望，曾經多次向地
方當局要求開辦官費留學，以資助學生出國留學。然而當時的地方
政府對這一合理要求無動於衷，南昌市民對此反映十分強烈，紛紛
向江西省教育司請願。最終，在廣大市民的強烈要求和社會輿論的
壓力下，1912 年 9 月，江西省都督李烈鈞終於批准了江西省教育司
司長符鼎升（字九銘）的建議，在江西省籌辦大學儲備金，專門用
於資助江西優秀學生出國留學。從此，為廣大青年學生提供了出國
留學的機會，這一措施也受到了南昌市民的歡迎，極大地鼓舞了南
昌廣大青年學習的積極性，一股刻苦讀書和爭取出國留學的熱潮蓬
勃興起。〔註51〕

10 月，出國留學前與王蓉芬（1893～1926）完婚。他倆是指腹為婚，且
有血緣關係。即胡先驌母親陳彩芝與王蓉芬母親是同胞姊妹，當時她倆都已懷
孕在身，曾經相約，如果生的是一男一女，則將來結為夫妻。結果王蓉芬早出
生，比胡先驌虛長一歲，是表姐，浙江孝豐人。

〔註51〕檔案解密《1912 年南昌首批青年獲官費留學》，公眾號「江西檔案」，2017 年
05 月 24 日。

11 月，啟程赴美留學。乘輪船從江西南昌經鄱陽湖，由長江而下，船過小孤山，後到上海。作《小孤山》詩云：「且將湖色滌愁顏，笑指浮鷗俯仰閒。十里晴空煙似墨，浪花如雪沒孤山。」

11 月下旬，途經日本，和同學上岸遊覽長崎，看到日本繁榮的景象，想到中國一窮二白，頗有感慨。寫有遊記《長崎小遊記》一文。並作詩一首「長崎」：「浪花如雪沒荒埼，沙鳥風帆靜四圍。古剎松風縈舊夢，七年景物認依稀。」

希望以社會改良替代軍事革命，沒有暴力，沒有戰爭，實現社會平穩，安居樂業。「一九一二年袁世凱篡竊了孫中山小資產階級的革命果實，我對於孫中山並未表同情，心中佩服的人是改良主義派的梁啟超。」〔註52〕

年底，到美國加利福尼亞大學。

加州大學大同會成員合影，二排右 1 胡先驌

編年詩：《阮步兵》《芳樹》《遊仙廿絕》《詩別蕭綱燕京》《別汪滌雲太學》《別曉湘汴梁》（四首）《得曉湘書雜賦》《雜感集定庵句》《小孤山》《下江南

〔註52〕胡先驌著《對於我的舊思想的檢討》，1952 年 8 月 13 日。《胡先驌全集》（初稿）第十五卷人文科學文章，第 629～640 頁。

吟》（四首）《雜感》（二首）《巫山高》《春日遊海濱》（二首）《美洲度歲竹枝詞》十首。

民國二年癸丑（1913） 二十歲

1月12日，教育部規定動物學、植物學課目。

> 北洋政府教育部公布大學規程令，確定大學理科包括動物學、植物學等九門（其中哲學學科也要開生物學課程）。〔註53〕〔註54〕當時規定動物學門課設：一、動物學總論；二、脊椎動物學；三、無脊椎動物學；四、骨骼學；五、動物發生學；六、動物學實驗；七、動物發生學實驗；八、比較組織學及講習；九、植物學；十、植物學實驗；十一、地質學及實驗；十二、礦物學及實驗；十三、地理學；十四、生理學；十五、水產學；十六、人類學；十七、古生物學；十八、生物進化論；十九、動物學山野演習；二十、臨海實驗；二十一、實地研究。植物學門課設：一、植物分類學；二、植物形態學；三、植物生理學；四、植物生態學；五、應用植物學；六、植物分類學實驗；七、植物解剖學實驗；八、植物生理學實驗；九、細菌學實驗；十、動物學；十一、動物學實驗；十二、地質學及實驗；十三、礦物學及實驗；十四、地理學；十五、水產學；十六、人類學；十七、古生物學；十八、生物進化論；十九、植物學山野演習；二十、臨海實驗二十一、實地研究。〔註55〕

1月，進入美國加州大學伯克利分校，先學農藝，後轉學植物分類學。「一九一三年入加利福利亞大學，先入農藝系，後轉入植物系，抱著純技術觀點來獲得專門的知識，以外國大學的學位做敲門磚，以求得到一個鐵飯碗。」〔註56〕

〔註53〕中國第二歷史檔案館。中華民國史檔案資料彙編：第三輯教育〔G〕。南京：江蘇古籍出版社，1991：114～115。

〔註54〕根據北洋政府教育部專門教育司司長湯中所言，我國早年的大學制度仿於日本。（中國第二歷史檔案館。中華民國史檔案資料彙編：第三輯教育〔G〕。南京：江蘇古籍出版社，1991：204。）

〔註55〕中國第二歷史檔案館。中華民國史檔案資料彙編：第三輯教育〔G〕。南京：江蘇古籍出版社，1991：120～121。羅桂環主編《中國生物學史》，廣西教育出版社，2018年6月版，第144～146頁。

〔註56〕胡先驌著《對於我的舊思想的檢討》，1952年8月13日。《胡先驌全集》（初稿）第十五卷人文科學文章，第629～640頁。

美國嘉麗芬宜省大學中國全體學生攝影，1913 年二排左 4. 孫科，三排左 4. 何炳松、右 2. 司徒如坤，末排左 1. 姜立夫、左 3. 饒毓泰、左 5. 胡先驌、右 1. 邱宗嶽

　　當年美國西部留學生在加利福尼亞大學舉行年會，胡先驌積極參加會務組織事宜，不論是會務安排，場地布置，人員安置，還是開會規程，新聞報導，都留下他的身影，並寫「西部中國學生年會紀事」一文。

　　是年，讀書期間，對辛亥革命失敗、倒袁世凱運動等認識模糊。「我在美國的時候，對於一九一三年孫中山的革命失敗，無動於衷，對於袁世凱的稱帝雖不贊成，亦不痛恨，而我的不贊成帝制與後來對於倒袁世凱運動的勝利覺得愉快，多少這是從下意識中的遺民思想出發。那時候我對於孫中山是不瞭解，而且多少是厭惡的，正如同我在一九二七年大革命後畏懼與厭惡……一樣。」〔註 57〕

　　是年，《威爾遜植物誌》出版，是我國本木植物重要參考書籍。

　　　　從 1913 年起，佘堅德教授主編了《威爾遜植物誌》（Plantae Wilsonianae），計三冊，於 1917 年全部出版。該書記載了 1907 年、1908 年、1910 年，阿諾德樹木園通過威爾遜等收集得的中國中西部木本植物。在該書第一卷，描述了威爾遜採集植物種類的一半左右，其中包含 2 個新屬，225 個新種，162 個樹木新變種。全書總共描述植物 3356 個種和變種，是當時研究中國木本植物最廣博的參考著作。

〔註 57〕胡先驌著《對於我的舊思想的檢討》，1952 年 8 月 13 日。《胡先驌全集》（初稿）第十五卷人文科學文章，第 629～640 頁。

至今猶為研究我國木本植物及湖北、四川植被的重要參考書。〔註58〕

民國三年甲寅（1914） 二十一歲

3月，《留美學生季報》出刊，總編輯為張貽志，胡先驌任幹事。胡先驌用懺庵筆名在《留美學生季報》發表詩和詞，這是最早用「懺庵」公開發表詩詞，刊於《季報》1914年第1卷2、3號和1915年第2卷第4號上。

【箋注】

《留美學生報告》1909年創辦，1911年6月改名為《留美學生年報》，每年1期，僅出版1911年，1912年，1913年等3期。1914年3月，留美學生會編輯《留美學生季報》，每年1卷，每卷4期，出版時間3月，6月，9月，12月，標注春、夏、秋、冬。32開本，持續出版14年，於1928年停刊，共50期。初期印行者為美國哥倫比亞大學，上海中國圖書館，1914年1月，改由金山中西日報印刷，上海中華書局發行。「季報」從創刊到1916年底由中華書局印行，1917年後由商務印書館印行，直到1928年停刊。「季報」在美國編輯，在上海出版。

4月，加州大學學植物，及學期制度。

> 胡先驌入加州大學伯克利分校農學院，後轉植物系。美國大學學季制（Quarter）是將一學年劃分為四個學期，秋季學期、冬季學期、春季學期和夏季學期，每學期10～12周，秋季學期從9月開始，12月中旬結束。冬季學期從1月開始，3月結束。春季學期從4月初開學，6月中旬結束。夏季學期主要是暑假時間或組織暑期學習班，每學期10周左右。〔註59〕

夏天，在美國康乃爾大學留學的中國學生，有感於中國科學落後，他們正在討論：是否可以出版一種雜誌向中國傳播科學，這個提議立刻得到大家一致贊同。主要發起人為任鴻雋、秉志、周仁、胡明復、趙元任、楊杏佛（楊銓）、過探先、章元善、金邦正等9人，任鴻雋任社長。6月，科學社在紐約州倚色佳小鎮成立，以「提倡科學、鼓吹實業，審定名詞、傳播知識」為宗旨。胡先

〔註58〕 羅桂環著《近代西方識華生物史》，山東教育出版社2005年10月版，第308頁。
〔註59〕 王希群、楊紹隴、周永萍、王安琪、郭保香編著《中國林業事業的先驅與開拓者——胡先驌、鄭萬鈞、葉雅各、陳植、葉培忠、馬大浦年譜》，中國林業出版社，2022年3月版，第009頁。

驌加入科學社。

風華正茂的胡先驌

中國科學社徽章

　　7月，中國科學社認股一覽表記載，胡先驌認股為 1 股，為 75 位原始股東之一。〔註60〕

〔註60〕林麗成、章立言、張劍編注《中國科學社檔案資料整理與研究——發展歷程史料》，上海科學技術出版社 2015 年版，第 5 頁。

7月，中國科學社交股一覽表記載，胡先驌交股金 10 元，5 元為入社金，5 元為常年金。共 115 人交股金。〔註 61〕

7月，中國科學社股金總收入表記載，胡先驌正式交 10 元入帳。〔註 62〕

8月，科學社股東姓名住址錄表記載，

中國科學社社員號：32，

姓名：胡先驌

西名：H. H. Hu

入股時間：1914 年

股數：一股

地址：2021 grand street, Berkeley, Cal.〔註 63〕

1914 年 9 月，中國科學社同仁合影，二排左 3 胡先驌

10月，中華博物研究會主編《博物學雜誌》出版發行。

12月，《西美中國學生年會紀事》文章在《留美學生季報》（第 1 卷第 4 號，第 83～84 頁）發表。摘錄如下：

〔註 61〕林麗成、章立言、張劍編注《中國科學社檔案資料整理與研究——發展歷程史料》，上海科學技術出版社 2015 年版，第 8 頁。
〔註 62〕林麗成、章立言、張劍編注《中國科學社檔案資料整理與研究——發展歷程史料》，上海科學技術出版社 2015 年版，第 12 頁。
〔註 63〕林麗成、章立言、張劍編注《中國科學社檔案資料整理與研究——發展歷程史料》，上海科學技術出版社 2015 年版，第 17 頁。

　　前此週年大會，皆舉行於金山埠，加省大學蒞會者，惟附近金山諸校而已。今則加省大學、士丹佛大學、南加省大學、薩克曼陀羅山潔諸校，咸有代表與會焉。會員蒞會者七十餘人，加以濟濟來賓，全數有逾百十。主賓酬酢，歡聚一堂，復加之以中英之辯論，運動之比賽，名人之演說，科學之討論，歡迎歡送之筵宴，加省大學學生會款待之友誼，皆前此未有之勝事，而令人不能忘懷者也。

　　就中尤以來賓演說為佳。蒞會演說者，有加省大學理財教授夏德斐，訓勉我邦學子在美留學之方。農學教授吉爾謨，詳論我邦農業之現狀，及將來改革之進行。哲學教授亞丹士，具陳習俗與社會改革之關係。前中國領事衛立斯博士備論中國政局之現狀，與其學子之責任，藥石之言，令人興起，同人亦覺熱誠忿湧，志氣激發，鼓掌之聲，不絕於耳。後此則有中英文辯論，及各種運動遊戲，優者乃受金銀徽章之贈焉。文學科學工程學會中，則有趙君恩賜演說化學應用之理。趙君於去冬卒業，精於有機應用化學，故其言明晰精到，備得竅要也。

　　夫以西美各校，人數甚稀，相距尤遠，舟車之費，跋涉之勞，在在足為年會之障。然仍得此結果，豈真偶然哉？蓋西邦人士，愛國尚友之情有以致之也。以茲三日之會，不但友誼益篤，心志益舒，而學問之增進，亦無窮焉。他日西美一隅，商務益增，文明日進，我邦人士留此就學者日眾，斯會之進行，當有如朝日初曦，方興未艾者矣。〔註64〕

　　12月，《長崎小遊記》文章在《留美學生季報》（第1卷第4號，第123～125頁）發表。摘錄如下：

　　壬子十一月十四日昧爽，輪舟抵長崎泊焉，其時予猶未興也。七鐘盥沐畢，登甲板遠眺，斯見島環為灣，崿岉萬狀，陂陀起伏，屋舍鱗比，炊煙幻態，頃刻萬變。小舟蜂集，俯仰隨波，有類浮鷗。舷次則人聲號然，萬首蟻動，蓋工人運煤者也。鉤輈格磔，語不可解，手胼足胝，衣敝面垢，亦如我國工人然。其島迤南，人煙較稀，則見町畦井然，如蛛布網，隨山高下，入望皆碧，皆麥秀也。日本

〔註64〕《胡先驌全集》（初稿）第十五卷人文科學文章，第1頁。

地瘠民貧，出產缺乏，苟可耕耰，無問磽腴，平野固無論矣。即層巒累壑，方寸之地，人跡所至，樹藝必加焉，故其田歲多三熟，而穀食差足也。觀之吾國，襟山帶河，沃壤萬里，久擅天賦之厚，乃男輟於耕，女惰於織，腴田萬頃，任其蕪穢，一年饑、二年饉，道路流亡，哀鴻遍野者，其得失相去何如哉。夫天人相需為用者也，天賦我厚，而我棄之，是謂棄天，棄天天必棄之。苗族棄天，故不能有斯土而吾族代之，迄今四千餘年矣。乃可覆蹈苗人之轍，而忍坐視錦繡河山復為他人所攫耶。

九鐘遇一客舍，執事林大進，閩人也。詢知吾等皆國人，喜甚。具言舟艤甚久，羌毋欲登岸一遊以快心意，藉以察其風土習尚乎。復言王君子等亦曾假宿其寓，其寓蓋閩人陳某所設，設長崎十餘載矣，國中都人士來遊是邦者，靡不以該寓為息足地。夫舟行巨海，洪濤拍天，翹首四顧，渺無涯縵，不見人者數日。一旦泊岸，睹茲奇山挺秀，青翠濕衣，遊興能不勃然。重以林君誠摯優渥，矢為嚮導，一盡地主之誼，情不可卻，於是登岸之志決。其時有本舟專為行客而備之小輪，遂乘之而往，同行者有三熊君饒君羅君及湖北劉君與余凡七人。片晌抵岸，逶迤而前，覽其都市，道路修潔，行人稀少，無車馬喧。蓋有業之民多，遊惰之輩少，重之地僻人稀，遂鮮肩摩轂擊之狀也。道旁屋舍，類皆纖小，整潔可愛，第欠輪奐，終非泱泱大國風爾。未幾抵四海樓，啜茗肆談，仰視層巒，俯瞻滄海，波濤映日，五色爛然，壁立萬丈，青翠欲滴，頓覺心曠神怡矣。飯後林君導遊寺觀，遂登聖壽山謁崇福寺。寺明末震旦某大師所建，規模宏壯，迥非日人侏儒局促之態可比。大師目擊有明末葉，政亂朝荒，知明祚之不永也，乃渡海而東，宣佛法於東瀛三島焉。寺中大師手書扁額至夥，筆力雄偉，蓋虎虎有生氣也。寺內有釜，二百餘年物，當日日本大饑，寺中施粥，曾給千數百人，亦云巨矣。歷來此寺皆震旦高僧住持，嗣以東渡者少，乃聘日僧住持其間，日僧類皆挈妻子，茹葷酒，仍然稱長老，亦云異矣。後遊數寺，則日人所建，規模較小。日人信仰甚篤，官吏議員亦皆佞佛，每鏤石為燈以獻，日人朝佛不焚香爇燭，惟殿前設一櫃，膜拜已，即投錢其中以為布施焉。寺後隙地，則各姓祖塋所在，建築甚都麗，每有值萬

金者，俗皆火葬，其餘燼則以陶器盛之，貯之石室，殊簡潔可效。我國溺信風水者，每不惜巨費，購買塋地，實亦非愛死者，第欲藉死者以謀生者後福耳。至於掃墓之誠，反不及日人遠甚，則孰臧孰否，可以知矣。日人掃墓極虔，每來復即掃墓一次，輒瓶花焉。死者每以佛語為字，殆亦我國私諡之意耶。各寺皆建山際，林木暢茂，宇舍精潔，山光水色，清人神志，洵有洞天之概也。

遊畢，順詣福建會館，道中詢林君徐福墓所，則遙指萬嵐中，綽約可見，然非一日程不可達，為之神馳久之。已而詣大成殿，建築亦宏麗，中懸某君聯，有吾道其東之語，吾道誠東矣，而日即衰微於吾國，他人之道且將東而代之矣，且日人近亦鄙棄漢學，是此已東之道。淪亡尚可指日而待也；然己則不能保其國粹，又何責人之有乎，言之慨然。已而夕陽西墜，遊興亦闌，乃別林君返舶，休息片晌。意殊自適，以斯遊之難再也，乃泚筆記之。〔註65〕

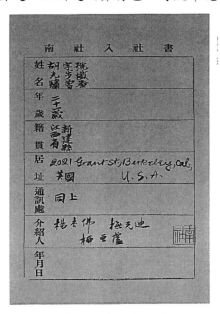

1914年胡先驌入南社南社書登記表

是年，在美國留學的胡先驌經楊杏佛介紹，與任鴻雋、梅光迪一同加入南社。任鴻雋、梅光迪、胡先驌在南社中的登記號分別是439、440、441。加入

〔註65〕胡宗剛撰《胡先驌先生年譜長編》，江西教育出版社，2008年2月版，第34～36頁。

南社後，把在美國寫好的詩詞寄回國內，1915 年 3 月出版《南社叢刻》第十三集發表了十首。

1914 年甲寅西美中國學生會年會攝影，前排：左 3. 孫科、左 4. 胡先驌、左 5. 凌冰、左 9. 司徒如坤、左 10. 蕭練理，後排：左 5. 邱宗岳、左 9. 饒毓泰

是年，胡先驌致胡適信函。這封信表述了胡先驌憂國憂民的心情，也表現他科技救國的思想。

適之宗兄惠鑒：

前奉惠書，久應裁復，以適遭母喪，心緒奇劣，加以當時尚欲束裝西（著者注：從），是以未答。託楊宏甫致意道歉，想足下當有以諒之也。弟於足下仰慕殊久，先交樹人，即聞推許足下之言。嗣於《留美學生年報》讀《詩經言字解》一篇，即慕足下負夙學而有奇識。當時頗欲藉樹人為介，乃自認猥賤也，心慚沮，是以中止。嗣讀近作，《非留學篇》及英文《論孔教之言》，皆適得我心，乃竊自喜，引為同調。

春初楊君宏甫、饒樹人處，閱弟所作小詩歌，竟賞其音而下交，弟亦驚者，以為果有寸長，為都人士所許耶。繼而自思諸賢謙抑為懷，秉古人嚶求之意而擇友，則於弟之仰風慕義者當無所擯斥，是以用敢以楊君為介而定交焉。乃蒙不棄，先賜惠書，則尤喜出望外者也。

弟幼孤，失學。頻年奔走燕薊，忽忽二十載，韶光虛耗，一無所成。今來是邦，亦以駑駕不中上駟。惟幼秉庭訓，長接佳士，聞風慕義，頗知自好，雖德薄能鮮，無所成就，然未嘗不欲躬自策勵，

以求一當，藉以上慰先人憂國之忱，亦以圖報邦國於萬一也。竊以弟束髮受書，即知國難。蓋弟託生之日，即家邦敗於倭寇之年，忽忽二十年，國事愈壞，蒿目時艱，中心如晦，然自以力薄能鮮，別無旋乾轉坤之力，則以有從事實業，以求國家富強之方。此所以未敢言治國平天下之道，而惟農林山澤之學是講也。

我邦邇年鑒於外患，都人咸以致用為經，至於文物之盛衰，風俗人心之進退，咸漠視之，以為迂闊無當事情。則弟又竊為此純重物質為憂，純重物質之弊，則幾於上下交爭利，而清議之是非，不足為懲勸，是危國之道也。故亦嘗自矢，當以正人心風俗為己任。苟綿力所及，則亦當一以宏恢聖道，通貫中西名言哲論為指歸也。竊聞足下農學竣業外，復從事哲學名言，讜論騰譽西土，不惟實獲我心，直弟良師益友之資矣。用是不揣陋劣，抒意直陳，伏惟時惠德音，以匡不逮，則他日略有小成，皆足下之賜也。

手此奉復，即承勛定不宣。

宗弟制先驌拜手（1914 年）〔註66〕

【箋注】

胡適（1891～1962），曾用名嗣穈，字希疆，學名洪騂，後改名適，字適之，籍貫安徽省績溪縣。中國現代思想家、文學家、哲學家。1910 年赴美國康奈爾大學留學。1917 年回國受聘北京大學教授。1918 年加入《新青年》編輯部。1932 年創辦《獨立評論》雜誌。1938 年出任駐美大使。1946 年任北京大學校長。1948 年當選中央研究院首屆院士。

是年，胡先驌在加州大學伯克利分校建有學籍卡。

而胡先驌學科知識來源於加州大學伯克利分校。此有一份胡先驌在伯克利之學籍卡，所習科目如下：數學（從中國轉去學分）、化學（從中國轉去學分）、植物學、園藝學、德語、昆蟲生物學、昆蟲學、動物學、森林學、經濟學、農業化學、農學、土壤學、植物病理學、植物生理學、人類學、哲學等。胡先驌所習每門課程，其學分非優即良；該校也採用課本知識與農場實習相結合，故胡先驌也養

〔註66〕胡維平先生提供，見胡啟鵬輯釋《胡先驌墨蹟選》（初稿），2022 年 2 月，第67 頁。

成在田間動手之能力和習慣。〔註67〕

是年，為西美留學生會中文書記。會長凌冰、副會長司徒如坤、英文書記蕭練理、會計孫科。加利佛尼會中文書記及副會長。

是年，母親陳彩芝因病在南昌去世，享年49歲。

> 是年，北洋政府教育部公布高等師範學校規程令，其中本科有「博物部」，所學科目包括：植物學、動物學、生理及衛生學、礦物及地質學、農學、化學、圖畫。〔註68〕

是年，金陵大學創立農科，1915年增辦林科。1916年合併為農林科，1916年農林科中下設生物系。

編年詞：《海國春·題柳亞子分湖歸隱圖》。

民國四年乙卯（1915） 二十二歲

6月，《〈說文〉植物古名今證》（上）文章在《科學》雜誌（第1卷第6期，第666～671頁）發表。美國留學時第一篇植物學論文。《說文解字》是東漢許慎所著，作者運用所學現代分類方法，對書中102種名稱的植物，及其中國歷代對這些植物的論述，與近代美國、日本等國家的對此研究作了比較分析，經周密、細緻、詳細的考證，對這些植物分別作了屬於哪個科、哪個屬、哪個種（學名），並且增加了拉丁文字和英文，為以後研究植物、醫學提供科學依據。如《說文》：「禾，嘉穀也，以二月始生，八月而熟，得之中和，故謂之禾。」禾有五種：1. 晚稻；2. 旱稻；3. 早稻；4. 糯稻；5. 紅稻。胡先驌認為這種分類不僅不科學，而且之間重複，對水稻品種改良選育，提高產品質量，增加每畝產量，都不利於發展生產。稻又分為粳稻，糯稻二種，另有黃稻，赤稻，香稻之分，於滋養原素中無所差異，故某以為僅分為粳、糯二種足矣，其餘皆可概之為異種也。晚稻亦謂之秈，異種為數至夥，緬甸有稻九百六十餘異

〔註67〕胡宗剛著《胡先驌執教於南高農科》，2021年08月10日。南京大學生命科學學院版。《百年院慶、南京高等師範學校農業專修科之生物系創設原委（三）》COPYRIGHT © NANJING UNIVERSITY ALL RIGHTS RESERVED|蘇 ICP 備10085945號 WEBMASTER@NJU.EDU.CN。

〔註68〕羅桂環主編《中國生物學史》，廣西教育出版社，2018年6月版，第146頁。

種云。屬稻科，稻之糯者亦名黍。〔註69〕

7月，《〈說文〉植物古名今證》（中）文章繼續刊登在《科學》雜誌（第1卷第7期，第789～791頁）。

《科學》雜誌創刊號

8月，《菌類鑒別法》文章在《科學》雜誌（第1卷第8期，第926～931頁）發表。摘錄如下：

> 菌類是食品中珍品，但是很多菌類是有毒，或者劇毒，人吃之後，不但中毒，甚至會出現死亡。正確認識菌類，鑒別有毒、無毒菌類，對人民的身體健康非常重要。

> 菌之為食品也普而久矣。即以吾國論，香蕈、蘑蕈、草菌久視為席上之珍矣。自此之外不常經見，或僅見於一隅者，尤不知凡幾也。湘中之麻蕈，川滇黔桂之竹蕈，浙中之茅蕈，知其味者皆津津然樂道之。再齒蕈之外，如黑木耳、白木耳、黃木耳、地菌等，皆吾人日用之食品也。

> 雖然，天生萬物，良窳不齊。菌類既為食品之珍，亦含致死之毒。苟鑒察不明，毒菌淆入，則八口之家，絕於一日。惟口興戎，於斯見之。且鑒察艱難，從無定例。下方所論，即此致意。斯趨避有方，採擷無誤，口腹喪身之禍，庶幾免乎？

〔註69〕張大為、胡德熙、胡德焜合編《胡先驌文存》（下卷），中正大學校友會出版發行，1996年5月版，第1～14頁。

毒蕈之試驗。毒蕈與良蕈之分從無定例，亦無簡單之法以定其真膺，非隱花植物大師不能道其究竟也。中外俗傳諸法咸不可信，今枚舉之以正其訛，庶幾讀者知其訛誤，不以身命賴之，斯作者之意也。1. 銀器試驗。2. 豆腐試驗。3. 亦有謂無毒之菌生時必有美香而無劣味，有毒之蕈或辛或苦，或具惡臭。4. 亦有謂無毒之菌，其表皮可以揭落，毒菌則否。5. 亦有謂菌類有乳狀液汁者為有毒，否則無毒。6. 菌類有時於折斷之處變還顏色，或為深藍，或為淺藍，或為淺紅，或為淺絳。7. 菌類每為昆蟲食品，有謂為昆蟲所食者則為無毒。然則終無良法鑒別毒菌乎？日於平常日用之間有二法焉。1. 試食之！2. 以他人經歷為規。

植物學之鑒別菌類法。通常菌類有一圓平之蓋，謂之菌蓋，一長圓之幹，謂之菌幹，幹中有時有一圈形之圍，謂之菌圍，菌幹之末有時有托，謂之菌托。菌圍、菌托之有無，每用以審別菌類，尤以菌托為最要。故定審菌類時，必連本拔起，庶幾菌托存在而審鑒得以不誤也。

最重要之區別乃在菌蓋裏面之組織。菌蓋裏面一層謂之孢層，以孢層組織之異，菌類可分為四區：1. 孢層平滑。2. 孢層作刺狀。3. 孢層多孔。4. 孢層作片狀。試驗孢子顏色之法一如下方：先將菌蓋摘下（菌蓋須鮮嫩），以孢層下向置之紙上（淺藍或淺灰色之紙最佳），以碗覆之，免水氣蒸發。數小時後，則無數小孢必由孢層射出於紙上。孢子之色因以顯焉。（1）白色。（2）黑色。（3）黃褐色。（4）褐紫或褐色。（5）嫣紅或赤色。

除以上所述分別外，最幼及將腐朽者皆宜避之。以菌類最幼之時，有毒無毒亟宜辨別，偶一不慎生命為危。而腐朽之菌，每能由無毒而變為有毒。苟此二者亦避之，意外之虞尤少矣。〔註70〕

9月，陳獨秀等在上海創辦《青年》雜誌，1916年9月起改名為《新青年》，提倡新文學，反對舊文學；提倡白話文，反對文言文；打倒孔家店，掀起一場文學革命運動，標誌著新文化運動的興起。1917年1月，《新青年》從

〔註70〕張大為、胡德熙、胡德焜合編《胡先驌文存》（下卷），中正大學校友會出版發行，1996年5月版，第15～18頁。

上海遷到北京編輯出版，由陳獨秀、胡適、劉復（半農）、沈尹默、李大釗、錢玄同六個人輪流編輯。2月，陳獨秀提出「推倒雕琢的阿諛貴族文學，建設平易的抒情的國民文學」；「推倒陳腐的鋪張的古典文學，建設新鮮的立誠的寫實文學」；「推倒迂晦的艱澀的山林文學，建設明瞭的通俗的社會文學」的立論。1918年4月15日，錢玄同提出的中國今後文字問題，認為中國將來應該有拼音文字，先用白話文替代文言的文字，再是白話文變成拼音的文字，主張廢除漢字，竟將「漢字看作是罪孽深重的載體」。

10月25日，「科學社」正式改組為「中國科學社」，在美國成立，改為以「聯絡同志，研究學術，共同以中國科學之發達」為宗旨，以推進科學的傳播和研究等多項事業為科學社的任務。1月，中國科學社編輯出版發行《科學》雜誌，創刊號在上海正式出版，申明「以傳播世界最新科學知識為職志」。出版至1959年，共出41卷，歷時27年。據統計，《科學》刊登了大量照片，多達1246副，其中屬於新技術的有333副，科學論文3200餘篇。

10月，譯《達爾文天演學說今日之位置》之《引言達爾文學說之末運、第二篇達爾文學說與天演二者之定義及其區分》（上），美國斯丹福（Stanford）大學昆蟲學教授開洛格（kellog）原著，胡先驌翻譯，文章在《科學》雜誌（第1卷第10期，第1158～1163頁）發表。摘錄如下：

引言　達爾文學說之末運

「達爾文學說之末運」（Vom Sterbelager des Darwinismus!）予案間德人論說之題也。雖然，自達氏造論以來，群言雜杳，號稱達氏學說之末運者亦夥矣。宗教家言固無論矣，然以今日德人中號稱科學哲學之泰斗者，亦藉藉言是。且四方學者，分類研求，以大公無私之心查精確不易之理，日積月累，憑證繁多。雖於達氏學說根本未能動搖，而其弱點，已不可逃鑒察。則末運之說殆亦有徵耶？

近時生物學之趨向

邇來生物學中，進行極速，致力之處，厥分二端：一則於古人學說，重加討論，是是非非，不容假借，因以一時風靡之學說，根基為之動搖；一則途徑別開，另求真理，考察不已，繼之實驗，近時生物學統計之術，其尤著者也。此外則發育機能學（developmental mechanics）、實驗形態學（experimental morphology）、實驗發育生理學（experimental physiology of development），或統稱實驗生物學（experimental biology），要皆造意

精新，立法巧善；生物發育之外境，以人力為變遷，視其所同，觀其所異，毫分縷析，真相畢呈；加之媒異（hyboridize）保真（pedigreed bree ding of pure strain）之方，種性之真（behavior of heredity）因之而顯。合茲積極消極之研究，古人立論優劣短長之處，粲然可睹矣。眾論之中，今日所最為人集矢者，則達氏天演說是也。

達氏天演說，今之士庶，未能審別異同；每以達氏天演說（Darwinism）與有生天演（organic evolution）或庶物同原（theory of descent）之說，紊而為一；此大謬也。達氏天演說者，天演眾說之一，達氏以之而釋物種由來（origin of species）之理者也。其說或臧或否，或實或虛，初無定論；蓋亦以物力詮釋（causalmech anicalexplanation）物種由來眾說之一，而異於以帝力詮釋（supernatural explanation）物原者耳。故雖庶物同原之理以達氏而始立；然生物學者之成為達氏學說者，亦達者一人之學說而已，非概有生天演之說於達氏之說也。達氏學說中之最著者為天擇之說（natural selection）；匹擇之說（sexual selection），若性塵表性之說（pangenesis of gemmules）亦達氏眾論之二，然已為今人棄置焉。當十九世紀之初，宗教於科學之勢尚盛，異物分造（special creation）之說，尚復風靡一時；雖拉馬克（Lamarck）倡言天演，然以生物學中之泰斗居維葉（Cuvier）氏力護異物分造之說，拉氏之言竟遭擯斥；雖聖的來耳（Saint Hilaire）顯知天演之真，然懾於群言，依違其說；自達氏出始廣事搜求，憑證繁夥，以廿年不懈之力，致意一途，故其立論，精確不移，有徵有信，而庶物同原之論因之而立。故庶物同原之說謂之達氏之說可也。雖然，以近時科學，鑒別甚嚴，命意措詞，不容假借，則達氏學說，乃有生天演，庶物同原眾說中之一種，而不足函茲二說也。

達氏學說非即天演也 以是觀之，達氏學說非即有生天演，亦非即庶物同原也。後者可函前者，而前者不足以概後者也。故達氏天演學之末運者，非有生天演或庶物同原之說之末運也。故今日生物學者議論紛紜，有疑天擇之說不足以釋庶物同原者矣，然殆無生物學家而有疑於庶物同原之說者也。處今日而言生物，則有生天演庶物同原，以成顛撲不破之理，殆無異於物理學中萬有引力

（gravitation）之說，化學中愛力（chemical affinity）之說也。故達氏學說之缺點，非有生天演之缺點；達氏之說可破，而有生天演之說則斷斷乎不可破也。

今日反對達氏學說之趨向　雖然，達氏學說之影響於人心者已深；五十年來群學哲學，倚以立論，政治宗教，因以易趨。一旦達氏學說動搖之謠生，人類思潮，將為之騷動矣。達氏學說，攻之最力者斯為德人，然俄法美意荷蘭諸邦，摘瘢指疵，亦不乏人。惟英人尚謹守師說，不加詬病耳。故年來書報，要能以天演真相，詳加討論。其因其果，其體其用，纖悉具陳；言之成理，持之有故，而天擇不足獨為種原之理，亦因以彰焉。然亦非謂達氏之說遂全遭指斥也。兩端聚訟，為達氏置辯者，亦自比比。第其立論，則不固步自封，食古不化，門戶之見，殆不一遇；類皆一方別建新思，另創妙論，以周達氏之說；一方亦俯從異議，摭拾群言，以救達氏之偏；而無始終固執以天擇為種原不二法門者也。然攻擊達氏之人，造論亦難超乎達氏之上。種畸（mutation）之說，信有徵矣，然其事寡而罕見。定向種遷（orthogenesis）之說，似可信矣，然所以致之之道，亦自難言。拉馬克私性遺傳（transmission of orthogenetic characters）言之致近理矣，然屬經試驗，常與事實相左也。

劇烈之排達天演說　歐洲各國報章聚論紛紜者久矣。試入德人書肆，則琉璃窗內，書報縱橫，最近天演學之宏議偉論也。而美洲大陸，對茲議論，尚寂寂無聞焉，東亞尤無論矣。雖然，邇年學壇牛耳，操之德人；德人一言，寰宇風靡。流風所被，亞美二洲，定難逃其影響。眾論之中，德法二邦人士，排斥達氏，極其劇烈。過當之處，所在皆然。苟亞美二洲人士盲從不察，則受害當不淺矣。彼人竟有謂達氏天演說，已成歷史上陳跡者，如黑格爾（Hegel）之哲學者。又有謂達氏學說，已臨正命，吾人僅宜為之備飾終典禮者。而佛爾夫（Wolff）謂吾人對於達氏，當以為世無其人焉！如斯議論，實屬謬妄；平人言之，尚可恕其愚瞽。乃學界泰斗，立言如此；君子德風，小人德草，橫流所屆，為害豈淺鮮哉。如上所言，排斥達氏學說之言，激昂過當，盲從不察，被害無垠，信矣。然以數人言論，不中情理，遂於反對達氏之學說充耳無聞，又不可也。達氏學

說，中情入理，根基穩固，搖動維艱，固也；然其弱點繁多，彰然可睹，又平情之論也。達氏學說之弱點不可掩矣；而於他人能於達氏學說補偏救弊者又掩耳而走，是固步自封不求進益也。吾人為學，志在求真，是是非非，不宜偏黨。作者有鑑於此，故欲於茲一篇，詳陳眾論。一本平情而縷析之，此外則他人之說，足以匡求輔助達說之不逮者，亦一一指陳，不遺餘力；庶幾讀者得知天演眾說變遷因革之端而有以施棄取折衷之道，斯作者之心盡矣。

第二篇　達爾文學說與天演二者之定義及其區分

粵自地球由液質凝結以來，生物之始以自。遞今億兆京垓之年，其間芸芸眾生，遞相嬗衍，由簡趨繁，變易之端，不可屈指數矣。今試瀏覽今日已經發見之動植物目錄，則見蠕蠕然以生以息，吾人謂為動物者，為數幾四十萬種；蒼然鬱然，或水或陸，能利用日光製造食物，吾人所謂植物者，為數複二十萬種。然天陬海角，人跡稀經之區，及微渺難察之所，棲止繁生之數，又奚啻百十倍蓰此數哉？每年五洲萬國，新發見之動植物，每累累不勝枚舉，總全球而論，生物之數，將以兆名矣。反而之亙古洪荒之世，種類之滅絕者，又當若此之眾；今日古生物學家（Paleontologist）所掘得四十尋爬蟲之骨骼，徑尺蜻蜓之遺骸，亦滄海飄塵，萬變幸存之二三遺跡耳。其間為水土剝蝕風日凋殘，至今絕無遺跡可尋者，為數又奚若乎？凡此眾生所以能繁衍遞嬗若此者，當非偶然可知，其故若何，請陳如次。

動植物繁殊之故　以釋此億兆生物繁殊之故，其說有三：一則眾物同時無故自生也；二則真宰一一創造也；三則庶物同原，由簡趨繁，官骸變易，以成此種種眾生也。然以事實察之，則知前者二說，了無根據，而第三說者，則持之有故，言之成理，確確然不可易矣。今日學者爭執之端，乃在庶物同原所以致之之道；而庶物同原，萬物互相嬗變，而同出於一祖之說，已成生物學家亙古不磨之天經地義矣。苟有疑此說者，亦有棄置生物學之一法耳。

達氏以先諸哲人對於庶物同原之鑒察　在 1858 年達氏創造其物力詮釋物種由來之說之先，庶物同原之理，已散見於哲學生物學家之著述久矣。德國詩豪苟特（1790），達氏祖父伊喇斯穆·達爾文

（Erasmus Darwin 1794），法國大生物家拉馬克（立論已精詳，1809），張勃士（Chambers）於《生物之遺說》（Vestiges of the Natural History of Creation）書中（1844），及與達氏同創造天擇說之沃力斯（Wallace, 1858），皆先後指陳，以為庶物同原為物種繁殊之理，而皆著書立說以求釋其所以致之之方。即遠而求之希臘諸賢，尤以阿列斯多德（Aristotle）之著作為甚，造意立言，已粗具拉馬克、沃力斯及達爾文之學說矣。惟自達氏始以二十年不懈之力，苦索精思，廣搜憑證，且以大公無私之心，以求理論事實之符合，斯庶物同原之說，始成鐵券耳。

達爾文之學說　達氏之學說於 1858 年至 1859 年之中僅函天擇人擇之說、性塵表性之說，創之十載之後，初與其本論無關也。性塵學說，最為人所指謫，雖用之以強固天擇之論，實為拉馬克私性遺傳之說所利用，蓋達氏亦以拉氏之說未必盡非，惟天擇為用彌廣耳。達氏天擇之說，亦導源予馬爾秀斯（Malthus）之《民庶論》（On Population, 1828）。其書言及人類之增，等諸幾何級數，二十五年，增加以倍，資生不足，人滿為患云云；以人推物，於是生存競爭之理著矣。沃力斯之悟生存競爭之理，亦讀馬氏之作使然也。

達氏之釋庶物同原之理　故達爾文學說者，天演眾說之一。蓋以物力詮釋物種由來之說之一也，與之相絕者則帝力創造萬物，或眾生無故自生之說耳。其論之立由於三種觀察：（一）萬物之生，以幾何級數而進，其所以生產之道或一細胞，中分為二，或細胞生質（Protoplasm），分為多數孢子（Spore formation），或不媾而孕（Parthenogenesis），或接合而產孢子（conjugation with spore formation），或雌雄媾合而成孕（amphigenesis），咸無向焉。（二）生事繁複，生態不常，加之雌雄媾精稟性相傳，尤多變易，故父子異形，弟見各性，幾為定理矣。雖間有酷似者，然終不能吻合，一卵分裂麗成之孿生，其親屬亦能辨之，此其證也。（三）雖以二親稟性化合之異，形體趨異之向，然稟性相傳，毫無疑義，雖多小異，仍具大同，此又確然不拔之事實也。由茲觀察，因得推論，為數亦三：（一）以生物以幾何級數而增，則飄忽之間，立足之地，養生之具，已不足供全體。供求不敷，勢出於爭。其爭也，或互相吞噬，彼此

殘殺，以飫一朝之口腹，或即各謀生事，以能力之優劣，而定一日之短長。前者每出於異種之相殘，後者且見於同種之相競，即今日吾人雞鳴而起，孜孜為利，或否或泰，曰窮曰通，皆爭也。（二）以物類孳乳至多，幸存至寡，則形體相差，必顯優劣，劣者滅絕，優者生存，此又至顯之理也。（三）稟性相傳，子類父母，則生存競爭中幸存之父母，必能以其所以生存之優點，貽之後世，於是適者不僅生存，且將昌大其族，廣布環宇矣。

物競與天擇 大宇搏搏，大宙浩浩，物競之來，殆與物始俱乎？其爭之之道，乃有三端：（一）同種直接之爭也，食指繁多，治生不足，雖同族類，且肆爭毆，強者果腹，弱者㧑然。即匹偶之事，亦循此則，是寖假弱者滅亡，強宗蕃衍也。（二）異種相爭或相吞噬，或僅爭長，以謀生利鈍之方，而定存亡之果。動物界中，恒以幼生與卵為食，至明顯之例也。（三）以骨肉之軀與天然競，疾風暴雨，酷暑嚴寒，洪水火山，旱潦徽濕，皆生物與之刻刻相爭之具也。然間遇一二特殊之境，則三者競爭之中，一二竟能獲免。如（一）蜜蜂銜居，守望相助，同種之爭可免也。（二）二種生物，相資而生，則異種之爭可免也，如隱士蟹（多種隱士蟹（Paguridae）居腹足軟體動物（Gasteropod molluses）所蛻之殼內，每有數種微細群居之水螅（colonial polyp）如 Podocaryue 寄居殼上。水螅以隱士蟹之遊行，及捕獲食物之故，得食因之較易，而蟹則以水螅身具刺螫細胞（nettle cell）之故，他種動物不敢吞之，因得安居焉。愛息革（Essig）氏言內伯爾士（Naples）水族館中一日一鬼魚（octapus）伸其前足入螺殼捕蟹，立為水螅所螫，退而遠徙。此相利之舉，在數種隱士蟹中，竟成必需之事，蟹每遊行不已，必覓得水螅始安居焉。）（hermit crab）Eupagurus 及海葵（Sea auemone）Podocoryue 是。（三）首當春令，風日和麗，或地居勝境，終年氣候，無疾寒劇熱、水火旱潦之患，則與天然之爭可免也。同秉此由，亦有一種之中之少數，競爭之事，乃較他人為酷者，是達氏認為一種之中必然之天擇也。一種之中死者千萬，存者二三，自幼年能生存至於成立者，為數殆寡。然此少數，以適然體異偶合外境，翹然獨存，其體異因能傳之子孫，存諸後世。而滅亡者，乃以其體異不合生存之故，歸於劣敗，因之其體

異亦不能幸存焉。逮及二代，此方又見，每代之中，彼生此滅，不擇之擇，為效彌昭。天擇之果，是為體合（adaptation）；吾人每日所以靜觀深訝動植物之官體與外物和諧無間者，孰意僅由此至簡至平之物競有以致之哉？大宙浩浩，眾生種種，以物競天擇之故，歲月推移，遂得後世物種繁殊，官骸適合之碩果。亦猶蒼然喬木，兆始一胚，雨露滋榮，抽條苗葉，至成巨木之日，則瑣瑣繁枝，不可擢發數矣。此天擇自然之作用，達氏立說之本，亦今日達氏之徒所奉為圭臬者也。〔註71〕

10 月，The Agricultural Outlook in China（中國農業的前景）刊於 Chin. Student's Monthly《中國大學生月刊》（第 1 卷第 10 期，第 295～302 頁）。

是年，任加州留學生俱樂部副主席，並擔任《中國留美學生季刊》《科學》兩雜誌經理兼通訊員。

編年詩：《阮步兵》《芳樹》《遊仙二十絕》（二十首）《詩別蕭叔絅燕京》《別汪滌雲太學》《別曉湘汴梁》《小孤山》《下江南吟》（四首）《雜感》（二首）《巫山高》《春日遊海濱》（二首）《微雨行山道中》《無題集花月痕句》（四首）《囈詞集花月痕句》（二十首）《贈曉湘大梁集定庵句》（七首）。

編年詞：《憶舊遊·懷仲通步玉田寄元文韻》《沁園春·步曉湘見贈元韻即以奉答》《長亭怨慢·懷嘯遲用白石韻》《翠樓吟·仲通索影贈一幀附以此闋》《夜半樂·馬纓盛開有感而作》《臺城路·言志》《上林春·春情》《轉應曲》。

民國五年丙辰（1916） 二十三歲

2 月 9 日，王易致胡先驌信函。

> 步曾弟大鑒：
>
> 　自舊曆十月廿二日寄奉前函後，次日即又得尊函並菩薩蠻十闋，當時以覆函已付郵筒，故未更復。思欲稍遲數日再行函達，遲延至今年一月廿九號（即臘月廿五號）復接來書，想足下必以前函落空，不知乃易之延擱，罪甚愧甚。
>
> 　來詩論詩甚是，今試以鄙意參之，看足下於意云何，詩之宗唐，

〔註71〕張大為、胡德熙、胡德焜合編《胡先驌文存》（下卷），中正大學校友會出版發行，1996 年 5 月，第 624～628 頁。

自屬正論，然唐人長處乃在聲韻諧協，意境純穆，但詩至晚唐已覺人拾唾餘，意境散漫，品格愈卑，降至於宋，得蘇、黃、王、陸等，擇其精華，棄其糟粕，各能名家，故有所謂宋派，明代七子自謂薄宋尊唐，卒之去唐尚遠，徒成為明七子而已。降至有清，諸家多云宗唐，究之亦僅得明七子之餘緒，同光而後，始有人提創江西詩派（即山谷、後山等），詩風稍振，蓋以宋人長處在述性深長，取語雋永，短處在微覺刻露生澀，若學者能以宋詩醫學唐者之輕率油滑，則必有可觀，往者予與汪笠雲在太學時即斤斤辯論，各執一辭，笠雲嗤予所見未廣，予則謂其見異思遷，實則爾時因未細味宋人詩，始有此失。

足下謂唐人天籟，誠然，但唐人天籟卻不可使我輩複道，故學唐最難不落蹊徑，□□多寫性靈，無性靈可不作詩，人之性靈又各不同，故少重複，若作詩者，效宋人之用意遣詞，而去其刻露生澀，效唐人之諧暢純穆，而去其輕率油滑，則無論唐宋均屬一致。正如足下所謂西人強於述性，忽於狀物，洪壯之處，我詩不及，每欲合一爐而治之相類，茲再錄近作數首塵覽。見贈詩，情意肫摯可感也。前書謂欲代舍弟作伐，盛意可感，惟目下君與撫群均遠隔異地，往來商酌為艱，恐費手續，俟今歲君等回國後再議為當。舍間近況如舊，易仍任一二中學教職，月入四十餘元耳，舍弟亦得一小事，月廿餘元，合之得七十元，差可糊口，惟母老弟幼，大事尚多，非得佳境不能措置寬裕也，又前奉函時，外有易小照一張附寄，未知收到否，何來示未及之耶？笠雲處近又未通信，不知蹤跡何如，同學中如二梅、胡、徐、饒、鄒、姜、戴等皆分任各教育事，唯更生任省視學，余均教習也。今歲尊駕定可回國，不勝延佇，諸希珍重，不盡。

　　手頌
旅安

　　　　　　　　　　　　　　　　　　　　　小兄易
　　　　　　　　　　　　　　　　　　　　　二月九號夜

瘦湘附筆問候
（王四同先生提供）

【箋注】

王易（1889～1956），原名朝綜，字曉湘，號簡庵，江西南昌人。語言學家、國學大師，擅長詩詞。1907 年考入京師大學堂（北京大學前身）。二十年代初，與彭澤、汪辟疆同時執教於心遠大學。後遠遊北京執教於北京師範大學。1926 年秋天，進東南大學（1928 年更名為中央大學，南京大學的前身），任教七年。和汪辟疆、柳詒徵、汪東、王伯沆、黃侃、胡翔東被稱為「江南七彥」。多才博學。工宋詩，意境酷似陳簡齋，書法初學靈飛經。著《修辭學通詮》等等。

3 月，《〈說文〉植物古名今證》（下）文章繼續刊登在《科學》雜誌（第 2 卷第 3 期，第 311～317 頁）。

3 月，美國人柯志仁等來我國進行動物標本採集。

　　1916 年 3 月，經美國紐約自然博物館主任、人類學家澳士朋（H. FOsbom）批准，該館一名職員受命來華進行動物學收集，此人叫安得思（R. C. Andrews）。與其一同前來的還有另一成員海勒（E. Heller）。他們結伴到北京後，受在福建延平傳教的業餘博物學家、美國人柯志仁（R. H. R. Caldwell）的引導，到福建狩獵罕見的灰老虎。儘管他們在那裏雇用了不少當地獵手，先後在福建狩獵了一個多月，得到許多食蟲目、翼手目的小型獸類標本和貂、獾、鼬等不少其他類型的動物標本，但始終未能獵獲灰老虎。在此期間，福建協和大學的美國教授克立鵠（C. R. Kellogg）曾協助他們收集標本。〔註72〕

1916 年在美國加州柏克萊大學畢業紀念照

〔註72〕羅桂環著《近代西方識華生物史》，山東教育出版社 2005 年 10 月版，第 250 頁。

4 月，當選為西格瑪塞科學榮譽學會和白塔恰帕亞華生物學榮譽學會會員。

6月，以榮譽畢業生稱號，獲學士學位。

6月，《江西教育芻議》文章在《江西教育》雜誌（第6期，第8～12頁）發表。摘錄如下：

> 某來美忽忽二年，別無成就，又新遭母喪，心緒惡劣，本無意於外事。乃一夕熊子聯群謂某曰：家叔近奉戚公命，主持全省學務，來書命余以己見將贛省學務略為規劃，俾供芻蕘之採，余近課迫無暇，子盍代余為之乎？某聞命驚喜且懼。喜以純如先生學界泰斗，熱心興學，嘉惠鄉人者至眾；且謙抑為懷，不恥下問。今秉文衡，定能為豫章莘莘學子造無量福。驚以熊子乃不鄙某之譾陋，竟以令叔雅命見託，懼以學問譾陋一無所知，恐有乖盛意，且以貽純如先生羞。雖然，大群利害，小己切膚，匹夫之責，義無旁貸。某雖習農，然於鄉國興革利害之端，未敢一日不留意也。且素喜涉獵，瀏覽所及，於歐美學制，粗知端倪。矧時與此邦名人巨師接，名言緒論，亦有所聞。是以不敢貌為謙退，見之所及，拉雜書之，自知管窺蠡測，未敢於西人學制得其一體。然泰山不讓土壤，巨海不擇細流，或亦純如先生所樂觀耶。

> 自戊戌變法以來，士大夫浸知富國強兵之效，未能收於種嘩，於是乎囂然日言西學西學。然十年來，科舉廢矣，學校興矣，而成效特寡者，何哉？豈誠西學行之中國則敝乎？抑亦教育不得其方也？今試執一校中管教員，叩以教育原理，彼足以知之乎？否也。試叩以近今萬國教育潮流所趨，彼足以知之乎？否也。試即叩以各國學制，孰臧孰否？我國學制，宜效何邦？彼足以知之乎？否也。夫如是，則於學制惟知抄襲，以就學日本者眾，則惟知抄襲日本。嗚呼，殊不知日本教育亦有所自來。刻舟求劍，畫虎類狗者，其去教育原理當至遠也。取法乎中，必得其下，此我國教育之所以敝乎！英國學制至為守舊，尚餘中古之遺風，極不足效，而日本仿焉。德美新邦進步神速，我國所宜取法也。某不敏，姑將教育原理，略陳一二，俾教育者知所擇焉。

> 夫子循循然善誘人，又曰不憤不啟，不悱不發。舉一隅，不以

三隅反,則不復也。蓋為學之道,非僅熟讀古人之陳言或強記講義教科書而已也。必也學子洞然學理,不當心得,斯是非得失,了然於心,觸類旁通,所得皆是。否則如培根之言,如是之人,一人類之機器耳。吾國教師則不然,或擇一教科書,或自編講義,一臨講席,則循俗講解一遍,學子知之與否不問也。故一臨試驗,竟有雖攜夾帶,亦不知如何抄錄者,殊可憫已。西人講室中極重口問,且時有短期試驗,或一周或二周或臨下課時十五分鐘試驗一次。至大學則既無教科書亦不發講義,教師口授,學生筆錄,故未有敢曠課及不聽講者,以平日功課頗重要也。如有疑難之處,學生或隨時質問,或下課質問,咸能釋其所疑,非我國教師不允學生問難者比也。故其學子類皆能得其學之綱要,期考時不及第者殊寡。而其所得既非出諸一時強記,亦不易忘也。

吾生也有涯,而知也無涯。西人教育只求真理,不必貌為淹貫。知物理至繁賾,非一日所能闡發,故學子疑問亦時有非教員所能知者。間一有學子所持之理勝於教師者,則教師亦俯而從之,非若古昔學子必須恪守師訓者可比也。而我國教師每以學生問難為忤,學子亦故欲非難教師,以為笑樂,此悖教育之理也。

好學之道,貴樂而不貴苦。苟求學而樂者,則求學之心,不能自己,其成可必矣。此顏子所謂欲罷不能者也。故西國學校功課甚輕,而時有佳趣,小學尤甚。蓋功課輕,則免學子視求學為畏途,時有佳趣,則學子或能忘其艱苦。雖大學每週授課不過二十餘鐘,無實驗之科目,則每週竟限於十餘鐘。而我國與日本,則每週幾三十餘鐘。為學之道愈苦,則學子所得愈寡,而愈不願勤學矣。某初在北京大學預科,每週授課時間,每自三十四鐘乃至三十八餘鐘,而所得殊鮮。今來美校,每週十餘鐘至二十餘鐘,乃所得滋多也。吾國學制,全抄襲日本,殊不知日本學制,實悖教育原理。其果則如美國哈佛大學前校長伊略特所言,日本學子為考試及第來,非求學問來也。故其卒業生除犖犖不群者數人外,不三年所學盡忘矣,此亦留學日本學生之言也。

西人為學貴自修,教員者助學生自修者耳。故其授課時間頗少,而自修之時極多,除正課後須至藏書樓參考群籍。如將教員指定之

參考書讀竣者，則作一報告以表示其所得焉。夫如是，則雖上課時間少，而為學之時間殊多，且博覽群書，所得滋巨矣。

西人為學極重實驗。蓋實驗為目所經，其真相乃能立現。否者以教科書為惟一學問，則時有疑團滿腹者矣。且有實驗，不但理易明曉，學子視察力日增，則為學尤能事半功倍也，故西校最重實驗。吾國學子秉古昔種噩之性，說理尚可，一至實驗，每以為苦。而西人每有以實驗為易，理想為苦者，此其國工業科學之所以發達與。

西人為學最重科學，非僅求利用而已也。蓋科學足以養成求真理之心，增長記憶力、考察力、決斷力，即於道德亦有培益也，其效且時較文學語言為巨。吾國人殊不知此理，有以科學為苦者，竟欲於中學校即分文實二科。而實科學子之於科學也，則僅求其用，以求人人皆為工程師，為實業界鉅子。殊不知科學自有其價值在，不僅致用而已也。故此邦學校雖習文科者，亦須習科學，其意可知矣。

以上數端，皆西人辦學程準，雖管窺蠡測，掛一漏萬，苟辦學者苦心孤詣，誠而求之，雖不中不遠矣。總而論之，教育之道，教與育兼重，或育竟有重於教者。夫子曰：學而不思則罔，思而不學則殆。其意亦與近日言教育者近似也。至各校課程管理諸端，尚當陳之下方。〔註73〕

7月，回到中國。

7月，譯《達爾文天演學說今日之位置》之《引言達爾文學說之末運、第二篇達爾文學說與天演二者之定義及其區分》（下），美國斯丹福（Stanford）大學昆蟲學教授開洛格（kellog）原著，胡先驌翻譯，文章在《科學》雜誌（第2卷第7期，第770～781頁）發表。摘錄如下：

人擇 天演盤渦之中，事事物物達氏以為有關物種由來之作用者，當於下列諸篇詳探天擇學說之時，便中隅舉，茲不具論。人擇作用之憑證亦然。惟吾輩試一靜觀，則見吾人自游牧時期以還，動植物經吾人畜養者，以事畜家需要之不同，已歷百千有意無意之選擇，而成今日繁殊之類別，蓋人擇之效巨矣。雖擇之之術至繁，或

〔註73〕《胡先驌全集》（初稿）第十五卷人文科學文章，第4～6頁。

媒異，或加食，或接枝，或接芽，手術之殊，視時而動，然其主要之理，則在擇少數而棄多數。彼少數者具事畜家所欲之體異，因以幸存，而遺嗣續，彼多數之不幸者，則以其體異不克中程，至遭剿滅。第在天擇之中，則以生存競爭之優劣為存亡之樞紐，在人擇則以事畜家之利害為轉移耳。美國加立福尼亞省大改種家菩耳班克氏（Burbank）每年聚無數幼樹以供巨燎，亦猶天擇中不幸而亡之累累，而百十花盎之中，則灌溉以時，殷勤調護，則亦猶天擇中萬劫幸存之二三天生驕子耳。

匹擇 達氏學說中尚有所謂匹擇者，其詳今亦不具論。蓋茲篇者，粗陳達氏學說之大凡，而示讀者以達氏學說與庶物同原論之別也。匹擇之說最為人所指謫，今幾盡為人所棄置。其大概則為一種之天擇，初無生死存亡之關係，惟以定後嗣之有無，蓋亦天擇中最重要之點也。然其說之立，非有本於天擇自然之現象，必謂鳥獸蟲魚，已具至高審美（aesthetic）之性而後可，因之瑕疵叢生，頻遭指謫。蓋理論事實，不能盡合也。

庶物同原學說與天擇學說之區別 以上所陳粗具天擇說（達氏學說）之大概，其與庶物同原學說有別固已顯然矣。天擇學說立論之由，已略條舉，今請粗陳庶物同原學說所根據之事實於下。

庶物同原論之證據 庶物同原學說之證，約分三端：（一）出於比較剖體學（Comparative anatomy）及生物官體同原之研究，（二）出於古生物學（Paleontology），（三）出於胎學（Embryology）或動植物自身之發達。動植物家歷觀各種生物之中，其官骸皆大同小異，列之成序，每能觀其遞變之微。其所以如此者，則捨庶物同原之外，別難索解。於是返而之古生物學，則地層中生物遺骸發見之序，竟與剖體學所論列之程序，吻合無閒。即胎學中之觀察，高等動物之胎每現下等動物之構造，雖不詳具歷世遞嬗之微，然觀其大概，則正與剖體、古生物二學後先呼應。以此三端，庶物同原之說立矣。

庶物同原學說所有關於上陳三學之證據，以限於篇幅，未能條舉，讀者可觀達爾文、沃力斯、赫胥黎、亥葛爾（Haeckel）、斯賓塞爾、外斯曼（Weismann）、羅曼尼士（Romanes）、馬式爾（Marshall）、柯潑（Cope）諸氏之作。吾人所宜注意者，則庶物同原及天擇二學

說，要皆得之推論，非有顯明之確據也。言庶物同原矣，而遞嬗之跡，極微且漸，目不可得而睹，非吾人能親見種甲漸產種乙矣。言天擇矣，而天擇之擇，亦作用於無形，將曰此天擇彼天擇，人知其非矣。雖間有昭然可睹之跡如安康羊（Ancon sheep）、巴喇圭牛（Paraquay cattle）、亞陀汕陀兔（Porto Santo rabbit）、施曼蓋維區之蝦（Artemias of Schmankelvitch）、突佛利（De Vries）之夜櫻草（Oethenathera）等，然其事寡而罕見，不足為物種遞嬗確定不移之鐵證。韋爾敦（Weldon）之寬臍窄臍之蟹，足以證天擇之作用，然吉光片羽，非常可徵之事也。如上所舉之事，雖百十倍蓰之，尚不足以決定億兆物種所由自，蓋覓證之艱有如是者。至於庶物同原說之證，則純以合於論理之思為據，殆無實證可言也。第有庶物同原之說，斯官骸同本，生史程序，胚胎發達，地面生物之發布（geographical distribution）諸現象，方能索解；生物過去現今之歷史，居處之分布，其繁衍遞嬗之因，其相異相同之處，咸如抽乙繭絲，有端有緒，他說則不能也。天擇憑證，下列諸篇，當詳討論。今吾人惟省記其憑證亦多本於論理之思，而乏直接之事物可指。以生物孳乳過多，爭必不免；以體異之方極多，則體異適於外境者必優勝，不適者必劣敗；以稟性遺傳，則適於外境之體異，必能傳諸了嗣：皆論理之推究所不得不然者，非真有事實可舉也。然邇來生物學，已由觀察進為實驗，生物統計學與實驗生物學之興，於生物學中別開生面，日後生物學，當有實驗之憑證，非僅藉觀察推論而立言，可斷言也。

庶物同原之說，已成今日確定之學理，吾人可置之不論。下列諸篇，專討究天擇之說。蓋自達氏創論以來，今日之攻擊，較先益烈；且二派學說，旗幟井然，苟細尋繹，則達氏以還近五十年生物學之趨向，昭然可睹；而其影響於社會、教育、哲學之思潮者，亦可隅舉也。

庶物同原論與宗教哲學之關係 宗教與生物學之關係，全出於庶物同原一說。生物家持物種遞嬗之說，則人種之來，導源猴類，必然之理，宗教家乃不能認之；尤以達氏天擇之說，以物力詮釋物種之由來，則帝力神功，一時掃地，創世記之言幾將覆瓿，斯則衛

道之士悻悻然不能自己者也。然無達氏之論，生物學與宗教之衝突，仍不少變，赫胥黎已詳言之矣。

哲學與庶物同原論之關係亦猶此。動植物之變遷，物種之遞嬗初非哲學所注意者，惟天演學者所持遞嬗之義、繼續之論、造化一元之說（Monism innature）則知者最樂反覆思玩者也。

庶物同原說與教育之關係教育學中關於天演之處亦注意庶物同原之說，而無取於天擇焉。教育家本胚胎發達，必經下級生狀之理，以之施教，殆謂小兒之心靈，與猿猱初民無異，故教育之方，亦宜與成人有殊。惜此淪之立，本於胎學自身發達之說，庶物同原三證中最弱之點。且自初民時代至於今日，知能之果有進化與否，尚不可知；以胎學所宣人種進化史之一爪一鱗，遂定教育之方法，謬誤之端，殆不免乎？

庶物同原論與群治學（Sociology）**之關係**　自達氏學說首創以還，以生物而言群治者，一時蜂起，然治斯學者每知生物學不詳，或生物學家之言未可徵信者，群治學者乃奉為圭臬，所有確經證明之事實，初非群治學家之所措意者。而未定之理論，如稟性之遺傳，物竟之碩果，互助之發達（development of mutual aid）等，皆生物學中未定之論，而適為群治學家立論之所本也。如初性歷經之說（Recapitulation），最為生物學之弱點，而亦最為群治學之要義。私性遺傳之說，群治學家視為要素者，則生物家多數棄置者也。要之生物學處今日之世尚未發明昌大，至於確定不移之境，他學本茲過渡時代之學說而立論者，必有隨之傾覆之危也。即達氏學說，尚被指謫，他可知矣。其完全無缺者，殆只一庶物同原論而已耳。〔註74〕

8月，畢業回到祖國，到北京大學謀教書職務，未能聘上。「一九一六年回國後，想到北京大學來教書，所謀未成。」〔註75〕

在中學大學肄業期間，思想受康有為、梁啟超的改良主義影響甚大，故

〔註74〕張大為、胡德熙、胡德焜合編《胡先驌文存》（下卷），中正大學校友會出版發行，1996年5月，第628～632頁。
〔註75〕胡先驌著《對於我的舊思想的檢討》，1952年8月13日。《胡先驌全集》（初稿）第十五卷人文科學文章，第629～640頁。

欲研究一門科學為祖國服務，對於政治認識甚為模糊，亦不願過問政治。〔註76〕

是年，海外留學歸國後，在上海拜訪沈乙庵師。

　　師旋即調任安徽提學使，一別數年，直至改步後丙辰年自海外歸來，始拜謁於上海旅居之海日樓。平生自恨身逢一代之鴻儒，乃以志在科學，始終未能受到陶冶，僅於過滬時以居留海外所作未成氣候之詩詞若干章請益，以至於國學終成門外漢，平日最足躬自愧悔者，殆未有逾於此者也。〔註77〕

是年，德國人魏戈爾德對我國生物標本進行採集。

　　1916 年，德國的鳥類學家魏戈爾德（H. Weigold）與施托茨納在我國河北北部的東陵等地、湖北西部、四川西南嘉定境內瓦山、川西的巴塘、汶川和川北的松潘一帶收集動物和植物標本。他們此行的收集非常成功，共得 160 具獸類、3500 號鳥類標本。其中獸類包括 6 隻大熊貓標本，以及白唇鹿、毛冠鹿等珍貴獸類。還有一些很引人注目的動物，如高山麝、梅花鹿、小熊貓、獼猴、金錢豹、熊等，此外還有得自瓦山的赤腹麗松鼠、中華絨鼠等。據說，魏戈爾德是第一個看到活的大熊貓幼崽的人。鳥類標本包括短嘴金絲燕、小雲雀、白鶺鴒、栗腹歌鴝、金色林鴝、大樹鶯、異色樹鶯等。他們收集的動物標本後來送到德累斯頓博物館，而他們在四川等地收集到的不少植物標本則送到維也納等地的博物館。〔註78〕

　　編年詩：《壯遊用少陵韻》《得曉湘書雜賦》《雜感集定庵句》《微雨行山道中》《無題集花月痕句》（四首）《囈詞集花月痕句》（二十首）《贈曉湘大梁集定庵句》（七首）《楊柳枝》（四首）《落葉》。

　　編年詞：《蝶戀花》（四首）《虞美人·賀有人新婚》《一枝春·西國椒香樹》

〔註76〕 胡先驌著《自傳》，1958 年。《胡先驌全集》（初稿）第十五卷人文科學文章，第 656～659 頁。

〔註77〕 《懺庵叢話·沈乙庵師》見《胡先驌詩文集》（下冊），黃山書社 2013 年 8 月版，第 672～673 頁，約作於 1961 年。

〔註78〕 羅桂環著《近代西方識華生物史》，山東教育出版社 2005 年 10 月版，第 287 頁。

《海國春・異鄉遠客春色愁人乃自度此曲聊舒心曲》《天香・海仙花》《高陽臺・和曉湘見贈即步元韻》《高陽臺・答瘦湘》《燭影搖紅・春雨》《聲聲慢・月夜金合歡盛開感賦》《買陂塘・詠雁》《齊天樂・馥麗蕤花》《菩薩蠻・仿溫助教體》（十首）《齊樂天・聽臨室彈曼駝鈴》。

民國六年丁巳（1917） 二十四歲

1月出版《遊美同學錄》，對胡先驌的簡歷記載，僅供參考。

中文：

　　胡先驌，字步曾。年二十三歲。生於江西南昌。兄先驥，任軍官，已婚。初學於南昌洪都中學，及北京大學。民國二年（1913年），以官費遊美。入加利佛尼亞大學，習植物學及農學。民國五年（1916年）得學士學位，被選入某某名譽學會。為西美留學學生會中文書記，又為加利佛尼會中文書記及副會長。為《留美學生季報》及《科學》雜誌通訊員及經理。民國五年（1916年），回國。現時住址，北京鐵門。

英文：

　　胡先驌，1894年，出生於南昌。1912年結婚。1907年～1909年在南昌洪都中學學習。1909年～1912年在北京京師大學堂預科學習。1913年1月抵達美國，官費留學。1913年～1916年在加州大學攻讀植物學和農學，1916年獲得學士學位。1916年4月當選為西格瑪塞科學榮譽學會和白塔恰帕亞華生物學榮譽學會會員。1914年～1915年為西美留學生會中文秘書。加利佛尼會中文書記及副會長。1915年，加州留學生俱樂部副主席。1915年～1916年《中國留美學生季刊》和《科學》雜誌社經理兼通訊員。1916年7月回到中國。

3月4日，胡湘林致胡先驌信函。

先驌侄孫閱：

　　頃接快信，具悉。賬單昨已寄來，修碑之費十三弟云，工資穀石酒資乙千文，是否在所欠六石內扣除，並未言明。此外，尚有送周先生六元，係函商約定，伊此後亦未再有信來，爾意不必苛責，只好如此。至每年年租金之價，從未寄滬，亦無報告吞蝕，顯然此項墓田與贍族本係兩事。前欲歸承歡兼管，我未允行。爾謂既有親

房在贛，毋庸另託他人，自是正辦。至於承詒墳墓並由范姓看守，
亦無不可。爾即日外出，無暇及此，可合爾兄先駪經營，足疾似無
大礙。望即轉告先駪，並飭知范傳條為安。所有墓契紙應承贊侄交
出，由先駪妥收，至沙山之旁一塊山場，既在吾家界石之外，自難
與口姓計較，惟正山老契，務即向伊口佫媳索回，查明所賣山場究
竟是否吾家應有，再行分別酌辦可也。以上各節辦妥後，仍由先駪
詳細速復一函，以釋遠念。又九兄昨來快信，云有涂某帶來古並伊
之信等語，此人並未來寫，我已用快信答，因來信未寫住址，是以
寄交承歡轉交，未知已收到否？即詢明九兄，便中函復，餘不盡言。

六叔祖　手泐
三月四日（1917 年）〔註 79〕

3 月～10 月，任江西省盧山森林局副局長。「第二年得到進步黨一個議員
的介紹信回江西，任盧山森林局副局長，後來調任實業廳的技術員。這一年半
的時間，很不得意，便以做宋詩來消遣，對於政治不聞不問。〔註 80〕這一年半
的期間甚不得意。〔註 81〕」

盧山森林局興辦於前清宣統三年（1911）。該局以黃龍山谷為中心，面積
共約二萬餘畝。1914 年，又劃入盧山山麓東林區域，鄱陽湖西岸的湖口縣部
分山地，歸盧山森林局管轄。盧山森林局總事務所設在九江市內。受資本主義
經濟的模式的影響，1916 年盧山森林局吸收了商業股份，改為中國第一林墾
公司。1917 年中國第一林墾公司的體制又有了變化，江西省議會決定將此林
墾公司收回為本省所有，改為江西盧山林場。

6 月，南京高等師範學校農業專修科成立。

農業專修科 1917 年開創籌備，6 月學校擬訂章程，呈教育部核
准，遂正式成立。鄒秉文制定本科課程及辦法，同年聘任美國艾阿
華農科大學農學士、前北京中央農事試驗場土壤科主任原頌周為作

〔註 79〕《胡先驌全集》（初稿）第十七卷下中文書信卷，第 543 頁。
〔註 80〕胡先驌著《對於我的舊思想的檢討》，1952 年 8 月 13 日。《胡先驌全集》（初
　　　　稿）第十五卷人文科學文章，第 629～640 頁。
〔註 81〕胡先驌著《自傳》，1958 年。《胡先驌全集》（初稿）第十五卷人文科學文章，
　　　　第 656～659 頁。

物學教員兼農場主任。同年 8 月，錄取農科新生 27 人。但鄒秉文以其在美留學之經歷，不僅不以專科學校為目標，還要以農科大學為理想，甚至超過其時之金陵大學之農林科。其教學則以造就下列六種人才為目的：一、中等農業學校教員，二、中等學校博物或農業教員，三、鄉村農業學校教員，四、農事試驗場專門技師，五、其他農業上之技術及行政人員，六、有精深科學知識之農業實行家。〔註82〕

6 月，張勳復辟失敗，認可滿清皇朝為正統，對軍閥等政治團體不承認。

我雖然痛恨軍閥，但沒有革命情緒。對於張勳的復辟，我認定了是會失敗的；但假如復辟成功了，溥儀重做了皇帝，而政治能清明，我是會接受的。由於我的封建思想的根源，我以為稱溥儀為宣統皇帝，在我心裏會舒服些，這便是我的正統觀念在作祟。我是承認了滿清皇朝為正統，便不願意承認袁世凱，或孫中山為正統；所以我雖認定了復辟會失敗的，但對於張勳多少表點同情，而稱讚他的忠義。我的反對軍閥也是因為我不能承認他們為正統的緣故。那時我以純技術觀點去服務，而不問政治，多少還是我的「大隱在朝市」的一種封建的遺民思想。〔註83〕

〔註82〕胡宗剛著《鄒秉文與農業專修科之設立》，2021 年 08 月 03 日。南京大學生命科學學院版。《百年院慶、南京高等師範學校農業專修科之生物系創設原委（二）》COPYRIGHT © NANJING UNIVERSITY ALL RIGHTS RESERVED|蘇 ICP 備 10085945 號 WEBMASTER@NJU.EDU.CN。

〔註83〕胡先驌著《對於我的舊思想的檢討》，1952 年 8 月 13 日。《胡先驌全集》（初稿）第十五卷人文科學文章，第 629～640 頁。

10月，譯《中國西部植物誌》，威爾遜（Ernest Wilson）原著，文章在《科學》雜誌（第3卷第10期，第1079～1092頁）發表。1918年，轉載於《東方雜誌》（第15卷第8期，第104～114頁）；1918年11月，轉載於《農商公報》（第5卷第4期，第156～163頁）。摘錄如下：

譯述者引言：威氏受英京園藝公司之託，往中國西部搜集野生花木果樹之可供園藝之用者。於是往來湖北、四川、雲南、川邊者十一年，搜集植物極夥，而發現新植物亦數千。即微其於園藝有增加佳美花果莫大之功，植物學已收其偉大之貢獻矣。氏所採集之標本，現已為美國哈佛大學植物院考訂成書曰《威氏植物》（Plantae Wilsonii），為植物學家不可少之書。惟其價甚昂（約三十餘金）。氏另著有《中國西部遊記》，其價亦昂，非普通學子所能購。今輒擇其中關於植物、農林諸篇，譯成國語，庶讀者於我國天產之富，略知其梗概焉。

中國西方，群山巁立，其植物之豐富，在世界溫帶中占第一席。以山之奇高，氣候之不同，雨量之多之故，其植物之種類因之而夥，自屬本然之理；然初涉足其間者，則未有不詫其種類之繁殊若是其甚，竟有非夢想所能及者也。植物學之鴻儒估計中國植物約一萬五千種，其為中國所獨有者約居其半數，然其語不足令人知中國天然花卉之繁也。中國中部與西部之群山巉岩之中，不啻花木之極樂國。初至其地，吾人驟難分別其植物之為常見或稀有者。當予十一年遊歷之所得，予得採集六萬五千標本，共約有五千種植物，及一千五百種之植物種子，蓋齎往英倫試諸園藝者焉。然猶待其後數年，予始得關於中國植物之真確領解，而深悉其種類之繁富，與其科學上之問題。

中國之植物界，以近人之研究，確定為世界溫帶中之最繁富者。中國一國之喬木，竟較全世界之北溫帶所產為多。……

然中國植物界之價值，不在其種類之繁夥，而在其可供園亭點綴之用者多也。予之本意，在搜集輸入可供園藝用之植物於歐美各邦。然在此之先，中國植物之宏富，已為歐美人士所稱許。故北半球之溫帶中，無一園亭無數種中國產之花木，如茶花，薔薇，菊花，玫瑰，杜鵑，櫻草（Primrose），牡丹，及四喜牡丹（Clematis macropetala）等皆可溯其本源於今日中國之野卉中焉。其他為吾人所珍賞之花而溯源於中國尚多。而橘子，檸檬，枸櫞（Citrus medica），

桃，杏，胡桃亦皆中國土產也。

　　然中國植物界之智識，得之殊漸。遊歷家、教士、商人、領事、稅關執役人員等等皆各有所貢獻，然於中國之地理及他種事物考之綦詳者，要推天主教士云。

　　千八百四五十年間羅白特和傾（Robert fortune）受英國皇家園藝學會之請，曾遍考中國園亭所栽之植物。然其時遊歷甚艱，故不能研求天然之物產。除六七種外，其送歸英國者，皆得之中國園亭中者。然其中野杜鵑（Rhododendron fortunei）一種已為園藝家改種必需之品矣。

　　……

　　中國揚子江人煙之稠密，與其原野之廣闊，多數西人為之駭愕。幾於咫尺之地，皆鉏耰所必施。其每畝地之出產，亦必較西人為多。所謂旱農小農法各名目，雖非中國人所知，然實行已久，荒廢之地極少。然無論中國農民之勤懇，西部群山峭崿之區，終非種植所能加；此等處乃為植物所叢集。其地類皆荒脊險，不宜農事，近日始有外人屬入焉。

　　……

　　雖以中國農民墾地之勤，尚餘今日多量之植物。二千尺以下之地，到處皆為群卉所麕集。廢路之旁，峭壁之巔，及其他人跡不到之處，皆為萬花之國。則當日農事未盛之先，此間植物種類之繁，當尤非吾人夢想所能及。蓋農事日盛，土地日闢。則摧殘滅種之植物，當不可勝計也。

　　西部植物之分布，可以其地勢之高度，分為數帶。

　　（1）種植帶。……

　　（2）雨帶森林帶。……

　　（3）寒溫帶。……

　　（4）半寒帶。……

　　（5）寒帶。……

　　（6）高寒帶。……

　　中國之植物界甚為特別，雖以中國土地之大，然獨有之植物屬種如是之多，實可驚異者也。雖然，中國植物界雖於其區域內有多

數特殊之點，其於世界植物之分布，亦發生多數之問題。……

　　中國植物界與其遠近鄰國植物界之關係，實饒科學家搜索之興趣，而非三兩言可盡者。喜馬拉耶植物界，可以中國中部與西部之數種植物代表之。此二地之植物界，關係綦切，此固吾人所預計及者，然其間要以西貢（Sikhim）分子為強。他日如布丹（Bhutan）及布丹與中國西部之間之植物界幾經詳究，則或者西貢將代表數種植物分布最西之點，而非真正之首都也。……

　　中國西部之北，及高原之谷中，及高地亦間有數種中亞細亞及西北利亞產之植物，……

　　吾人準地勢銜接之理，必以為中國之植物界當與歐、亞二洲之植物相類也。而孰知其不然，其相類似之處、乃竟在美國大西洋之岸，豈不怪哉！

　　……

　　其所以然者，則當求之於遠古冰川南下之先。當其時也，亞、美二洲，相連較今日、勾完，而植物界之存在較今更北。嗣以冰川南進，植物亦隨之而退。後此則嚴寒之期已過，冰川退而返北，植物又徙而前進。惟此次冰川之地位較南，故昔日之林地，今變為不毛矣。冰期之更張，遂使兩洲之植物界，從而隔絕。他種原因，亦有關係，然此則其主要之理由也。

　　中國之植物界肇自遠古，可以古生種類之多為證。古代之時公孫樹（Ginkgo biloba）一物，不僅亞洲有之，即歐洲西部，美洲加利福尼亞州之北部，格林蘭等處皆有此樹，今日尚可尋之於僵石中也。今日則惟中國與日本寺觀中有之，然已盡為園藝品，無天然林矣。……

　　以古代植物存餘者之多，可見中國植物界受害於太古冰期者甚少，非歐美可比也。其所以然者，或因往南而行連續之大陸面積較歐、美二洲為巨之故，故植物退有餘地，而不至子遺不留也。〔註84〕

　　11月，任職江西省實業廳技術員期間，與王浩、王易等諸友詩人互相酬唱。

〔註84〕張大為、胡德熙、胡德焜合編《胡先驌文存》（下卷），中正大學校友會出版發行，1996年5月，第58頁。

　　是年，南社社友人多了，階層複雜，思想宗旨不一，就不免有糾紛，由糾紛擴大為矛盾，甚至由矛盾引起鬥爭。柳亞子驅逐朱鴛雛、成舍我，是南社內訌攪得最厲害的一件事。事情是由於唐宋詩之爭，胡先驌寫信給柳亞子恭維同光體詩，卻遭到柳亞子強烈反對，並說：「妄人胡先驌謬論詩派，書此折之」二首，言辭尖利地進行反駁，來批評推崇同光體的江西詩派。詩云：「詩派江西寧足道，妄持燕石詆瓊琚。平生自有千秋在，不向群兒問毀譽。分寧茶客黃山谷，能解詩家三昧無？千古知音馮定遠，比他嫠婦與驢夫！」〔註85〕面對柳亞子的聲凌勢厲，胡先驌卻比較平靜，認為柳亞子狂妄自大，毫無學者風度，再也不和亞子談詩。「推崇宋詩，與柳亞子意見相左，但不參與唐宋詩之爭」。這樣一來，柳亞子反而認為「胡先驌先生讀書養氣的工夫是好極。」但其他社員打抱不平，聞野鶴、朱鴛雛、成舍我，王無為等紛紛寫文章與柳亞子大開筆戰，聞野鶴在《民國日報》上發表詩話，稱贊同光體詩的優點，遭到柳亞子強烈反對。朱鴛雛又對柳亞子攻擊。導致柳亞子把朱鴛雛、成舍我開除南社，引起內訌。柳亞子先生回憶說：「那時候，我正是年少氣盛，狂妄到不可一世。」〔註86〕

　　編年詩：《由廬山東林往黃龍紀遊》《東林山居雜詠》（九首）《溽暑由九江步還東林》《還東林寄楊蘇更》《書感》（三首）《深夜不寐口占》《病中口占》《病中述懷》（三首）《客邸夜讀有感》（三首）《過徐州》《冬日寄饒樹人美洲》（三首）《退值口占》。

　　編年詞：《鶯啼序·詠荷用夢窗韻》《喜遷鶯·題王簡庵鏤塵詞》《大酺·舟中呈周癸叔先生》《鶯啼序·中秋夜賦用夢窗韻》《楊柳枝·和癸叔薊門春柳詞仍借比竹餘音韻》（十五首）《秋霽·和簡庵贈癸叔之作仍次梅溪均律則從草窗》《解連環·甘棠湖秋泛》《寶鼎現·雙十節潯城簫鼓甚盛感賦》《解連環·半塘老人與強村世丈均賦有秋韉詞甚工亦效顰一解》《滿江紅·讀半塘詞》《惜秋華·讀二窗詞》《憶舊遊·金風薄人緬懷江亭舊遊和癸叔丙辰重九之作》《憶舊遊·效夢窗體韵再和癸叔》《月下笛·用玉田韵和強村》《陌上花·用悅岩韵和強村》《江城子慢·和癸叔滕王閣晚眺韵》《木蘭花慢·重九日作》。

〔註85〕柳亞子著《南社紀略》，上海人民出版社，1983年4月版，第2頁。
〔註86〕林東海、宋紅選注《南社詩選》，人民文學出版社，2011年10月版，第171頁。

民國七年戊午（1918） 二十五歲

2月，長女胡昭文在南昌出生。

春，繼續任江西省實業廳技術員，兼任江西省立南昌二中、南昌熊氏私立心遠中學校等兩校的生物學教師。

8月，中華博物研究會與北京博物調查合併，改為中華博物學會。

9月6日，王易致胡先驌信函。

> 步曾吾弟惠覽：
>
> 　　九月初五得奉手書，誦悉一切。前得大函後，已作一詞奉答，迄未錄寄，茲寫如後。
>
> 　　《臺城路——懺庵寄示秦淮聞歌詞，賦此報之》：「江山殘霸登臨候，霜紅暗催秋換。靜月籠沙，平煙浸郭，淒咽秦淮波軟。繁華夢短，正金谷無人，想鵑空怨，暫旅心情，怕沾余醉負雙眼。南朝清韻易了，鼓鼙聲斷續，頻和蕭管。暮苑迷鶯，崇臺見鹿，千古新陳一歎。斜陽又晚，照詞客哀時浩歌休倦。記否，東籬故園花事懶。」
>
> 　　又作數印，弟之雞油黃亦已刻就。秋高氣爽，但苦課務及俗冗淈人，不得抽清興以求自得，殊悵悵耳。素心如弟，乃又遠行，余縱有往來，真所謂應酬而已。癸叔上次到雅集曾晤面，尚不見有何病容，近又半月未晤矣。辟疆已回省到差矣（支二等一級薪，派三科及公報處），叔絅已來省籌備放洋事。王伯沆君前曾見其手書對聯，又從東敷處得其歷史，至詩詞則未見也。前晤柏廬，談及弟處借款一事，據謂渠手邊甚窘，將來尚須結婚，甚望弟早日籌還最好，茲代達意。飭人買明信片，乃買得亞細亞火油廣告、可惡之極。只得云紙短情長而已，一笑。
>
> 　　順頌
>
> 近安
>
> 易 拜
>
> 九月初六日（1918年）〔註87〕

9月，應南京高等師範學校郭秉文校長之邀請，胡先驌和張範村同聘為農

〔註87〕《胡先驌全集》（初稿）第十七卷下中文書信卷，第538～539頁。

業專修科生物學教授，原來有農科主任鄒秉文教授和原頌周教授，共有四位教授。農科源於南高師農業專修科。該科 1917 年 9 月成立，不分系、組，初訂修業年限為 3 年；該科的成立，是中國現代農業的開始，農業科技的開端。即以造就專門人才、發展改良農業為宗旨。1902 年（清光緒二十八年），在南京明朝國子監舊址建立三江師範學堂，1905 年改為兩江師範學堂，1915 年改為南京高等師範學校。

南京高等師範專科學校、東南大學校門

9 月，陳三立對胡先驌詩的評價：

擺落浮俗。往往能騁才思於古人清深之境。具此異稟，鍥而不捨，成就何可量。陳三立讀，戊午九月。〔註88〕

【箋注】

陳三立，（1852～1937）字伯嚴，號散原，江西修水人。晚清光緒丙戌年進士，著名詩人。湖南巡撫陳寶箴之子，國學大師，歷史學家陳寅恪之父。張作霖死，張學良以 2 萬金乞為其父作墓表，而散原拒之，學良乃以一萬金餉章太炎，而太炎執筆，世人於是知二人之身價矣。

10 月 14 日，王易致胡先驌信函。

步曾吾弟惠鑒：

別久思深不待說。頃得手書，誦悉一切，近日旅興計佳，適舊地重遊，所感當又不同矣。易下年本擬北上就師大教授，乃京校遲

〔註88〕 胡先驌著、錢鍾書選編《懺庵詩稿》，張效彬題簽書名，黃曾樾為扉頁題簽，第 5 頁。

遲未開，適省垣教廳余仲詹辭職，秀松堅挽易繼，易為維持本省教育與秀松交誼，只得勉就，簿書顛倒，固非所願，然此時捨易外實無人可任。秀既信篤任專，義不容辭矣。易原任秘書一席，則薦辟疆為繼，與秀松亦頗沆瀣，現在江西教育總算正氣方盛，以視去年現象好多矣。易現仍兼任省高中（附設一中內）及心大等校鐘點，雖較忙，然尚可支；月入有二百五六十元，雖不能盡得粗足自給，藉得就近奉母，亦可暫安也。賤軀幸安健，附告一慰。散原老人前因夫人喪，心緒已惡，乃師曾又忽感熱疾逝世，師曾之子又繼殤，散原傷痛之下幾成狂易，現為友人護往西湖避囂，尚不知如何也。但瘦湘詩序則因此中沮矣。來示欲為瘦湘評詩，此最佳事，俟撿齊另行寄上可也。玖廬斷弦，心緒正劣，不幸之至。弟及柏廬調查費事有人作梗，堅持須回國時發領，雖交涉幾次，無甚結果也，留學費有可為力處無不盡力，勿念，癸叔近署理清江縣事，附告。

　　此頌秋佳

　　　　　　　　　　　　　　　　　　　易　拜上

　　　　　　　　　　　　　　　　　十月十四日〔註89〕

12月13日，楊銓與胡先驌等討論籌款與編輯《科學》等事。

　　1918年12月7日，楊銓見王雲五，「談科學社籌款及《科學》編輯事」。晚與任鴻雋、鄒秉文、胡明復、朱少屏等共商科學社籌款事，議決：「（一）上海籌款定明年三月一日起。（二）用分團法籌款。（三）在三月前各人竭力先向各方籌集」。12月13日，去漢陽鐵廠路過南京，在河海工程學校見李協、楊孝述等，在南京高師見周仁、張準、胡先驌等，「晚在〔鄒〕秉文家赴科學社董事請宴，與席者：許肇南、楊孝述、錢崇澍、過探先……諸君……席終，談《科學》編輯事，皆以宜振作精神為然，並推定仍以錢崇澍為總編輯，胡先驌、王季梁為副編輯」。〔註90〕

〔註89〕 王四同先生提供，胡啟鵬輯釋《胡先驌墨蹟選》（初稿），2022年2月，第345頁。

〔註90〕 張劍著《科學社團在近代中國的命運——以中國科學社為中心》，山東教育出版社，2005年10月版，第68頁。

是年 24 日，王易致胡先驌信函。

步曾足下：

前日接奉手書，比即付家口兄為之留意矣。局款何以尚未發下，果官廳之疲晚邪？近得兩詞，另紙錄閱。

柏廬今日有騎省之戚，實出意外，哀傷之狀，實不忍睹，尊處宜速致函慰唁之為要。敬伯尚未行，云兩三日後即起程。瘦督署事尚未發表，恐須略候時日。蕭叔絅已痊癒，能外出矣。癸叔有《秋霽》一首，已登《民報》，想未得見，亦另紙錄上。癸叔意欲君和作也。草草。

即頌

日安

易　拜

廿四（1918 年）〔註91〕

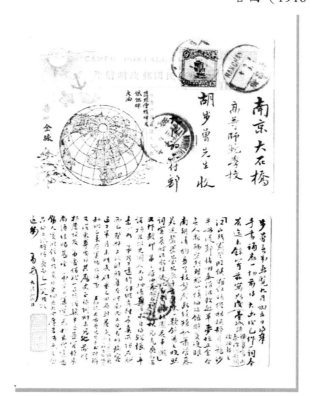

王易致胡先驌信函

〔註91〕《胡先驌全集》（初稿）第十七卷下中文書信卷，第 537 頁。

是年，中國科學社主辦《科學》雜誌，錢崇澍為總編輯，胡先驌、王季良為副編輯。

是年，王易致胡先驌信函。

> 步弟惠鑒：

> 前上一書，想達矣。近詩數章均見民報，尊處得見否？如未，當續錄寄。最近得詩一章《奉懷》，錄後。「朝霞西子窺妝鏡，落日南朝問石城。便送滄州入塞夢，稍移角枕聽江聲。天涯倦羽茲能息，霜半秋菘晚欲成。想得撥灰吟嘯罷，夜深梧影一櫳明。」

> 瘦湘月初將攜眷歸，近來生事何若，易每星期與辟疆、夢侯、仲詹四人必茶話一次，稍可遣情，已行二次矣。近並刻印數顆，下其一也。尊囑轉法華庵，意中已有好樣，尚未覓得相當之石耳。餘後敘。

> 即頌

> 日安

易　拜

（1918 年）〔註 92〕

1918 年～1927 年期間，鍾觀光（1869～1940）大量採集植物標本，足跡遍及華北和江南各省，開創我國植物分類學家採集標本的典範，我國第一個用科學方法調查採集高等植物的學者。

是年，社亞泉主編《植物學大辭典》由商務印書館出版，全書 1590 頁，附圖 1002 幀，記載植物 1700 餘種，植物名稱和植物學名詞 8980 條。每種植物有中文名、拉丁學名、日文名，有的還有德文名，指明所屬科屬，並有形態描述、用途與討論，但無產地與生境的記載。

編年詩：《寄楊蘇更》《移情雅集紀事》《苦雨為災眷念湘民顛沛無告賦此哀之》《雜書》（七首）《出門》（三首）《遊攝山》（三首）《獨登北極閣感賦》《憶去歲國慶節感賦》《江上閒眺》（二首）。

〔註 92〕《胡先驌全集》（初稿）第十七卷下中文書信卷，第 538 頁。

編年詞：《齊天樂·丁巳季秋讀晚翠軒詞殘稿》《齊天樂·鴉》《慶春宮·同癸叔賦丁巳日舊臘祀灶日立戊午春》《飛雪滿群山·冬閏用蔡友古韵》《春從天上來·和癸叔再疊祀灶葉賦立春韵》《塴花遊·和癸叔寵瓶花之作》《高陽臺·周氏園本曾賓谷先生故宅為賦此解》《高陽臺·弔大鶴詞人鄭叔問用集中待月溪堂均》《三妹媚·憶加州》《木蘭花慢·偕耿庵辟疆簡庵然父石君泛湖有作》《渡江雲三犯·淨社拈是轉雨意限第八部韵》《鎖春寒·和癸叔宵寒無寐韵》《木蘭花慢·柏廬入京過寧偕登北極閣感賦》。該詞集又名《窬歌集》，前有王易題詞《木蘭花慢·窬歌集題詞》：「剩雞床曉夢，漸回首十年期。記饌玉懷香，沾花掬月，幾度留題。顰眉黯然去國，又秋風行李玉關西。老我蓴鄉煮鱠，羨君海宇探驪。騷壇別樣風規，賦馥麗詠希奎。有穠香繞翰，柔情墮酒，卻遣腸回。旋歸，自看袖底，挾滄溟。萬里入新詞。為語淋鈴舊譜，正宜分付歌兒。」

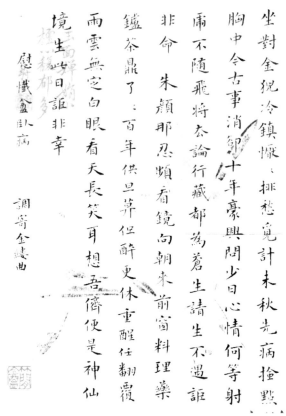

王易為了慰問病中的胡先驌而寫的詩《慰懺庵臥病》（「懺庵」是胡先驌的號，胡先驌的詩詞被統稱為「懺庵詩」或「懺庵詞」）

民國八年己未（1919） 二十六歲

1月2日，長子胡德熙在南昌出生。

2月，《中國文學改良論》文章在《東方雜誌》（16 卷 3 期，第 169～172 頁）發表。該文還刊於南京高等師範學校校刊《週刊》。後收錄楊毅豐、康蕙茹編《學衡派》，李帆主編《民國思想文叢》（長春出版社，2013 年 1 月版，第 250～251 頁）。文章首先指出：「自陳獨秀、胡適之創中國文學革命之說，而盲從者風靡一時。在陳胡所言，有許多合理的內涵，固不無精到可採之處，然過於偏激，遂不免因噎廢食之譏」。胡先驌的《文學改良論》是針對胡適的《文學改良芻議》《建設的文學革命論》和《什麼是文學》等文章觀點而寫的。

胡適脫離語言文字發展規律和語言文字與文學之間的複雜關係，片面強調所謂「白話文學」把它說成是「新文學」、「活文學」，把古文說成是「舊文學」、「死文學」，宣傳所謂「國語的文學，文學的國語」。過分簡單地說什麼「語言文字都是人類達意表情的工具，達意達的好，表情表的妙便是文學」；「文學有三個條件：第一要明白清楚，第二要有能動力，第三要美」；「美在何處呢？也只是兩個分子，第一是明白清楚，第二是明白清楚之至，故有逼人而來的印象」。總而言之，他對文學的要求只是明白如話。

接著指出：「文學自文學，文字自文字，文字僅取達意，文學則必於達意而外，有結構，有照應，有點綴，而字句之間有修飾，有鍛鍊，凡曾習修辭學作文學者，咸能言文。非謂信筆所之信口所說，便足稱文學也。故文學與文字，迥然有別，今之言文學革命者，徒知趨於便易，乃昧於此矣。」又說：「且言文合一，謬說也。歐西文言，何嘗合一，其他無論矣。並舉莎士比亞的劇本為例，說明英人口語，決不會用那麼多的詞彙，又舉 Charlotte Bronte 為例，指出小說也是『白話為本』，但作者所用典雅文學極多。乃至歷史學家、科學家，如達爾文、赫胥黎，斯賓塞爾等，莫不用極雅馴生動之筆記載一代之歷史，或敘述辯論其學理，而令百世之下，尤以其文為規範」。胡先驌進一步指出：「如我國商周國文之難讀，而我國則周秦之書，尚不如是，豈不以文字不變，始克臻此乎？何使以白話為文，隨時變遷，宋元之文，已不可讀，況秦漢魏晉乎」。「更進而論優美之韻文，韻文者，以有聲韻之詞句，傳以清逸雋秀之詞藻，以感人優美，道德、宗教之感想者也，故其功用不專在達意，而必有文采焉，而必能表情焉，寫景焉，再上則以造境為歸宿。彌爾敦，但丁之獨絕一世者，豈不以其魄力之偉大，非常人之所能摹擬耶？我國陶、謝、李、杜過人者，豈不

以心境沖淡，奇氣恣橫，筆力雄沉，非後人能望其項背耶？不務於此，而以白話作詩，始能寫實，能達意，初不知白話之適用與否為一事，詩之為詩與否又一事也，且詩家必不能盡用白話，征諸中外皆然。」接著舉了許多英國名詩為例加以說明。最後指出：「何者非創造。亦何者非脫胎者乎。故欲創造新文學。必浸淫於古籍。盡得其精華。而遺其糟粕。乃能應時勢之所趨。而創造一時之新文學。如斯始可望其成功。」

以上幾點，正是胡先驌當年文學觀點的精粹，十分難得。因他們匡正了胡適文學主張的最大缺點——脫離實際，缺乏區別對待，具體問題具體分析的歷史唯物主義態度。文學當然離不開語言文字，甚至可以稱之為語言文字藝術，但又不僅僅是語言文字的問題。文學作品不僅要有好文字，還要有高尚的思想、感情、生動豐富的生活內容、巧妙的情節結構和各種表現手法。而就文字本身來說，文學的要求，比一般說話乃至書面記事的要求要高得多。再說，口語和書面語，不可能完全一致，中外皆然，散文和韻文，對文字的要求又有許多不同之處。文學語言應該比口語和一般書面語言更高，更精，只要求一個「明白如話」；不分文學樣式，不管是詩歌，小說、散文還是戲劇，一概只要求「明白清楚」未免矯枉過正，影響文學創作的正常發展。

再說，白話與文言，白話文學和古文文學，其間很難定出科學的界限，漢文字形成於「六書」，其豐富、美妙遠遠超過一般拼音文學，而中國文學傳統，可謂「源遠流長」，千千萬萬成語，已有幾百年，上千年乃至兩千多年歷史，其中相當一部分至今仍活在億萬人民的口語和書面語中，文學創作中。它們是富有生命力的活語言，活文字，很難用今天的口語去替代。陶淵明、李白、杜甫、白居易的詩，胡適說的是「白話文學」，胡先驌說是古文文學，這樣的區分是不必要的，也不合理。語言文字有它自己的發生發展規律，隨著時代和社會的需要而變遷，言文之間的關係不斷變化，既複雜又自然，文學的發展牽涉到社會的各個方面，與人們的社會意識，歷史的進程息息相關。〔註93〕

3月27日，王易致胡先驌信函。

步弟惠鑒：

　　前奉二片，雜冗未報為歉。瘦湘於廿六日攜眷北上。柏興此次

〔註93〕張大為、胡德熙、胡德焜合編《胡先驌文存》（上卷），江西高校出版社，1995年8月版，第1～6頁。

來省，無甚成就也。尊詩三絕最雋，律稍遜。所論刻印甚是，特易今年因多閱古印，又不覺偶變其格耳。今年所作詩極少，僅得三四章，錄後。

《酒餘晚眺》云：「十頃魚鱗往復還，越城嵐影照酡顏。五年地熟兒時路，四面風扶片刻閒、靜體始知春有味，登臨微悵日銜山。莫呼鷗鳥憐孤獨，待約余醒早閉關。」

《詩廬見過匆匆即別寄贈》云：「詩廬舊以詩為命、忠雅鄉邦論異同。到戶禮容驚海嶽，極天帆影倏西東、已成慧業對餘墨，卻向王城踏軟紅。此去定攜吾叔子，坐收興廢入雙瞳。」

《先君忌日五弟有詩述哀泫然得句》云：「六載風光未覺遲，五郎今亦解吟詩。蒼黃二十年來事，馱向燈前識字兒。」（乙亥年侍先君客於景德時事）

余尚有《挽熊香海翁》二律，不具錄。下二印皆上月所作，今又輟久矣。

　　此上即頌

大安

易　上

三月廿七日（1919 年）〔註94〕

3 月 30 日，秉志致胡適信函。

適之學長：

尊函敬悉，弟甚願從諸君後，竭其一愚，藉效於母校。惟南京鄒秉文屢次見邀，弟已許之。背之則不義，且捨小就大，亦非君子之所取也，弟只可先往金陵以踐前約，俟將來有機北上，再圖為母校盡力焉。弟自去年秋來此地從事神經學一門，此地於研究科學甚佳，日本人在此凡八人，中國人只弟一人耳。

人學若創立生物一部，弟雖不能擔任教授，而於書籍、儀器及與此間專門學者趣會，以圖將來之擴充，竊願效力。弟今年能歸與否不可知，視所作之課遲早先後方能定耳。請轉蔡校長處，代述此意，不必候弟也。

〔註94〕《胡先驌全集》（初稿）第十七卷下中文書信卷，第 540 頁。

春寒，請惟珍重。此詢近祺。諸同學處希致意。

同學弟 秉志 拜

三月三十日（一九一九年）〔註95〕

5月4日，北京大學等十幾所專科以上學校的學生在天安門前集會，舉行遊行示威，斥責政府的賣國行為，要求懲辦親日派官員。對五四運動認識不深刻。

> 我的反對五四運動，一方面是由於我不認識這一偉大的政治運動，一方面是由於我的保衛我們中國的崇高的文化的「衛道」思想。我雖是一個科學家，但對於中國舊學有相當深的研究，所以我十分珍惜這種封建文化。〔註96〕

6月，各地中等學校重點抓國文、英文、數學三科，而物理、化學、動物、植物等科目教學不重視，報考學校學生考試成績幾乎等於零。「嘗憶有一次閱投考南京高等師範學生試卷，共三四百試卷，所試者植物二題，動物二題，礦物、生理衛生各一題，總平均滿六十分者不過二三十人。竟有五門科目七題，而總平均為零分者，其餘類皆平均二三十分者。其答案之可笑，尤屬匪夷所思。所問者為昆蟲，所答者乃有蝦蟹蛇蠍。光合作用中水與炭酸、日光、葉綠素四要索，能悉舉者百無一二。」〔註97〕

7月4日，科學名詞審查會第5次會議在上海舉行，分組審查組織學、細菌學和化學名詞，中國科學社派鄒秉文、張準、錢崇澍、王璡、胡先驌和程延慶出席。

7月，譯《吳偉士講演詞：施行法律及應用寄生物防禦害蟲之問題》，吳偉士（C. W. Woodworth）原著，文章在《科學》雜誌（第4卷第7期，第672

〔註95〕《胡適秘藏書信及手稿》，黃山書社，1998年。胡宗剛著《秉志就任南高農科動物學教授》，2021年08月18日。南京大學生命科學學院版。《百年院慶、南京高等師範學校農業專修科之生物系創設原委（五）》COPYRIGHT © NANJING UNIVERSITY ALL RIGHTS RESERVED|蘇 ICP 備 10085945 號 WEBMASTER@NJU.EDU.CN。

〔註96〕胡先驌著《對於我的舊思想的檢討》，1952年8月13日。《胡先驌全集》（初稿）第十五卷人文科學文章，第629～640頁。

〔註97〕張大為、胡德熙、胡德焜合編《胡先驌文存》（上卷），江西高校出版社，1995年8月版，第47頁。

～675 頁）發表。摘錄如下：

　　吳偉士教授為美國加利福尼亞州立大學農科昆蟲學主任教授，研究發明甚多。今年春間來中國在金陵大學擔任昆蟲學講席一年，創辦育蠶科，各省來學者甚眾。復提倡南京驅除蚊蟲事業，歷在江蘇實業廳、南京高等師範學校、南京第一農業學校演說驅蟲問題，熱心毅力，令人欽佩。茲為在南京高等師範學校防禦害蟲十講演之一，內有數講演為吳教授親述其研究之經歷，於焉可見其研究之精神與研究之方法，尤非泛泛之空論可比也。此十講演將依次譯載之。譯者附識。

　　今日獲承貴校嘉招，得與諸君討論經濟昆蟲學，曷勝慶幸。惟在敘述經濟昆蟲學成功之先，最宜將我國經濟昆蟲學失敗之歷史為諸君陳之，庶可引為殷鑒，而不至重蹈吾人之覆轍也。當美洲初開闢之時，加利福尼亞州人煙稀少，除未開化之土人外，有文化者只有西班牙人。然當蓽路藍縷之始，其人只知從事畜牧，尚無農業之可言也。至 1849 年金礦發現，人爭趨之，農產之供給不足，因而後來之人遂有從事農業者。然其初只種有小麥一種。迨後來者益多，五方雜處，各國之土著遂各將其鄉國所有之果樹移栽於其新殖民地，而果業以立。在加州之南部則種橘，中部與高山之區則種蘋果，中部較低之處則種桃，谷底則種葡萄。其餘他種果樹亦有種之者，惟此四種為最著，且與經濟昆蟲學有密切之關係焉。自此四種果樹種植既多之後，蟲害即逐漸發生。而每種果樹皆有一種最重要之害蟲：如橘則有棉團鱗片蟲（Cotton cushion scale）自澳洲來，桃則有桑和賽鱗片蟲（SanIose scale）自中國傳來，葡萄則有害根蟲（Phylloxera）初由法國傳至密西西比州，再自密州傳至加州，蘋果則有一種幼果蛾蟲（Codling moth）自亞洲傳來。二十年間，此數種害蟲日益繁盛，致果業大受其影響，於是治昆蟲學者，乃群起而求補救之方．至 1870 年發明砒霜殺蟲法，又數年發明石油乳劑；前者治食葉之蟲，後者治以管狀口部吸取枝葉液汁之蟲。再後則橘之鱗片蟲能以青酸毒氣治之，桃之鱗片蟲能以石灰硫黃劑治之，葡萄之害恨蟲，則以土產之野葡萄為砧木亦能抵抗之。於是此四種最重要之害蟲，皆有治之之法矣。

當各除蟲之法發明後，加州之議會立即規定法律，以強迫農民除此蟲害，否則罰錢。又設蟲害檢查員之職，以督率兼調查民間除蟲之事。如有農民不按法治蟲者，則檢查員代為治之。除所有費用概歸農民照付外，更須罰金若干以為弁髦法令之戒。此法行之未久，弊端立見：農民按法治蟲，每每失敗，即檢查員代為治理亦然。於是不治殺害蟲必受懲罰之法律不能執行，而此種法定蟲害檢查員乃成冗職。然此職既為法律所規定，取消之殊非易易，故至今猶存。雖彼等不無於他項事務可為農民之指導者，然其法定檢查害蟲之職務，則不能盡矣。此種施行法律設置冗員以防蟲害之弊，乃貴國所宜引以為戒者也。但非謂立法機關不能有助於害蟲之防禦也，苟立法以設立試驗場，補助之以充分之公款，使專門學者得以盡心研究驅除蟲害之法，再設勸農員若干人，以專門學者研究所得之治蟲害方法布告於農民，而勸之實行，則為利必非淺鮮。若對一種蟲害，已得有妥善而復經濟之防禦法，如驅除蚊蟲之類，則不妨特派臨時專員以大舉驅除之。惟切戒設立多數冗職，徒糜國帑，初無濟於事耳。

同時又有人創言，各種害蟲皆可利用寄生蟲以殺除之。一時研究以寄生蟲除害蟲者頗眾，競思覓得最佳之寄生蟲，及此類寄生蟲繁殖之法。於是出版之書籍，咸有害蟲、益蟲之名，益蟲即能助人以殺害蟲者也。加州公署乃特派專員遍往各國，以求所謂益蟲者。適逢澳大利亞洲賽會，陳列害蟲之寄生蟲甚多，此專員乃攜之回國。就中有一種甲蟲（Ladybird beetle）為寄生於橘之鱗片蟲者。自輸入之後，適逢是年橘樹害蟲甚微，人遂以為寄生蟲之功，然終無人能證其確為寄生蟲捕殺害蟲也。其時鄙人適在該地，乃查悉害蟲之減少與寄生蟲毫無關係。嗣後又有人自非洲輸入一種寄生於黑鱗片蟲之蜂，云治蟲極有效驗，且時見蟲之死體上有寄生蜂之幼蟲所食之小孔可以為證，然實際上亦無大效。又有謂蘋果之蛾蟲，亦有一種蜂能殺之，於是購之者紛紛。久之彼出賣此寄生蜂者，乃忽歇業。予問其故，則云所賣之蜂，係自澳洲販來，以轉運繁難，故輟此業。夫以輸入之寄生蟲不能繁殖，至賣蜂者不能取以供給買主，則其殺蟲之利益可見矣。

自美國用寄生蟲治蟲害之說喧騰之後，世界各國咸信以為真。澳洲政府乃特派專員來美研究其事，予即介紹之往出售昆蟲局。但彼欲研究一般果園中寄生蟲治殺害蟲之情況，乃杳不可得。同時南非洲亦有昆蟲學家考究此事，亦失望而返，蓋蜂實不能殺蟲也。

總而論之，世上無有能利用寄生物以滅絕害蟲之理。且寄生物與寄主，有相互之關係：害蟲愈多，寄生蟲愈得食料；苟寄生物將寄生盡情滅『絕』，則食料斷絕，勢必滅種。故為寄生物計，亦必不欲滅盡害蟲也。又此部害蟲減少，他部之害蟲必增多。生物界之關係多類是，即一處施用藥劑殺去害蟲，他處之害蟲反將增加。蓋準諸天演之理，競爭既減，則繁殖滋易也。故吾人無絕對滅絕害蟲之希望，只可用法防治之，使不猖獗，而貽農民無窮之禍耳。〔註98〕

7月，譯《吳偉士講演詞：應用石灰硫黃液以防除害蟲之研究》，吳偉士（C. W. Woodworth）原著，文章在《科學》雜誌（第4卷第7期，第676～678頁）發表。摘錄如下：

剛次曾言及桃、蘋果、橘、葡萄四種重要果樹均各有一種最劇烈之害蟲。桃之害蟲為桑和賽鱗片蟲（San Jose Scale），此蟲能分泌一種蠟質鱗片以蔽其體，其體甚微小，合蠟殼而度之，不過半毫米長。此蟲群居於樹之主幹上，散若椒末。蟲體為黃色，殼則作灰色。有蟲之處，若將蠟殼除去，則全現黃色。欲驗知樹幹上有蟲與否，可以刀浮面刮之，若有血與水，則為有蟲之證。然鱗片蟲種類甚多，欲知其為桑和賽鱗片蟲與否，須驗其被害之葉與果。若葉與果有紅點散佈其上，或割去樹之外皮之後，其內皮之青者，上亦有紅點，則知為此種鱗片蟲致之。此蟲口不能齧，只能以似針之喙刺入樹皮以吸取液汁，如蚊之吸取人之血液然。加州氣候乾燥，夏令常五六月無雨，溫度有時高達華氏百十七度。氣候既若是之乾燥，又加以此蟲吸取樹汁，則其有害于果樹可知矣。

然此猶害之小者，其大害尚有二種。一為吸取樹液之時，此蟲於喙端注入毒汁，果樹之運輸組織即為所殺。上言表皮下之青皮現

〔註98〕張大為、胡德熙、胡德焜合編《胡先驌文存》（下卷），中正大學校友會出版發行，1996年5月，第644～647頁。

有赤色斑點者，即此處之細胞已被毒汁所殺之故也。二則以其專棲於主幹之上，阻礙養料之輸送。夫植物之製造養料，須下自根間吸取水分與礦物質，上自葉間吸取炭養二與養氣，二者藉日光之力而化合，造成澱粉及他種養料，然後由樹葉輸送至其他各部分。若樹幹之運輸組織為蟲所傷，則養料無由以輸至於根，乃屯積於上部，結果則第二年生出過多之花芽，而無新根發生。若舊根素強而能吸水，則第一年之果或能如常長大；否則結實徒多，皆小而不堪食者也。即第一年樹不至驟斃，一二年後終就枯槁也。此害既如是之烈，當未發明治法之先，此害一生，農民相向束手無策，惟有斫去果樹，改種他種作物而已。亦有按舊法施殺蟲劑者，然未得適當之藥品，甚有因藥品太強，蟲害未能除盡而樹反斃者。故在硫黃石灰劑未發明之先，對於此種蟲害實束手無策以對付之。

當時加州農民對於一種羊病（Sheep Scab，為一種八足小蜘蛛所致）有用硫黃石灰治療之者。治法於地掘一槽約深二三尺，盛以硫黃石灰之液汁，驅羊浸其中，則蟲病可除。一年有一村民見人以此藥劑治羊病，因思及此劑或能治桃之鱗片蟲，已而試之成效果著。當時製此藥劑時，曾加有蔗糖，嗣此農夫以糖價過高昂而去之，為效亦等。後經化學家證明鹽亦無用之物，遂並鹽去之，而成今日硫黃石灰之合劑。此合劑之製法，以硫黃二分，石灰一分（以重量計之），和水煎之，至有劇烈刺激之臭味為止。液成後可加以水，至其濃度在比重表（hygrometer）之三度即可取用。此液之利益有兩種。一為殺此害蟲，二則能使老樹皮龜裂，片片脫落而新樹皮得生長而柔軟。加州氣候亢旱，對於桃樹等皮緊之樹，殊不宜於發育。故此藥劑之用發明之後，農民以其有裂樹皮之效，即無鱗片蟲，亦必於每年冬令噴射此液一次，令樹皮鬆軟，水分輸導便利而不至乾死也。自此法發明之後，桃之桑和賽鱗片蟲之害漸少，迄今無人引以為慮者。

此藥劑之作用，非由於一物之力。當硫黃與石灰合沸之時，此液汁先現紅黃色，其主要之化合物為 CaS。此物為一白色之物，其作用甚微。再久沸之，則液汁轉變為黃色，其主要之化合物為 CaS_2。再久沸之，則液汁變為橙黃色，其至要之化合物為 CaS_5。後者二物

噴在樹幹上乃變為 $CaSO_4$，乃釋出硫黃，是為殺蟲之主要品。$CaSO_4$
性極黏著，一經噴著樹上，則不易脫落，故其效尤大也。此藥有自
造、市售兩種。市售者為一種紅黃色液體，隨時可以加水取用，然
為價較昂，自造則甚廉，惟須隨造隨用，十五分鐘後，即失效力，
不可不知也。此藥劑化用甚烈，著於牲畜體上，則如苛性鹼之刺激，
著馬體上能使毛脫落或變色，故噴射時人馬之各部均宜備有保護之
物。用此藥劑，宜在冬季，以在夏季葉每至受害也。此劑非但能殺
鱗片蟲，且為治各種植物菌病之良劑。且製造之法甚易，而在中國
乃較他藥劑為廉。他日若能試驗以治他種害蟲，則為中國最適宜之
殺蟲劑，是在諸君試驗之也。〔註99〕

8月15日，在杭州舉行中國科學社第四屆年會社務會議，確定社員繳納
會費義務，社員一次性繳納100元，可以成為永久社員，以後每年免交年費。
胡先驌同意成為永久社員，尚未一次繳清100元。每月捐20元，在一年內交
清100元。

> 本社社章向有永久社員之規定，凡社員一次納費至百元者，得
> 為永久社員，以後免再繳年金。此次募集基金，凡我社員本應解囊
> 資助。惟董事會以減輕社員負擔起見，特議決徵求永久社員之辦法，
> 凡永久社員社費一概儲作基金，社員以繳永久社員費代捐並為社員
> 便利起見，准用分期繳納之法逐期繳費，但費未繳清前仍不得認為
> 永久社員，以符定章。自有上辦法後，已徵得永久社員五人：胡敦
> 復、任鴻雋、胡明復、竺可楨、孫洪芬。此外有已經表示願為永久
> 社員而尚未繳清社費者多人如次：李厚身、廖慰慈、胡剛復、金邦
> 正、許先甲、李協、鄒秉文、程時煃、許壽裳、劉拍棠、胡先驌、過
> 探先、王璡、楊銓、朱文鑫、尤懷皋、周仁、徐乃仁、鄭壽仁、孫昌
> 克。〔註100〕

8月15日，在杭州舉行中國科學社第四屆年會社務會議，確定社員繳納

〔註99〕張大為、胡德熙、胡德焜合編《胡先驌文存》（下卷），中正大學校友會出版發
　　　　行，1996年5月，第648～650頁。
〔註100〕林麗成、章立言、張劍編注《中國科學社檔案資料整理與研究——發展歷程
　　　　史料》，上海科學技術出版社2015年版，第120頁。

會費義務，社員一次性繳納 100 元，可以成為永久社員，尚未繳清，通過月捐 20 元形式，累計交 100 元。

> 本社往年向有月捐之辦法，由社員自認每月捐金若干，以補社費之不足，吾社四五年來入款，半出於月捐，可見其重要矣。近兩年來，受歐戰之影響，社會生活日高，故月捐之數亦隨減。近來社費較前猶支絀者，此其一大原因也。去秋吾社經費支絀，幾瀕不支，幸賴社友熱心輸捐，得慶保全。茲特將各助捐社員各捐數列後，以表謝忱。蔡子民先生（特別捐）30.00 元、藍兆乾（特別捐）10.00 元、劉柏棠（特別捐）4.00 元、過探先（月捐）42.00 元、朱少屏（月捐）55.00 元、胡明復（月捐）120.00 元、胡先驌（月捐）20.00 元、錢雨農（月捐）18.00 元、錢天鶴（月捐）18.00 元、鄭宗海（月捐）15.00 元、王璡（月捐）6.00 元、周仁（月捐）5.00，共計 343.00 元。〔註 101〕

8 月 18 日星期一上午，參加在杭州舉行中國科學社第四屆年會，宣讀《細胞與細胞間接分裂之天演》論文。

> 上午 9 時宣讀論文，鄭宗海主席主持，他在致開會辭說，謂各學會每年皆有論文，其目的有二：（一）互相策勵，（二）公共研究，故余意以為謂之宣讀論文，不如曰研究報告之為切當也。本年收到論文甚多，惟因限於時間故僅宣讀下列三篇：（一）《清代漢學家之科學方法》，胡適（金邦正君代讀）；（二）《細胞與細胞間接分裂之天演》，胡先驌；（三）《漢陽鐵廠煉鐵法》，黃金濤（周仁君代讀）。〔註 102〕

下午，舉行中國科學社主辦《科學》雜誌編輯部選舉，楊銓為正部長，胡先驌為書記。

> 下午二時三十分開第二次社務會，到者十八人，胡明復博士主席。首討論期刊編輯部組織，楊銓君報告編輯現狀及一年中之經過。胡君主張舉副部長二人，因美國已舉定部長。朱少屏君主張舉副部長一人，書記一人。蘇鑒君云恐美國年會仍照舊章選舉。金邦正君

〔註 101〕 林麗成、章立言、張劍編注《中國科學社檔案資料整理與研究——發展歷程史料》，上海科學技術出版社 2015 年版，第 120 頁。

〔註 102〕 王良鐳、何品編注中國科學社檔案資料整理與研究《年會記錄》選編，上海科學技術出版社 2020 年 12 月版，第 41 頁。

動議新章由舉出之新職員草定，經董事會通過作為臨時章程。蘇鑒君副議，眾通過。胡先驌君動議先舉正部長一人，書記一人，副部長俟得美國消息由董事會推舉。周仁君副議，眾通過。朱少屏君推薦錢崇澍君為候選正部長，金邦正君贊成。周仁君推薦楊銓君，孫昌克君贊成。竺可楨君動議停薦，周仁君副議。投票結果楊銓君得十五票，錢崇澍君得三票，故楊君當選。

次推薦候選書記。鄒秉文君薦胡先驌君，賀懋慶君贊成。胡先驌君薦錢崇澍君，金邦正君贊成。投票結果胡先驌君得十四票，錢崇澍君得四票，胡君當選。〔註103〕

9月，譯《吳偉士講演詞：應用青酸鹽以防除害蟲之研究》，吳偉士（C. W. Woodworth）原著，文章在《科學》雜誌（第4卷第9期，第891～893頁）發表。摘錄如下：

第一次演講時，予曾言及橘之最重要之害蟲為棉團鱗片蟲，蟲為lcerya purchase, mask，另有赤鱗片蟲（Chrysomphalus aurantia Sigr.）與黑鱗片蟲（Saisettia oleae Bern.）為害亦甚劇。自發明青酸鹽薰氣法，此等害蟲遂不足為慮矣。

目今用青酸鹽薰氣之法，盛行於加州。加州一州所費之金錢人力，於此一事，較歐洲全洲為多。每年所用之藥品直美金一百萬元。所費之人工其值亦如之。雖用青酸鹽以殺蟲，知之甚早，然大舉興用則近日之事。在1886年有一南加州少年，初本任州政府昆蟲研究之職務，因事失職，乃徇一農人之請以其研究所得之方法以治橘上鱗片蟲，試之殊有驗，蓋即用青酸鹽薰氣之法也。彼等欲貨其法，因秘不告人。然其法尚未完善，樹每受薰氣之害，農人以其居奇，且薰氣每每害及樹也，乃請加州大學農科派一什學家研究治鱗片蟲之法。大學允其請，派一化學家研究其事，歷試諸藥，而最後發現青酸鹽為有效。當農人嗅得青酸鹽之氣與該少年聽用之藥之氣同，於是乃知該少年所用之藥亦為青酸鹽。然其時尚未知免青酸鹽害樹之法，有頃該少年發現一法可減其害，然猶未佳。再後則此少年復

〔註103〕王良鑄、何品編注中國科學社檔案資料整理與研究《年會記錄》選編，上海科學技術出版社2020年12月版，第41頁。

得任政府職，乃益精研，得一更佳之法。然其時棉團蟲之害已漸減，遂使青酸鹽之研究亦與之俱輟。但不久赤鱗片蟲之害興，較前者尤烈，而治殺該蟲所需之藥劑倍多，致使前所發明之二法不足以除其害，因而使免青酸鹽之害之研究又從而積極進行。其時有人以為日光有關係，乃將薰氣所用之幕塗為黑色。後一農人獻議於夜間行之，成績較佳，然其故尚不得而知也。同時薰氣之法亦有所改良，初時農人使青酸氣在幕外發出，而以風箱吹之入幕，後乃發明在幕內發出青酸氣之法，於是耗廢之量大減。今日薰氣皆於夜間行之，而青酸氣之發出皆在幕內，即從此時之法也。

其時所用之幕有多種。一種用一桅竿插於車上，竿上懸幕，推車至樹旁，乃張幕於樹頂。一用兩竿穿幕上之環而撐過樹頂而覆下，如扳罾然。一用一竿橫穿幕上之環而張之，過樹頂乃覆下，此法最簡易，今日多用之。

今日薰氣之事有專家任之，農人但出資以償其工資與藥劑之所費而已。至日落時薰氣公司之人乃興工，彼輩同時用三十至六十幕。』任此事者共五人，二人將幕蓋樹頂之上，二人量樹之體積與藥劑之量。幕上有記號，一望而體積可測。另有算定之表，僅須以樹之體積對之，即可知所需之藥物之量。一人聞藥劑分量之報告，即量配其藥而混合之於幕中。凡此諸事均須於一分鐘內竣事。於是候五十分鐘乃去幕而加於第二行樹之上。

藥之配合成分為一分青酸鈉（NaCN），一又四分之一分硫酸，三分水量。水與硫酸皆有特種玻璃器，故不費事。

其混合藥劑之法，先以水與硫酸置之缽中，再以青酸鈉投入。投藥時須伸手入幕而以臉向外，庶免中毒。青酸氣不至一定量，不能致死。且頻嗅小量，無毒氣積聚之害。然一至致死之量，則頃刻殞命，不可救藥，是又不可不謹慎將事者也。

化合之方程式為 $2NaCN + H_2SO_4 \rightarrow Na_2SO_4 + 2HCN$。水之功用為與硫酸化合而加熱，因之作用亦加速，且免化合而成之硫酸鈉包裹於未化合之青酸鈉之上而停止其化合作用。

青酸鈉之價甚昂。製法用金質鈉與木炭置一器中，而通入亞母尼亞氣而熱之，結果遂成一種液體，冷之則凝結為塊。今日則造成

丸形,每丸約重一兩。

　　普通習慣,薰氣之工人按勞力索取定量之工資,藥劑之價另算。青酸鈉在歐戰前值美金二角五分一磅,此外則硫酸之價。大約總計每樹所費薰氣之工藥,值美金一角五分至五角,平均約二角至二角五分。〔註104〕

年輕時胡先驌(左1)在野外採集植物標本

9月,南高師農科所設置課程。

　　且看南高農科所授課程與植物學相關之內容。在胡先驌來農科之前,普通植物學課程由鄒秉文講授,此後則由兩人共同擔任。除此之外,鄒秉文還講授植物病理學、植物進種學;胡先驌則講授植物生理學、園藝學通論。第二年又增加園藝學各論、農業經濟學兩門課程。此外農科還有地質學、土壤學、作物學、肥料學、畜牧學、家禽學、農產製造學、農具學、農場管理學、動物學、經濟昆蟲學等,大多為應用學科,以造就為農業建設和教學所用之才,符合農科辦學之宗旨。其中動物學、經濟昆蟲學由張巨伯教授。〔註105〕

〔註104〕 張大為、胡德熙、胡德焜合編《胡先驌文存》(下卷),中正大學校友會出版發行,1996年5月,第651~653頁。

〔註105〕 胡宗剛著《胡先驌執教於南高農科》,2021年08月10日。南京大學生命科學學院版。《百年院慶、南京高等師範學校農業專修科之生物系創設原委(三)》COPYRIGHT © NANJING UNIVERSITY ALL RIGHTS RESERVED|蘇ICP備10085945號 WEBMASTER@NJU.EDU.CN。

9月，胡先驌在南高師農科所講授課程。

　　普通植物學：鄒秉文、胡先驌兩先生教授。農科第一年級全年，每週講授二小時，實習三小時。此科分兩大部分，第一部專論葉莖根花果實種子之形態及生理，注重各種器官組織之構造及其作用，與農業上相關之理論。實習則注重各種植物、各種器官之形態與其內部之組織，而略於生理（生理另有植物生理專科教授）。第二部專論植物之自然分類與各大支植物，如菌藻植物、苔蘚植物、蕨類植物、種子植物等之特性，全部注重各支植物之形態，生殖器官之性質，植物界天演之關係，鑒別之方法，而附各種植物與人生日用之關係，實習則注重各部各科之形態與各科植物鑒別之方法，使學生於植物界有一全部系統之目光及初步鑒別植物之能力。

　　植物生理學：胡先驌先生教授。農科第二年級第一學期，每週講授二小時，實習四小時。此科為繼續普通植物學之生理學一部而擴充之，共分三大部：第一部專論植物之營養代謝，如水之吸收、碳素硝素之同化、礦質之吸收、營養料之流轉、蒸發作用、呼吸與發酵。第二部專論植物之發達，如細胞之生長、細胞之天演、細胞之分裂、器官之發達、生長之期候、生殖之現象等。第三部專論植物能力之發散，如熱力光電之發散，物理之運動誘起之部位，運動誘起之部位，運動誘起之遊行運動等。實習則在證明講授時所授之原理。

　　園藝學通論：胡先驌先生教授。農科第二年級第一學期，每週講授三小時，實習三小時。此科主旨在教授學生以園藝之普通原理，分兩部分教授：一、植物繁殖法，專論種子之保存及栽培，分條、壓條、插枝、分割、分栽、接枝、接芽、製造接蠟、苗床管理等。二、果園管理法，專論果園擇地、整地、耕耘、灌溉、施肥、果樹之移栽、定植、剪枝、整枝、梳枝、收穫、裝載、販賣、儲藏等，凡關於各種果樹之共同管理法，皆論及之。實習以印證其學理為本，如繁殖植物接枝、造接蠟、剪枝等事，皆須躬親之。

　　園藝學各論：胡先驌先生教授。農科第二年級第二學期，每星期講授三小時，實習三小時。此科主旨在教授學生各種果樹之栽培管理方法，繼園藝學通論教授。凡各種果樹如蘋果、梨、桃、杏、

梅、枇杷、石榴、柿、無花果、葡萄、草莓等，植物學之關係、繁殖法、栽培法、管理法、病蟲害之種類及其防治法，果實分類及記載品評法，皆詳論之。實習即在鑒別各種果樹果實之性質。

農業經濟學：胡先驌教授。農科第三年級第二學期，每星期講授二小時。此科主旨在教授學生以農業上之經濟原理，專論生產財富、勞工資本、農業資本、效率交易、價值效用、供求、交通、幣值、貸款、分工、機械、大農制、小農制、保護稅、保險資財之分布、工資利益、勞工組合、罷工利息、租金、農田之價值、審慎之消耗、浪費之消耗、稅則等問題及其農業上之關係。〔註106〕

10月，譯《中國西部果品誌》，威爾遜（Ernest Wilson）原著，文章在《科學》雜誌（第4卷第10期，第1010～1019頁）發表。同年，轉載於《農商公報》（第6卷第8期）發表。摘錄如下：

譯《中國西部果品誌》

〔註106〕胡宗剛著《胡先驌執教於南高農科》，2021年08月10日。南京大學生命科學學院版。《百年院慶、南京高等師範學校農業專修科之生物系創設原委（三）》COPYRIGHT © NANJING UNIVERSITY ALL RIGHTS RESERVED| 蘇ICP備10085945號 WEBMASTER@NJU.EDU.CN。

　　中國為多種世界最佳之果之發源地，如橘、檸檬、柚與日本李皆中國土產也。在南方則有多種熱帶果樹，如香蕉，鳳梨（即波羅蜜），萬壽果（Papaw-Asimina triloba），檳榔（Areca Catechu），荔枝，龍眼，橄欖之類。然在予所歷之地，則惟後三者稍稍得見，然為量亦極微焉。在北方（尤以芝罘左近為然）美國種之梨與蘋果種植頗盛，其品質甚佳。北方種葡萄亦甚多，皆為佳品。但總而論之，一般人民對于果業甚不注意，翦枝摘果，從未聞及，以故中國果品品質類皆卑下。且習俗每不待果熟而摘之，故尤不佳。西部種果甚多，種類亦甚繁，然對于果樹園藝之不注意，尤較他處為甚。柑、橘、桃、柿之在西部者，可與他省相抗衡，但其他之果品則皆下品。果業之不振，在旁觀者極以為可惜。蓋西部膏腴之地，氣候土宜皆適于果業，若稍加以人工，不難產出最佳之果品也。

　　溯揚子江而上，始於宜昌之山腳，西往敘州府，柑橘園之盛，實為大觀；至重慶、瀘州之間，則尤稱極盛。當十二月之時，果實累累，入望皆是，真令人一見而終身不能忘之。……

　　宜昌峽中，種有一種檸檬（C. ichangensis），但為數甚少。……

　　桃樹（Prunus persica）則湖北、四川一帶，低自江之兩岸高至九千英尺皆種植之。……樹皆種於園中或屋外，然路旁岩下各處皆有自生之叢莽。北方每用其果仁榨油，西部則未見有人為此者。……

　　杏樹（P. armeniaca）植物學者皆謂發源於亞門尼亞（Armenia），中國則自該處移植之者；但馬新毛衛士（Maximowicz）則謂杏樹實野生於北京鄰近之山者。……

　　李，西部種之甚多，俗名苦李子。果形圓，有紅、綠、黃、紫各色，風味要皆下劣。……

　　梅樹（P. mune）中國、日本種植甚多，其佳種多作成矮椿而盤屈其枝為各種奇特之形狀。以其花期早，故華人極珍之。湖北、四川一帶野生甚多，俗呼為烏梅。果形圓，一半紅色，一半黃色，味下劣，核有茸狀附著物，故尤不可吃。

　　普通之亞芒得桃（Almond, P. amygdalus）中國無之。但於1910年予在四川松潘一帶發見一類似之種，今名之為 P. dehisceus。此果

乾燥無肉，成熟時外皮裂開，露出其核。其核仁本地土人甚珍視之。樹為密生多刺之灌木。高自五至十二英尺。此種現已有人種植之，亦亞芒得桃之一異種也。

櫻桃在樹林中，種類極多。……

梨在中國種植甚多，尤以中國西部長江上游兩岸為最盛，湖北峽口山坡高處亦有之。……

中國種蘋果較梨為少，種時則兩者常在一處。湖北甚少，松潘廳打箭爐一帶有之。……

木瓜，中國中部種之甚多，西部則少有種之者。此果每以油漬之以為玩品，蓋取其香味也。……

枇杷（Eriobotrya japonica）無論種植者與野生者，自水平面至高至四千英尺之處皆盛產之，尤以山石峨岩之處為多。……

中國各省俱種有山楂，又名曰山裏紅。湖北所種者為 Crataegus hupehensis，新鄉縣有此果果園。果鮮紅，大約一英寸，味殊下劣。

中國最佳之果為柿(Diospyros kaki)，自低處至四千英尺之高處，此果皆極多。

在瀘州附近，有種荔枝、龍眼者。此二果生長於此地頗為合宜。價亦甚高。……

葡萄西部種植甚少，品質亦遜於北京所產。……

胡桃西部極多，凡余所涉足之地，高至八千五百英尺皆有之，尤以四川西部乾燥之河岸及湖北山谷中為盛，其種為 Juglans regia。……

白果（Ginkgo biloba）炒熟後華人亦珍之。……

在西部樹林叢莽之中，野果甚多，土人多採食之。懸鉤子（Rubus）之屬，中國極多，曾經記載者多逾百種，大半皆產佳果，其佳者竟可冠於全球焉。……

六七月間山頭野草莓極多，其味亦佳絕。此果可食者予見有兩種：一為白色果之地藤子（Fragaria elatior），一為赤色果之蛇蔗子（F. filipendula）。……

樹林中茶蔗子（Ribes）之類甚多，果有紅有黑。……

有一藤本植物，湖北名為羊桃，四川名為貓耳桃（Actinidia

chinensis），自二千五百英尺至六千英尺之處盛產之。其果圓或卵圓形，長一至二英寸半，外皮作褐包，薄而多毛，果肉作綠色，味極甘美，即《爾雅》、《詩經》之萇楚也。……

華人常食數種 Holboellia 皂莢狀之實之內部果肉。……

栗樹自樹林中至高至七千五百尺之處皆盛產之。土人呼其果為板栗。……

有一種白松（P, armandi）自三千五百至九千英尺之山皆盛產之。其種子土人亦有食之者，然亦無人特好之。……

瀘州間栽有黃皮（Clausena punctata）。〔註 107〕

《細胞與細胞間接分裂之天演》文章

〔註107〕張大為、胡德熙、胡德焜合編《胡先驌文存》（下卷），中正大學校友會出版發行，1996 年 5 月，第 654～661 頁。

12月，《細胞與細胞間接分裂之天演》文章在《科學》雜誌（第5卷第1期，第74～81頁）發表。摘錄如下：

　　所有之生物，皆為細胞所組織而成。其簡單者為一單獨細胞，最繁複者亦不過合百千萬異形異性之細胞而成。細胞生長至一定體積時，除少數生物外，每每分裂。其分裂之法有兩種，一為直接分裂，一為間接分裂。直接分裂多見於下等生物，如裂殖菌與多種單細胞藻類及高等植物細胞之已老而將死者。直接分裂時，其胞核中部縮小而分為二。在車軸藻常有分裂迅速，至多數胞核連若串珠者。至間接分裂則大異是。細胞核之中尚有繁複之組織。核之外圍，有一被膜，名曰胞核膜，其中部有仁名胞核仁。此外尚有錯綜之絲狀體，名曰胞核絲。絲為多數小顆粒而成，名曰胞核質，連絡此小粒者名曰膠質絲。胞核質染色較深，膠質絲則不易染色也。未分裂之時，胞核內之組織似極雜亂無次。在下等植物如藻類等與各種動物，則胞核外尚有中質體，內有二中質。至分裂之始，則見胞核質變大而染色深，膠質絲亦可見。胞核絲於休息時期中凌亂無次而呈網狀形者，今乃可辨為一蟠曲之線形。此胞核絲有單者，至分裂成染質時始裂為二，然亦有自始即為二線而並列者。在有中質之細胞，則見中質體此時已分為二，各有一中質，且有星狀之射出線。嗣則胞核質更長大，而胞核絲愈易分辨，較前更粗而短。胞核膜之外，乃有射線發見。在有中質之細胞，則二中質相距愈遠。再則胞核絲乃分為有定數，有時或有定形之染質。胞核仁為膠合胞核質之用者，此時乃被引成不規則之形狀，或分為三四小體，漸漸被吸收而變小。再則胞核膜完全破裂，而膜外之射線乃成紡錘形，名曰無色紡錘。染質乃駢列於赤道盤。在有中質之細胞，則此時兩中質乃立於相對之極。胞核仁乃完全消滅。此數步驟統名曰初期。再則染質之在赤道盤者縱裂為二，紡錘射線則緊附其上，此名曰中期。再則紡錘射線縮短，而兩部分之染質各趨一相對之極，且變為U、V等形，一若為紡錘射線引之曲者，漸則各染質聚於兩極，此之謂後期。再則聚合之染質，重聯為胞核絲。胞核絲乃漸漸變細，終而至成休息期中之網狀形。紡錘射線乃完全消失。二新細胞核間乃有一完全之隔膜以分隔之。在有中質之細胞，則中質分而為二，然仍在一中質體

中。星狀射出線亦消滅,胞核仁之分裂為數個或縮小者,至是皆復原狀。此名曰終期,於是細胞間接分裂完成矣。最後討論了三個問題:一、細胞之天演。二、細胞間接分裂之天演。三、細胞間接分裂之問題。〔註108〕

是年,南京高等師範學校成立多個委員會,胡先驌擔任出版委員會、暑期學校研究委員會、工讀協助研究委員會等成員。

　　出版委員會,主任:劉伯明,委員:楊杏佛、陶知行、柳翼年、胡步曾、李仲霞。

　　暑期學校研究委員會,主任:張士一,委員:陶知行、陳鶴琴、胡步曾、楊杏佛、孫洪芬、李仲霞。

　　工讀協助研究委員會,主任:陶知行,委員:劉伯明、楊杏佛、胡步曾、張子高、李仲霞。〔註109〕

是年,在浙江採集植物標本。

胡先驌在浙江採集,即與商務印書館合作,所採標本給予商務一份,商務則予以資助,或者是援引鍾觀光之前例。不過商務獲得生物標本之目的則不甚清楚,其標本在1932年之「一二八淞滬之戰」中,被日軍炸毀。〔註110〕

編年詩:《春日三絕句》(三首)《郊遊》(二首)《靈峰道中》《得然父近詩卻寄》(二首)《己未夏重登匡廬》《五老峰》《海會寺》《歸宗寺》《棲賢寺》《黃龍寺溪頭》《江上偶成》《舟行過馬當愴念六兄》《一塵》《道中見群兒喧嬉率占二十八字》《歲暮旋里迎婦夜宿客邸候船拉雜書此》(三首)《江上望廬山》《潯江晤汪君毅以長律似之》《仲通歸自美道出金陵聚語半日悵然賦此》《印佛自都以書訊近狀寄此答之》《白鹿洞》《萬杉寺》《秀峰寺》。

民國九年庚申(1920) 二十七歲

1月,《天擇學說發明家沃力斯傳》文章在《科學》雜誌(第5卷第2期,

〔註108〕張大為、胡德熙、胡德焜合編《胡先驌文存》(下卷),中正大學校友會出版發行,1996年5月版,第19~25頁。

〔註109〕南京大學校慶辦公室校史資料編輯部、學報編輯部編輯《南京大學校史資料選輯》,南京大學印刷廠,1982年4月版,第63~64頁。

〔註110〕胡宗剛著《雲南植物研究史略》,上海交通大學出版社2018年7月版,第26頁。

第213～218頁）發表。摘錄如下：

沃力斯，名亞忽訥得（Alfred Russel Wallace），以 1823 年 1 月
8 日生於英國芒茅斯郡（Monmouthshire）之厄斯克（Usk）鎮。在學
校卒業後，助其長兄某任測量建築等工作，嘗周遊英倫威爾士
（Wales）各埠。1840 年氏居於威爾士南部，漸喜研究植物學，採集
植物甚夥。1847 年偕其兄姊遊巴黎。在 1844 至 1845 年之間任葉色
士特（Leicester）某學校英文教員，於此結識裴慈（H. W. Bates），
以裴氏之影響，始搜集鞘翼蟲。至 1848 年乃偕裴氏往南美巴西之亞
瑪孫河為博物之採集。一年之後，氏乃與裴氏別，各分道探討。至
1853 年氏之《亞瑪孫河與黑河之遊記》（Travels on the Amazon and
Rio Negro）始刊行於世。當氏歸自南美時，中途輪舶被焚，所採集
之標本全被焚毀，僅氏先時郵寄往英者，得以幸存。斯誠氏之不幸，
尤為科學之不幸也。氏留英一年半，除《亞瑪遜河遊記》外，尚著
有《亞瑪孫河流域之棕櫚》（Palm trees of the Amazon）一書，亦稱佳
作。

至 1854 年氏乃往馬來群島採集。自 1854 至 1862 年之間，氏曾
歷蘇馬答臘（Sumatra）、爪哇（Java）、婆羅洲（Borneo）、色刺布士
（Celehes）、麻刺甲（Moluccas）、第摩（Trinor）、紐錦尼亞（New
Guinea）、亞魯（Aru）、客（K'e）各島。至 1869 年氏之最有興味之
《馬來群島遊記》（The Malay Archipelage）乃刊行，同時仍有多種
科學論文發表於各科學社焉。其所採集之昆蟲，大部分為桑兒士（W.
W. Saunders）所有。但日後其主要部分為牛津大學（Oxford
University）與倫敦博物院所分有。氏曾發明馬來群島東部諸島之動
物屬於亞洲大陸，而西部諸島之動物，則屬於澳洲。故屬於亞洲之
婆羅洲、倍利兩島與屬於澳洲之色刺布士、朗剝克兩島以甚狹之海
峽為界，此界日後遂稱為沃力士界。此界所分之動物界，迥不相同，
雖近在咫尺，不異遠隔重洋焉。

當是時也，夫漸信天演學說，而以為天演之所以然，則由於物
競天擇之故。當 1855 年 2 月居於婆羅洲之沙納瓦克（Sarawak）時，
氏乃草一論文名曰《新種造成之規律》（On the Law which has
regulated the Introduction of New Species）。其說曰：「每種之出現，

必與一先已存在而與此種關係最切之種同時同地相併而生。」氏謂
其規律可以解明無數之事實。自作此文三年之後,氏語人云:「種何
以能變遷之疑問,數年來吾未嘗一日去諸懷也。」最後至 1858 年當
氏患熱疾臥病於麻剌甲之段勒特(Ternate)之時,乃漸思及馬爾秀
斯(Malthus)之人口論,遂忽然憬悟「適者生存」之義。當日既明
此義,晚間乃起草。再窮兩晚之力,全文革就,而寄與達爾文。達
氏在英倫立於此熱帶探險聲名未著之少年之文中,見其未刊行之著
作之綱要。故達氏函告立愛爾(Lyell)云:「天下如此暗合之事,實
未經見。沃力斯若在 1842 年時見余之稿本而纂一綱要,亦不能較此
文為佳。即其所用之名詞,亦為吾書篇章之題目也。」嗣經立氏及
虎克耳(Hooker)二人之勸,乃由達氏將其著述為一摘要,與沃氏
之論文於 1858 年 7 月 1 日同宣讀於林那學會(Linnean Society)。沃
氏論文之題為《論變種大異於原種之趨勢》(On the Tendency of
Varieties to Depart Infinitely from the Origina Type)。此文對於生存競
爭,動物繁殖之速率,生存者之數以食品多寡為轉移各點均言之綦
詳。其結論云:「惟最強健者生存最久,最孱弱者必不能幸免於死亡。」
此文對於拉馬克(Lamarck)之學說與天擇學說之異點,亦言之甚晰。
略云:「貓族之可伸縮之利爪,非因其願欲而有增進,由於在此族最
初未至如此進步之各類中,其捕獲他種動物之具較利者,其生存必
較久。長頸鹿之頸,非以其欲食高處之枝葉及嘗伸其頸之故而增長,
而因於此族之初期,中有一二頸較長者,同時同地較頸短者易於得
食,至飢饉之年則惟此長頸者能生存。」沃氏亦言及動物之保護色
云:「各族之體色與環境相合致易於藏匿者,必能生存較久。」至 1871
年氏將在段勒特所作之兩文及其他論著合刊為一書,名為《對於天
擇學說之貢獻》(Contributions to the Theory of Natural Selection)。此
書實與達氏《物種由來論》同為天擇學說不刊之作也。其中除上述
二文外,一論動物之效形(Mimicry),一論良能(Instinct),一論鳥
巢,皆能用新眼光以言其所以。且文義酣暢,能使讀達氏之書不盡
瞭解者,讀此文後即能洞悉天擇之義焉。

　　沃氏立論亦有與達氏不盡同者。故在上述之作之末二篇,乃反
覆申明:人之為人非盡由於天擇之故,而他種要素實與有力。蓋氏

倍宗教，有異於達氏也。氏之晚年，漸不以達氏匹擇（Sexual Selection）之說為然。以為動物界在匹配時期表現之特性，非由於匹擇而得。其說在其所著之《達爾文學說》（Darwinism）中，言之綦詳。此書為氏中年之作，較少作尤為精粹。當德人外斯曼（Weismann）爭論習性遺傳（Heredity of acquired characters）之時，達爾文已故，惟氏則以外氏之說為然。故在其《達爾文學說》一書中，氏乃將天擇學說完全除去拉馬克之「用不用遺傳性說」（Use and Disuse Inheritance）及步豐（Buffon）「環境影響遺傳說」（Heredity of the Direct Influence of Surroundings）之色彩。1871 年氏復刊行其《熱帶生物現象及其他論文》（Tropical Nature and other Essays）一書。氏之其他最重要之著作為《動物界分布論》（Geographical Distribution of Animals）。氏謂此書與達氏《物種由來論》十一、十二二章之關係，與達氏《動植物畜養論》（Animals and Plants under Domestication）與《物種由來論》第一章之關係相同，信不誣也。1880 年氏復刊行《海島之生活》（Island Life）一書，可稱為上述之作之參考。

此外氏之著作有《異跡與今日之惟靈論》（Miracles and Modern Spiritualism）一書，極言其信惟靈論之理由。此項理由皆從實體而得，初與基督教無關，氏蓋不信基督教者也。至 1882 年氏著有《土地國有論》（Land Nationalization）一書，詳闡土地應歸國有之理，氏持此主義實遠在喬治·亨利（Henry George）之名著問世之先。在 1885 年氏著《四十五年戶口統計》（Forty-five Years of Registration Statistics）一書，甚以種痘為無益而危險。1899 年氏著《奇異之世紀》（Wonderful Gentury），將十九世紀之奇異發明與社會之缺點一一陳說。此後之著作有《科學與社會之研究》（Studies, Scientific and Social）1900 年出版，《人在宇宙間之位置》（Man's Place in the Universe）1903 年出版，《自傳》（Autobiography）1905 年出版。

氏於 1866 年娶薩色司（Sussex）一植物家密登（William Mitten）之長女，琴瑟靜好。1871 年築室於厄色司（Essex）之格雷，四年後遷居於多鏗（Dorking）二年，克來當（Croydon）二年。繼乃築室於哥達明（Godalming），建一植物園，種植一年種植物。1889 年後遷居於多色郡（Dorsetshire）。氏自 1862 年歸英國後，曾於 1866 與 1896

年遊大陸各國與瑞士。1895 年居瑞士時曾研究該地之植物與冰川之現象。1870 年曾遊比國。1887 年赴美國各處演說，在波士頓曾擔任六次羅威爾講演。繼遊歷紐約、紐哈芬、巴迪摩等處，而在華盛頓度歲。翌春三月乃西行遊坎拿大、尼加拉而至加利福尼亞，遊約森邁谷見大梛樁樹，在雪山（Sierra, Nevada）及格雷峰（Gray's Peak）採集植物，夏六月乃由芝加哥、聖羅倫司返利物浦。

氏於 1890 年得皇家學會第一次之達爾文獎章。1868 年得皇家獎章。1881 年英相格拉斯頓為之請得終身年俸。1889 年牛津大學贈之以民法博士榮譽學位。1882 年岡橋大學贈以法學博士榮譽學位。1870 年至 1871 年為倫敦昆蟲學會會長。於 1915 年冬十二月卒於家，享年九十餘。

胡先驌曰：沃力斯為人天資穎異，思力精銳。其事業紛博多門，問題之枯索繁難者倍喜研究之，蓋精力有過人者。其與達爾文之發明，實牛頓以後所未有。而其惟靈論之信仰，在科學家尤為難能。以一科學家而不溺於所學，提倡正義，關心民瘼，至老不倦，氏誠人傑也哉！〔註111〕

2 月，《闢假「美化」之謬妄》文章在《學殖》（第 1 卷第 2 期，第 61～69 頁）發表。同年 5 月 23 日，轉載於《闢假「美化」之謬妄》文章在《公正週報》（第 1 卷第 7 期）發表。摘錄如下：

自美國哥倫比亞大學哲學博士胡適之與陳獨秀提倡急進之改革，與美國哥倫比亞大學教授杜威博士來華，演說提倡真正之民本主義以來，一時舊社會為之震駭不寧。加以學生五四之罷課運動，與各報章雜誌上克魯巴金、巴枯寧學說之狂熱，於是保守派之流，視新文化為毒蛇猛獸。而因其提倡者適為一二留美學生，遂貿貿然謂此急進之改革運動為美化，如江蘇第三師範校長顧倬，丁茲第二次學潮所發布之宣言書中所稱者。謬妄無稽，莫此為甚。將謂其無心耶，則無所逃於不學無識之誚；將謂其有心為此妄話耶，則竟蹈淆惑視聽，故入人罪之惡。是不可不辨者一。同時一般青年學者，

〔註111〕張大為、胡德熙、胡德焜合編《胡先驌文存》（下卷），中正大學校友會出版發行，1996 年 5 月版，第 26～30 頁。

學術既不足以洞觀世局，識力復不足以判別是非。一經為一二留美學生急進改革之主張所傾動，於是遂聯想以為美國之文化亦復如是，而不惜為變本加厲之主張。如浙江第一師範學校之廢止考試，參預校務會議等事，凡此皆非，美國文化之真相。是不可不辨者二。作者留美卒業者也，耳聞目見，深知美國文化之不如是也。用特條舉所知，以關近日「美化」之妄，或亦醉心「美化」、與夫疾視「美化」者之所欲聞乎？

⋯⋯

在文化一方面言之，近日假「美化」所最提倡者，為破壞一切舊道德。遂有謂中國舊道德所稱之忠孝節義，概為一錢不值者。而浙江第一師範學校，遂以非孝之文，而招社會之盛怒。實則忠孝節義四美德，苟辨明其性質，而無逾分之行為，殊無可以唾棄之理。夫忠者忠於所事之謂也。曾子曰「為人謀而不忠乎？」孔子曰「言忠信行篤敬」，皆忠於所事之謂，非必忠君方謂之忠也。在民主政體，忠君固不成為美德，然忠於國、忠於國民、忠於人類、忠於父母兄弟夫婦朋友、忠於所事、忠於所學，皆人生不可須臾離之美德也。苟無忠之美德，則人將為禽獸，而世界幾息矣。此美國大哲學家羅艾士教授（Prof. Josiah Royce）著有《忠之哲學》之一書也。若言乎孝則尤人類美德之大者。人生高尚道德之表示，莫若慈愛與報恩。在生物學上觀之，父母之慈愛，以至於性慾之起源，皆生物賴之以繁殖其種類之工具，而非特殊之美德。然人類之道德，無論其若何難能而可貴，莫非人類賴以存活賴以進化之工具。吾人對於友朋之惠愛、路人之施與則銘感而圖報，對於人類最高深之慈愛，如父母之慈愛者，乃視為生物起源之工具，父母所應盡之義務，而無報稱之必要，寧非悖謬之甚乎？路人一飯之德則不忘，父母養育保抱之德，則以為可以不報，寧非厚於路人而薄於父母耶？夫惟父母慈愛之德日衰，子女孝養之報日減，以法國有避妊墮胎之惡習，而人種有絕滅之虞。苟在中國而昌言非孝，加以女子智識日高，將見願為人母者之數日減。而人口減少，且將為中國之社會問題矣。節義二字，自廣義言之，立身有志節，見義勇為，並為人生所不能缺乏之美德。即就世俗狹義，謂男女貞操為節義而言，亦不見其為惡德也。

夫婦之愛，人生最可寶貴之物也。苟不幸或夫或婦中道夭折，其為婦也夫者，篤於故誼，不欲再婚，亦徒見其情愛之厚，而不得便謂非美德也。且節義之稱，非但加之於鰥夫寡婦之不再婚者也。等閒夫婦之戀愛，僅鍾於一人而無外遇者，亦可謂之節義。如此之節義寧非美德乎？說者以中國義夫少而節婦多，遂謂寡婦之守節為不近情之事，而全由於虛榮心所至，實則不然。夫中國義夫之所以較節婦少者，一由於男子性慾較強，二由於男子薄於治家與教育子女之能力，三由於男子對於兒女之感情較淡，四由於中國不孝有三，無後為大之說所中。在男子雖篤於愛情，然有時不能制其性慾，或因故妻一歿，家政淆亂，子女無教養之人，而一己之愛情復不能如婦女之能全鍾於子女之身，加以社會有無後即為不孝之責，故多不能不續娶。女子則一一與之相反，而女子戀愛之感情特濃，故世多有節婦，初不盡為虛榮心有以使之也。故節義非不可尚，惟為虛榮所驅，違心而冒節義之名者，斯不取耳。然亦不過與他種沽名之舉等，而不必倍加疾視之也。

舊道德中之一最大美德，是為報恩。父母親族，以及衣我食我之恩無論矣；即精神上之受益，在舊道德亦必有以報稱之。遠之如中國之祀后稷，以其教民以稼穡也；祀孔子，以其為師表萬世也；敬基督、釋迦牟尼，以其為吾人宗教之先知也；為華盛頓、林肯立銅像，立紀念塔，以其為人類造福也；尊禮牛頓、加里立倭、達爾文、斯賓塞爾、莎士比亞、彌兒敦、托爾斯泰，以其為人類學問之大師也。下而至於愛戴校長教師與學校，以其為吾之學業所從而得也。而中國之學生，以近日之情事觀之，對於學校無感謝之忱，對於校長教師無敬愛之意。夫辦學如天津南開大學校校長張伯苓博士，上海大同學院院長胡敦復先生者寡矣。然當其罷課運動感情用事之時，學生竟有攻擊此二校長者，吾不禁為吾國學生天性涼薄歎也。在美國學生對於學校與校長、教員之感情極深，凡在一校卒業之學生，雖離校日久，然對於其母校猶如父母之邦，每每就卒業之學生斂錢，為學校建造或設備一物以為卒業之紀念。而對於有名之校長、教員，大則捐資建築教室，小亦購備器物以為紀念，凡此皆報恩之意也。故總而論之，忠於國家、忠於國民、忠於職守，而不取於忠

君之說，此美化也；以忠為諱者，非美化也。本乎天然之母子愛情以盡孝道者，美化也；倡言非孝或貌為溫清定省之行，而心不應之者，非美化也。本乎夫婦戀愛之情，終身無外遇，或既鰥寡之後不再婚嫁者，美化也；必勉強以節義為恥，或慕虛榮而勉持節義之行者，非美化也。感於師長之啟發，終身懷敬慕之心者，美化也；必夜郎自大，自以為絕對之民治主義，中無師長等級之分者，非美化也。慕美化與詆美化者，宜知其涇渭矣。

近日之新文化運動中，尚有關於文字、文學改革之一類者。如以口語體為文，用歐美句讀符號，文字橫行，提倡寫實主義、自然主義之文學；廢棄固有之詩體，而以無規則之口語代之等事。此類之主張有美化，有非美化。如用句讀符號與文字橫行，此美化也。然吾國文字符號本不完全，而文字橫行，又復有利無弊，故雖為美化，然無大害。第按其實際論之，歐洲文字皆橫行而皆用同等之文字符號者，故實只可謂之為歐化也。文字力求其簡明，美化也；必以各地之方言為文章，除用於小說戲劇外，皆非美化也。寫實主義與自然主義，瑙威瑞典化，而非美化也。美國之大小說家如豪威而士、亨利詹母士，倫敦諸人，皆新浪漫主義派也。絕對破壞詩體而以不規則之口語代之，其端雖開自美之費德曼，然初未成風氣，至今美國報章上所習見之詩，仍與十八十九世紀之詩體裁無以異也。吾所知之美化如此，反是皆非美化也。

美國文化近日之特徵，在精神上言之，為有法律之民治主義與人道主義、大張宗教之復活、國家主義之提倡、新浪漫主義之盛行；在物質上言之，為科學之發達、教育之普及、工業之發達、財富之增加；在政治上言之，為勞工組合之佔優勢、女子之參政與經濟獨立、離婚之便易、酒之禁止。凡此皆中國所宜效法者，而不得以其為美化，遂疾視之也。慕美化與詆美化者，宜知其涇渭而勿盲從、勿輕詆斯可矣。〔註112〕

3月9日，郭秉文與張元濟商量，希望支持植物標本採集。

農科主任鄒秉文對胡先驌採集植物之願望不僅贊同，還協助其

〔註112〕《胡先驌全集》（初稿）第十五卷人文科學文章，第15～19頁。

籌集經費。胡先驌說：「鄒秉文長於宣傳，他向人說：胡某能夠認一切的植物，你們何不捐些錢，使他去採集呢！因此得了不少的捐款。」〔註113〕校長郭秉文也為之設法，1920 年 3 月 9 日《張元濟日記》：「郭洪生來商三事，其二云：採集植物，以川省為主，滇次之。由植物教員胡步曾擔任其事，並分科定名。商務如能合辦，並可多得若干份，亦可出售。」〔註114〕

3 月 27 日，天津《益世報》刊載：同學汪國鎮《答胡步曾原贈》二首詩云：

平生最契胡司監，晤後傳來一紙書。

賜我瑤章從此日，感君云誼憶當初。

不因霄壤輕余子，想見襟懷自在如。

成就百無呼負負，空教刮目誤朋渠。

薊門一別七八載，大學歸來五六年。

破浪君真償宿抱、輟耕我自娛陳編。

傾懷彷彿情如昨，殘夢依稀意惘然。

此後重逢更何日，寸心千里仗鸞箋。

3 月，《歐美新文學最近之趨勢》文章在上海新學會編輯的《解放與改造》（第 2 卷第 15 期，第 14～32 頁）發表。同年 9 月，轉載於《東方雜誌》（第 17 卷第 18 期，第 117～130 頁）。摘錄如下：

戊巳以還，新潮洶湧。國人之襄日但知司各得、迭更司者。今乃群起而膜拜易卜生、托爾斯泰、陀司妥夫士忌、捷苛夫。不兩年間，寫實主義遂受青年社會偶像之崇奉，此好現象也。中國文學向重理想，除經史子集並以「文以載道」為標幟外，其他文學，如戲曲小說等，要以娛樂為職志，而方法則多限於所謂「浪漫」主義者。如「三國演義」、「列國演義」及其他歷史小說，皆所謂歷史「浪漫」小說也。「石頭記」「平山冷燕」「玉嬌李」等，所謂愛情「浪漫」小

〔註113〕《胡先驌先生在本校科學社演詞》，《國立清華大學校刊》第 36 期，1929 年。
〔註114〕《張元濟日記》，河北教育出版社，2001 年，第 958 頁。胡宗剛著《胡先驌赴浙贛採集植物標本》，2021 年 08 月 16 日。南京大學生命科學學院版。《百年院慶、南京高等師範學校農業專修科之生物系創設原委（四）》COPYRIGHT © NANJING UNIVERSITY ALL RIGHTS RESERVED|蘇 ICP 備 10085945 號 WEBMASTER@NJU.EDU.CN。

說也。「西遊記」者,道家之徵象小說也。「鏡花緣」「儒林外史」者,諷刺小說也。傳奇中如「西廂記」「牡丹亭」「桃花扇」「燕子箋」「芝龕記」以及元人雜劇,非歷史浪漫戲曲,即愛情浪漫戲曲,間有少數之悲劇,然亦非希臘悲劇之比。真正不刊之寫實主義小說,在中國則惟「水滸」與「金瓶梅」二書耳。「野叟曝言」雖志在衛道,然作者技術卑劣,且方法純屬於浪漫主義小說,如「鏡花緣」「西遊記」者一派。近人之著作,如「官場現形記」「廣陵潮」等,雖其方法屬於寫實派,而其主旨實為諷刺小說之類,即「廣陵潮」亦時挾以浪漫主義之色彩焉。故總而論之,中國小說戲曲之寫實主義,實不發達。故社會之提倡歐洲寫實主義與自然主義之新文學,於中國新文學之將來,為益必非淺鮮。蓋中國社會間之材料,實足供大隊之寫實或自然主義之新文學家之用,不啻未曾開發之寶藏焉。雖然,近日之趨勢。亦有一種可慮之危險,則社會青年,但知新文學之一鱗一爪,而未能有一有系統之研究。以提倡之人以寫實主義自然主義相號召,遂群以寫實主義自然主義為文學之極則。有謂最高之文學,斯為寫實主義,再進則為自然主義者。有謂莎士比亞之文學,歷史上之地位已動搖,而惟一之戲劇家,僅易卜生之一人者。凡此皆不學之過。此所以在歐美諸邦已陳舊之易卜生,猶能重行風靡於中國也。凡風氣之興,必有遠因,必有歷史。而潮流之漸變,亦必有不得不爾之理存。若無首尾全體之眼光,僅持一家之說,而不知所抉擇,則所謂盲從,所謂誠言也。吾亦非反對寫實主義之人,第無近人門戶之見,故願以近代歐洲文學之歷史,及新文學最近之趨勢,與夫寫實主義與新浪漫主義代謝之跡,為一般嗜新文學之青年讀者陳之。

……

以上所陳,捨詩與散文外,對於歐美新文學最近之趨勢,已具陳其梗概。其趨向之所以如此者,則以十九世紀之初,在歐洲為科學昌明時代,自達爾文、斯賓塞爾、赫胥黎提倡天演學說以來,宗教勢力驟衰,唯物主義大盛,兼之平民主義發達,故文學界亦被其影響。復以毛柏桑、槎拿之輩,提倡以科學方法施諸文學,於是寫實主義自然主義大興。至十九世紀之末葉,科學萬能之理想漸衰,

於是哲學界有詹母斯（William James）、羅艾士、柏格森、歐肯等，提倡實用哲學。科學界有沃力斯（A. R. Wallace）若巨等，提倡唯神主義。而文學界亦漸覺寫實主義與自然主義之可厭。而復趨於浪漫主義之一途。蓋亦物極必反之理也。

在吾國舊日文學，既素不以小說戲劇為重，故二者之技術，大都卑下。而寫實主義與自然主義又素所缺乏，兼之政治黑暗，民生凋敝，故一旦有以寫實主義與自然主義倡者，無怪群趨之也。在今日以未曾應用之材料，應時勢之要求，而大張寫實主義自然主義之旗鼓，以為朝野上下之棒喝，亦未為非計。惟須知寫實主義自然主義，終非文學界之極則。他日事過境遷，今日所痛心疾首大聲疾呼之社會罪惡，已成陳跡，則此種種地獄變相，必為明哲之社會所不欲睹。而此類之著作，亦終有棄之於廢簏中耳。故哈佛大學賴爾孫教授之論迭更司云：「雖其對於當時社會改革之影響甚大，然其所攻擊之罪惡之性質。即足以損其著作之不朽，蓋以其有損於美術之價值也。」迭氏之著作如此，其他寫實主義自然主義之著作之命運可知矣。

抑又有為一般青年讀者告者二事，其一則雖主張寫實主義自然主義之文學，然德法俄文學有一缺點，萬不可做之。缺點惟何，則喜敘述描寫男女性是也。男女居室，固為人生一大事，然亦只人生萬事萬物之一端，而不宜於著重者也。英美文學，對於文學純潔之禁令綦嚴，故擺倫之作，為歐洲大陸所頂禮膜拜者，當時英國社會乃群起攻擊之。即純潔如字朗梯之「Jane Eyre」初出時，社會亦群起非難之。雖非難時或過度，然文學固宜保持其純潔也。反而觀德法俄之文學，則所記載敘述之事，十九為男女性之罪惡，遂至十餘歲中學學生所讀者。皆此類文學，而俄國中學男女學生，皆最喜讀毛柏桑之著作，此豈言中等教育者之所許乎？普通為英美出版律所禁止出版之著作，法國乃可以之入學士院。我國小說戲劇，素喜描繪男女狎媟之事，則崇拜毛柏桑、槎拿之寫實主義自然主義文學家，恐亦有效法法人之趨向，此則甚宜引以為戒者也。

再則無論其為白話或文言，寫實主義或浪漫主義，欲列於作者之林，必有一定之美術價值，非一效法某種主義，便可稱為文學家

也。文學極非一蹴可至之物，今日作白話小說者多矣，而能及「石頭記」「水滸」「儒林外史」者有幾人？作白話詩者多矣。能及弗特曼（Whitman）、白居易、鄭子尹者有幾人。作寫實主義著作者多矣，能及托爾斯泰、捷苟夫、易卜生、士敦保格者有幾人？不得其精髓，但竊其皮毛，遂以寫實主義自然主義文學家自命，豈戈葛爾真能發生如野菌之速耶？故最後一言之欲為青年讀者告者，則在著作某種文體或擇定某種主義之前，宜平心靜氣，讀各名人各主義之著作若干年，效法毛柏桑作文布局鍊字鍊句之法若干年。再觀察人情物理若干年。然後擇定一種主義而著作某種文體以問世，則無盲從胡謅之病，而中國文學始有發揚光大之一日。庶幾他日中國，亦有托爾斯泰、易卜生、毛柏桑、辛奇依志得見稱於世乎？

3月，譯《中國西部果品誌》，威爾遜（Ernest Wilson）原著，文章在《農商公報》（第6卷第8期，第158～163頁）發表。

4月29日，胡先驌力促杜威赴江西演講。

　　胡先驌、熊雨生向江西教育會一函：

　　承教——謹悉。杜威早已到寧，在此間開長期演講，六月將溯江而上，應皖楚之招。來書云云，恐有隔膜。鄉閭鄙塞，回首黯然，允待大賢，高蹤遠囑，開通風氣，亟願為桴鼓之應。問及各項，一一條答外，另附鄙意。

　　杜威六月初動身赴皖，十號左右可抵南昌，少則留四日，多則留七日。尊處可先發出，擬請由僕等面交可也。一、隨行者有陶君知行。陶君此間教務長，請尊處以禮先之。僕曾擬沿途隨行，來往川資，及隨時電費，應由尊處籌備二百元。六月前寄敝處。此外固不必另酬杜威也。一、杜威恂恂學者，不務聲華，尊處派一招待員備住屋餐飯，及車步費足矣。一、過潯請就近託段育華、羅運炎兩君招待，並承商一切。由九江至南昌，請備專車。一、會場固宜大，惟亦不必招小學與會，兒童尚未足喻理，而又往往破秩序也。關於茲事隨時通訊，以免誤會，而生枝節為禱。

　　江西教育會覆函云：

　　兩奉環云，備悉一是。關於籌備歡迎杜威博士一事，敝會開職員會三次，茲將籌備近情分述於下：

一、經費：執事來書，謂三百元已有餘裕，不知是否包括川資旅費及一切布置雜費在內；而黃任之先生又謂敦請博士，講演三個月，講員譯員公費旅費共七千元。假若演講十天，計算需洋八百元，半月需一千三百元。現在由教育廳擔任八百元，中等以上各校各任十五元，集成一千三百元，如招待博士，尚有盈餘。則請蔡子民、陳獨秀、胡適之、梁任公、張東蓀、戴季陶諸名人，開夏期演講。

二、講題：選定近今世界教育思潮、教育哲學、試驗主義各問題。

三、幹事：推動吳士才、王經佘、戴祖琦、裘德煌、王修蓮、陽宣呂、周作孚、周泰權、趙寶鴻、胡干。

四、地點：借順直會館為演講場所，如有窒礙，即就敝會。

五、招待：公推執事為赴寧招待員，段育華、羅運炎為赴潯招待員，就近接洽。

六、專員：公推戴君祖琦為寧滬調查專員，以便與執事及博士並任之先生接洽。明日啟程到達時，迄招導一切。至於博士及譯員陶劉二君處，俟戴君回省，再行改書歡迎。

其餘均遵來示辦理。

美國大哲學家，哥倫比亞大學教授杜威，於1919年受南京高等師範學校、北京及江蘇省教育會、北京尚志學會、新學會等五家學術機構聯合邀請，訪問中國。諸機構中分別有杜威之中國學生胡適、陶行知、蔣夢麟、郭秉文等，在他們力邀之下，於是年5月1日由日本抵達上海。杜威攜夫人及女兒在中國共住了兩年零兩月，曾到奉天、直隸、山西、山東、江蘇、江西、湖北、湖南、浙江、福建、廣東等十一省，並作講演。如此長久且所經之廣，在近代中國思想界沒有一個外國學者有杜威產生這樣大的影響。杜威往江西南昌，在其講學旅途中，並不重要，故記載甚少。其之往江西，乃是在胡先驌、熊雨生力促之下，頗費周折，始才成行，從中可見其時江西之閉塞和落後。

杜威來華後，先在江蘇教育學會和浙江教育會演講，隨後往北京暨華北作系統講演，且擔任北京大學哲學系客座教授一年。1920年春再次南下，在南京暨江蘇各地演講。其時，胡先驌、熊雨生任

教於南京高等師範學校。他倆同為江西籍，於 1912 年同時考取江西省第一屆赴美留學，留學歸來，又在同一學校任教。此得悉杜威在華一年多，赴各處演講，甚得歡迎，認為江西也擬請其前往，一開風氣，乃向江西省教育會推薦。江西教育會會長熊育錫，係熊雨生之叔父。此前在美時，胡先驌為改進江西教育，曾上書熊育錫。

函中將胡先驌、熊雨生稱之為執事。所述為組織接待安排事項，江西教育會不僅想邀請杜威，此後還擬邀請國內名流來贛講學；不僅道及經費籌集，還述及接待成員，且已派人前往南京迎接。這些人員，當為其時江西教育系統之重要人士，但百年之後，不知有多少人在江西教育史留下其名。但是，江西省教育會敦請杜威來贛之事，卻不被江西省省長戚揚所贊同，言之曰「流氓騙錢」「迷信洋書」，可見老官僚自我封閉之程度。於是商定妥當之事無法立即兌現矣。

戚揚，字升淮，浙江紹興人。曾任福建省知縣、直隸州知州、江蘇省松江知府等職。1913 年 4 月任海軍塘工總局局長，同年 9 月任江西內務司長，1914 年 3 月任江西民政長，同年改稱為巡按使，1916 年 7 月任江西省長。當熊育錫向戚揚報告歡迎杜威來贛，盛讚杜威學說淵博，思想新穎，若來江西演講，教育界當獲益不少。不料戚揚竟疾首蹙額對熊育錫曰：「你在江西教育界，也算是先知先覺的，現在年紀也不小了，怎麼不憶及聖經賢傳是不可磨滅之物，卻跟著小孩子一樣，迷信洋書起來，去講究什麼解放改造。杜威博士這種人，在他們小孩子，不知好歹，就恭維他是名流，其實自我看來，總敵不過古聖賢的經濟文章。他們所長，就是憑藉著講演新學說的名義，而實行其流氓騙錢的方法罷了。」熊育錫聞此言，甚為錯愕，乃斥之，言語極為嚴厲。戚揚聞之，不免面紅耳赤，熊亦拂袖而去。如此，則杜威來贛則被擱置。胡先驌在敦促杜威訪贛後，是年夏即往浙江採集植物標本，其後也不曾過問。

雖然省長腐朽，但熊育錫還是可以不予理會。待 11 月杜威自湖南講學返回時，通知贛省教育會，云 8 日過潯，可往南昌講學 4 天，使得江西人士大為高興。8 日杜威偕夫人自九江乘火車蒞止，學界前往歡迎者不下數百人，擔任翻譯為青年會幹事周泰瀛。是晚由教育會安排杜威一行入住南昌婦幼醫院（美國人所辦）招待所，以其

地與教育會相近。9 日下午和 10 日上午，杜威在教育會講「國民教育」和「教育與實業之關係」，10 日下午杜威夫人講「女子教育」，11 日上午杜威講「教育之發展」，12 日啟程回南京。杜威在南昌演講之反響，則未見記載。〔註115〕

1920 年南高農科師生合影，前排：左 3. 柳詒徵、左 4. 王伯沆、左 5. 陶行知、左 6. 鄒秉文、左 7. 郭秉文、左 8. 劉伯明、右 2. 胡先驌（胡宗剛提供）

4月，胡先驌起草採集植物標本之《緣起》。

胡先驌起草《緣起》，並擬訂《辦法》，徵求北京大學、北京與瀋陽兩高等師範學校之同意，發起茲事。《緣起》可謂是中國植物學者首次闡明採集標本之學術意義，甚為重要，錄之如下：「敬啟者：我國地大物博，天產極富。西南數省，群山崔巍，溪谷深邃，奇花異草，實難覯縷。凡世界名花，如梅蘭菊牡丹芍藥杜鵑秋海棠藏報春等，皆此數省所特產。就川省之杜鵑論，且不下四百餘種；至於喬木灌木種類之多，尤非臆想所及。英人威爾遜為英國威聚園藝公司採集可供園藝用之植物多至一千五百種。嗣為哈佛大學採集喬木灌木標本，多至五千種。英人亨利在雲南採集植物亦至繁多。吾有寶藏不知，自興假手他人，寧非大辱。近年我國教育逐漸發達，似宜由全國高等專門以上學校集資遣員前赴川滇一帶，採集威爾遜、亨利所已採集與未採集之顯花植物標本，為全國樹之先聲。比由敝校等敦請南京高等師範學校植物分類學教授胡君先驌擔任此事。胡

〔註115〕胡宗剛著《胡先驌力促杜威赴江西演講》，公眾號註冊名稱「近世植物學史」，2022 年 1 月 11 日。

君為美國加利福利亞大學植物學學士，曾得榮譽畢業，被舉為西格馬塞科學榮譽學會、白塔恰怕亞華生物學榮譽學會會員。回國後曾任江西廬山森林局副局長。學術經驗，均極宏富，於植物種類能一一定其學名；復精深於隱花植物。此行對於菌類、苔蘚、蕨類等植物亦可廣事搜羅。辱荷慨允，實可稱為得人。素稔貴校提倡科學不遺餘力，茲逢吾國博物學空前之機會，度必群策群力，以玉成此盛舉也。如荷贊同，請即賜復，由南京高等師範學校匯收為禱。另有辦法數條，列於下方，統希裁察。」由此函啟可知胡先驌在美留期間，已參加當地學術團體。所云「吾有寶藏不知，自興假手他人，寧非大辱」，則可見其愛國情懷。胡先驌所擬《緣起》，經校長郭秉文出面交涉，有北京大學校長蔡元培、瀋陽高等師範學校長孫其昌、北京高等師範學校長陳寶泉共同署名，向國內諸大學和主要中學發出《緣起》和《方法》。〔註116〕

4月，胡先驌起草採集植物標本之《方法》。

　　一、人員：由南京高師學校教授胡先驌君會同助手二人、夫役八人偕行。

　　二、時間：自民國九年六七月起至十年十二月止。

　　三、經費：採集費平均每日約五元左右，連同其他雜用共約三千元。胡君月薪二百元，十八個月三千六百元；助手月薪三十元，二人十八個月一千零八十元，購買威爾遜採集之標本全份、照相機、顯微鏡及其他各種科學器具約二千元，共九千六百八十元，各學校加入後平均分認。

　　四、路程：由雲南省城啟程西行至大理，折而北行至麗江，再北折至藏邊，乃南下至永昌、騰越、龍陵、緬寧、鎮邊，又北折至普洱，復東折至蒙自、開化、廣南，再折往澄江，還至雲南。復由雲南至東川、昭通入四川敘州，溯岷江而上至嘉定，復至雅州、成

〔註116〕 中國第二歷史檔案館藏金陵大學檔案，六四九（2142）。胡宗剛著《胡先驌赴浙贛採集植物標本》，2021年08月16日。南京大學生命科學學院版。《百年院慶、南京高等師範學校農業專修科之生物系創設原委（四）》COPYRIGHT © NANJING UNIVERSITY ALL RIGHTS RESERVED|蘇ICP備10085945號 WEBMASTER@NJU.EDU.CN。

都、東川、順寧、重慶，沿江而下至宜昌返。

五、標本之分配：每種植物假定採取一百枚，以十校計算分配，各得十枚，如多採即須加增經費，臨時再行酌定。

六、交款：每校所認經費可分四期繳納。第一期款於贊成後一月內匯交，以便匯寄美國購買威氏標本及其他儀器；第二期款於九年陽曆五月二十日以前匯交，以便胡君於六月初啟程；第三期款於陽曆十二月匯繳，第四期款於十年六月內匯繳。分期繳款數目，俟學校加入數決定後再行支配。從此《方法》可以獲悉，胡先驌為採集，謀劃已久，與美國威爾遜也取得聯繫，徵詢採集路線、野外設備，鑒定標本等，還擬購買威爾遜所採標本之照片。〔註117〕

5月，採集植物標本籌集經費共一萬八千餘元。

有教育界權威人士領銜倡導，且又是有史以來第一次，得到三十二所學校或機構積極響應，其中大學七所，中學二十四所及商務印書館，參與數超出預期；而籌得經費共一萬八千餘元，也超出預期之一倍。具體情況如下：「本科有此次採集標本之動議，復經蔡孑民、郭秉文兩先生之提倡，遂決用北大、北高、瀋陽高師及本校四校名義發起，承河南農業專門學校、漢口民德大學、金陵大學、集美學校、北京女一高師、嶺南大學、廣東高師及上海商務印書館等各出資一千元。中華博物學會、天津南開學校、上海第二師範、山東全省中學師範，計十六校，江西省立八中、福建第一師範、山西省立三中、雲南省立二中、江蘇省立通俗教育館等各出資二百元。合成一萬八千元。」〔註118〕

〔註117〕 中國第二歷史檔案館藏金陵大學檔案，六四九（2142）。胡宗剛著《胡先驌赴浙贛採集植物標本》，2021 年 08 月 16 日。南京大學生命科學學院版。《百年院慶、南京高等師範學校農業專修科之生物系創設原委（四）》COPYRIGHT © NANJING UNIVERSITY ALL RIGHTS RESERVED|蘇 ICP 備 10085945 號 WEBMASTER@NJU.EDU.CN。

〔註118〕 鄒秉文：南京高等師範學校農科八年度報告，《江蘇實業月誌》第 18 期，1920 年。胡宗剛著《胡先驌赴浙贛採集植物標本》，2021 年 08 月 16 日。南京大學生命科學學院版。《百年院慶、南京高等師範學校農業專修科之生物系創設原委（四）》COPYRIGHT © NANJING UNIVERSITY ALL RIGHTS RESERVED|蘇 ICP 備 10085945 號 WEBMASTER@NJU.EDU.CN。

5月，譯《中美木本植物之比較》（上），佘堅特（C. S. Sargent）原著，文章在《科學》雜誌（第5卷第5期，第478～491頁）發表。摘錄如下：

是編為威爾遜氏（Ernest Wilson）所著《中國西部遊記》之緒言。中國與美國緯度、氣候相近，且亞、美二洲在太古冰紀之前，植物界在北冰洋一帶，極為接近，故中國與美國植物之關係，較美國與歐洲，中國與歐洲者尤近。自近年中國西部植物為世界探討以來，證據益確。譯者前既譯威爾遜氏《中國西部植物誌》一篇以饗讀者，尤覺此篇之譯之不可緩。蓋前為一定區域植物之記載，此則總全國以立論，且同時與美國植物相較，讀此可知中國木本植物與世界植物之關係矣。譯者附識。

近年中國植物之採集與探討，可使亞洲東部在緯度22°30′之北之植物與美洲格蘭得河（Rio Grancle）以北之植物，為一植物學上之比較。威爾遜君，於茲採集，功績最大。其對於中國西部之植物之繁富，與中國大多數重要林木之價值與分布，所表示於世者，較任何遊歷家為詳。雖中國尚有多數荒僻之區，為植物學家足跡所未到，植物探討之事業尚不能稱為終了，因而亞洲東部與美洲東部植物之比較不能謂為確定，然亦可略知其梗概也。

中國之森林植物，所包之屬（genera）較北美東部為豐富，然此現象殊不足為奇，蓋麗處之面積雖不相上下，然其地形乃大異。在北美東部，只有少數山峰高至六千尺，此類山峰常常絕頂皆有林木。在中國則山脈較多，山峰每每高出於植物生存界之上。在此種山脈之上，有時森林植物生存界較東美最高之地至少高出二倍。中國西南部大段山脈與喜馬拉耶山相連，及大部分熱帶之地自中國西南部推行向南而無海洋之阻隔二事，可以解釋中國植物多雜有喜馬拉耶山與熱帶植物之故。此則與北美東部植物之所大異者。然同時北美有多種自墨西哥沙漠之植物，如仙人掌科（Cactaceae）龍舌蘭（Agave），玉加樹（Yucca）與Dasylirion及其他各屬，則中國所無者。夫山脈之較大，陸地之較高，與鄰近各地隨物之豐富，固可解釋中國較北美東部植物屬為多之故。然如相去甚遠之屬如械樹屬（Acer），雲杉屬（Picea），櫻桃屬（Prunus），Soibus，十大功勞屬（Berberis）中，中國所有之種較全世界為眾，又如亞洲東部對於山

楂（Crataegus）與唐棣二屬中有多種乃絕無之，則不易解者。〔註119〕

5 月，《新文化之真相》文章在《公正週報》（第 1 卷第 5 期，第 18～24 頁）發表。摘錄如下：

《新文化之真相》文章

　　自《新青年》雜誌以新文化號召以來，一時風靡全國，此極可樂觀之現象也。嘗謂自辛亥改革之後，袁氏專政，暴屬恣睢，一如曩日。一般社會有志之士，曩以為滿清推翻，共和成立之後，我國即可趨於政治之正軌者，至是乃完全失望。於是六七年來，政論學潮，闃然無聞，一方固由於絕對之失望，一方亦由於他種之改革運動，正在醞釀之中也。故胡適之、陳獨秀等輩出，登高一呼，全國遂群起響應之。此無他，鬱之既久，則爆發之力愈大。曩日之純抱

〔註119〕張大為、胡德熙、胡德焜合編《胡先驌文存》（下卷），中正大學校友會出版發行，1996 年 5 月，第 662～685 頁。

悲觀之人，驟聞人詔以樂觀之道，則亦猶迷失於具茨之野，而驟獲指南針焉，有不踊躍而從之者乎？雖然，提倡者之主張嘗為片面的，而從之者不察，遂認為新文化者要如某某所主張，與之同者謂之新文化，與之違者斯非新文化。同時未受歐美教育之老輩，恫於一二偏激之論，遂視新文化為毒蛇猛獸，而不虞之毀，紛至沓來。亦猶光宣之末，老輩之畏東洋留學生為蛇蠍，而不分立憲黨人、革命黨人，皆側目視之也。故以胡陳等提倡白話文學，遂以白話文學為新文化；彼等提倡社會主義，遂謂社會主義為新文化；彼等提倡寫實主義、自然主義，遂謂寫實主義、自然主義為新文化；彼等偶一論及過激主義，遂謂過激主義為新文化。甚有因五四學生運動，遂謂學生運動為新文化者。因陳胡二子偶論及過激主義之沿革，遂謂彼二人為過激黨者，至其極也。至將胡適之之師杜威博士亦畏之如虎，豈非世界上最可笑之事耶？某積極主張新文化運動，而反對白話文學、寫實主義、自然主義、過激主義者也，以國人對於新文化運動有如此眾多不幸之誤解，而此誤解對於新文化之前途大有阻礙，故不憚以新文化之真相為國人告。

　　新文化與舊文化之根本差別約有二端，一為民本主義，俾人人得有均等之機會，以發展其能力，而得安樂之生活；一為進步主義，俾文化日以增進，使人人所得均等之享受日益增進。其餘紛紛之爭點，皆方法之不同，而非捨此二者、另有第三目的也。舊文化則不然，舊文化首不認民本主義之可能，而認治人、治於人兩種階級，為天經地義，故在中國則有君子治人、小人治於人之說。而在希臘亞里士多德乃承認奴隸、貴族為自然之階級。故雖知民為邦本，然必曰天視自我民視、天聽自我民聽，雖以民意為從違，然必託之於天命。對於理民之官吏，則曰視民如傷，如保赤子，道之以禮，齊之以德，雖為之謀福利，然必驅之馳之鞭之策之，而不認其主體。此種為民 for the people 而非由民 by the people 之觀念，雖以孔孟之聖不能或免，蓋亦時勢使然也。其流風所被，雖在曩日立憲國家之德意志，尚有君權稟之上帝之說，而今日之日本，其憲法上尚有天皇神聖不可侵犯之文也。新文化之根本觀念，則以民為主體，以為凡圓顱方趾、戴髮含齒之倫，無論其種族何若、家族何若，自呱呱

墜地之後，即應享受其充分之人權，應得充分之機會，以發展其能力。對於個人之行為，雖有種種之制限，然要以極端之自由平等為歸。盧梭民約論，雖有悖於歷史演進之事實，然其精神實無可訾議也。民約之義一立，則凡種種社會制度，皆可認為人民群居時所公認之契約，有利害之區別，而無是非之可言。故君主政體，雖若有悖於民本主義之精神，然苟人民不欲有傾覆王室、建立民國之紛擾，而此君主制度，復不足為民本主義發達之障礙，則君主可任其存在，如英國之君主立憲是也。又如資本制度，雖為民本主義所疾〔嫉〕視，然苟如法國資本家占全國人民四分之三，則資本制度不可推翻之也。同時若大多數人民以為國家社會主義為可行，即可組織國家社會之政治；以為無強權主義為可行，即可組織無強權主義之政治。一政治之選擇，要以民意為從違，否則雖如俄國之廣義派政治，理想非不高也，然率數千萬絕無教育之勞動者，以控制全國，盡力以虐待資本階級及中產階級，亦不得謂為真正之民本主義。蓋逆多數人民之心理，以強力執行一種理想政治，亦非真正民本主義所許也。

舊文化復以為社會福利之進步為不可能，於是懸想一郅治時代，如儒家之稱堯舜、老子之讚美雞鳴犬吠相聞老死不相往來、莊子之託言無懷氏葛天氏之郅治，皆是也。彼等以為太古之世，民俗未漓，無殺戮傾軋之惡，有安居樂業之福，其甚者竟主張絕聖棄智、掊斗折衡，其次者亦以唐虞為郅治，而商周視之有遜。雖知政治文物以代而有興革，然以為殷周損益，百世可知。蓋雖以周孔之聖，亦不能懸想近日科學昌明、人文進步至於此極也。在歐洲中古時代，神權萬能，各國人士但知敦教義、修身心為貴，而不知以研求科學、戰勝天行為可能。且每以科學真理，嘗有悖於教義，遂深惡痛絕之、摧毀之，不遺餘力焉。新文化則認定文化為進取的，而非靜止的，不但科學、工藝可以日增而不休，即文字、哲學、社會、政治以及人生之根本觀念，亦可繼續而增進。舊文化最重保守，故雖以王荊公之經世偉略，元祐諸君子乃不惜以全力反對之，對於新穎之學理亦然。故雖有地質學，證明地球之生命數千百萬年，而宗教家始終認定上帝創世不過數千年之久。雖地動之說已明，然必視之為邪說，而不惜以酷刑加之學者之身。新文化則以數世紀之經驗證明，每有

視為不可能之學說，終乃成為事實之故，因之無論對於何種學說，皆虛衷以受之，而不貿然斥為不可能。故雖以無強權主義之學說，苟無鼓惑之嫌，亦不干涉之也。

以上二端，為新舊文化根本之異點，此外各種新文化運動，皆以達此二目的者，雖偏激和緩，各有不同，有時若不相容，然只方法有異也。故雖對於新文化派某種主張有異議，亦僅可攻擊其方法，而不能訾及新文化之根本目的焉。故同一民治主義也，有絕對之無強權主義，有國家社會主義，有代議制之共和政體，有廣義派之共產主義之別，其異點在達此民本主義之方法之不同，而其目的則一也。又如同一新文學也，寫實主義與自然主義派，則以宣暴社會之罪惡疾苦為方法；浪漫主義與象徵主義派，則以表示人類優美之情感，與形上之直覺為方法。雖取途有殊，然欲開闢文學未有之境界則一也。又如羅塞爾 Russel 輩之新唯物哲學、伯格森之創化哲學、詹母斯之實用哲學、歐肯之人生哲學，其眼光雖不同，然其探討真理、福利人生之宗旨則一也。此義若明，則可知頑舊之老輩，恫於一二偏激之論，遂一概抹殺新文化者為謬妄，而知夫持一家一派之說，以一概抹煞他人之說者為褊窄，二者皆無所取焉。新文化之二大目的，一為民本主義，一為進步主義，已如上文所陳。其於政治、社會、哲學、文學一切趨向之經歷，亦有可詳言之者，今略述如下：

（一）政治之趨向

新文化中政治趨向，總言之為日趨於真正之民本主義。在歷史上可見者有數大事：最初則為法國之大革命，斯為推倒君權之始；其次為美國南北戰爭，斯為推倒畜奴制之始；歐戰以來，女子在英美各國皆得有選舉權，及女子之得操各種重要職業，斯為男女絕對平等之始；而日本於巴黎和會中所提出之人種平等案，雖未通過，然亦不得不謂非銷〔消〕除種族意見之始也。上舉各種趨於民本主義之改革，雖在各國實行之程度不同，然潮流所趨，已如指掌，將來必有一日全世界皆得享受極端之民本主義政治也。

（二）社會之趨向

新文化中社會之趨向，約經過三期之變遷：最早則為階級社會時期，貴族平民，界限儼然，不但貴族自認其優越之地位為當然，

即平民亦承認貴族地位之優越為當然；其次在十八世紀，為個人主義極端發達之時期，僉知各爭其人權，各求發展其各人之幸福，然初不以他人為念，如尼采之哲學，此時期之思潮，極端之代表也；最近則為群眾運動、人道主義運動之時期，捨謀發展個人之幸福外，且求以發展群眾之幸福，而以人道主義、互助主義相號召。此次歐戰之後，此義日彰，故美之助同盟各國之敗強德，初無絲毫利己之念，而純為人道主義作戰焉。社會中如限制婦稚工作，規定勞工保險制度，減少工作鐘點，注意工廠衛生、勞工組合、生產組合，減輕遺傳性犯罪之刑罰，廢止死刑等事，亦純為今日社會人道主義運動之結果也。此外對於女子之教育問題、職業問題、貞操問題，視為與男子同等，亦近日社會普通之趨向之一端。

（三）哲學之趨向

新文化中哲學之趨向，最顯著是在宗教哲學之復興。綜觀歐洲全部之哲學史，可知希臘之哲學，為智慧之哲學、美術之哲學，以為人類之智慧，足以窮天地之秘，而優美為人生最高尚之目的。至中古基督教盛行之時，則哲學純為宗教思想所包。至古學復興之後，科學之勢力大張，於是又以為科學萬能，而持絕對無神之唯物主義。至於近三十年情形又變，科學萬能之幻夢漸醒，而唯靈論之信仰復著。以發明天演學說之沃力斯，與發明無線電報之羅忌 OliverLodge，乃篤信唯靈論，則他人可想見矣。故詹母斯之實用哲學、伯格森之創化哲學、歐肯之人生哲學、羅艾士 Royce 之宗教哲學，一時蜂起，皆社會否認唯物哲學，而復趨於宗教之所致也。

（四）文學之趨向

新文化中文學之趨勢，與其哲學之趨勢，發達實有相類者，就中尤以戲劇與小說為甚。歐洲文學，自古學復興以來，步趨希臘羅馬，可與歐洲古代哲學相比。至十九世紀之初，浪漫主義崛起，則可與歐洲中古時代之宗教哲學相比。迨小說家如法國佛羅撥 Flaubert、槎拿 Fola、毛柏桑 Maupassant、俄國托爾斯泰、陀思妥夫、司忌戈爾忌 Gorky，戲劇家如瑙威之易卜生、瑞典之士敦堡格 Strinbery、德之豪勃曼 Hauptmann、法之白利歐 Brieu 起，乃用科學之方法，以為社會罪惡寫真，遂開所謂寫實主義與自然主義之文學，

一時遂風靡全歐。此種文學之起源，及其所以受社會歡迎之故，則由於科學與民本主義極端發達之故，而正與哲學上唯物派學說相表裏者也。最近則人已漸厭寫實與自然主義之文學，而新浪漫主義與徵象主義文學代興。如小說家之司蒂芬生 R. L. Stevenson、辛奇魏士 Sienkiewiez、豪威而士 W. D. Howells、吉寧 Jipling、倫敦 Jock London，戲曲家之羅士丹 Rostand、梅特林克 Molterlinck、單南橋 D'Annunzio 及愛爾蘭運動中之依志 W. B. Yeats、格雷哥雷夫人 Lady Gregory、辛忌 J. M. Synge、菲立勃 Stephen Philips 等，其著作皆純以美術理想為重，且時有宗教之色彩焉。又印度大詩人臺峨爾 Tagore 之著作，風靡一時，亦現代社會趨重美術、哲學、宗教、文學之證也。

總而論之，新文化之精神，在民本主義與進步主義二者，政治、社會、哲學、文學皆以此二者為指〔旨〕歸。哲學、文學每為文化之先鋒，故在民本主義未大張之時，則唯物派哲學與寫實派文學起而盡鼓吹之力，以求除去社會上各種之專制，而達真正之自由、平等。迨政治、社會已趨向於民本主義之後，哲學、文學乃又前進，而以人生哲學、實用哲學、徵象主義文學以餉世人焉。吾人知新文化為進步的、為平等的，則不應有出主入奴之見，捨頑舊之保守派外，對於相對之學說，如唯物哲學、實用哲學、寫實文學、新浪漫文學等，皆不應互相嫉視而爭無謂之正統也。〔註120〕

6月，譯《中美木本植物之比較》（下），余堅特（C. S. Sargent）原著，文章在《科學》雜誌（第5卷第6期，第623～638頁）發表。摘錄如下：

在亞洲大陸東部無瀕海大松林帶可比於美國之自南勿吉尼亞（Virginia）至東特薩斯（Texas）之松林帶。此為北美植物界之一特徵。而白松（Pinus strobes L.）之大森林，昔日自北瓤英倫與東坎拿大推廣至北岷立梭達（Minnesota）者，在亞洲東北部只有散佈於東西比利亞與朝鮮有限之面積之海松（P. koraicnsis, S. et Z.）勉強可代之。其黑櫟類（Black oaks）之以光澤之葉與二年生之果實顯，在美洲東北部全境，除極北之處外，最為普通者，亞洲乃全無之。而在

〔註120〕《南京大學學衡研究院》學術信息，發布時間：2022年01月23日，回眸百年學衡（4）：胡先驌《新文化之真相》，版權信息：Copyright©南京大學學衡研究院。地址：南京市仙林大道163號南京大學聖達樓4樓。

中國分布最廣用途最大之森林植物如竹類者，在北美僅有兩種不重要之蘆竹（Arundinaria），生於南部諸州之沼澤與河岸中。

大約言之，相類之喬木，則美洲所產較中國所產為大而價值亦高，但中國之灌木較美洲所產花更美麗，惟二者懼有例外之處耳。試將兩區域主要之林木詳細比較之，亦可發現其相同相異之點也。

……〔註121〕

6月，南京高等師範專科學校農科第一屆（班）招生29名，24名學生畢業，如有中國農業科學院原院長，學部委員金善寶，鳥類專家壽振黃等。

夏，胡先驌與童金耀赴浙江採集植物標本。

當籌備就緒，傳來西南地區土匪猖獗，治安不靖，胡先驌再與威爾遜通函，獲悉「浙贛湘粵閩黔等省之植物，歐美植物學家未嘗採集，而浙贛距寧伊邇，尤易舉事，乃決定在未赴川滇之前，先往浙贛。」於是在1920年夏，胡先驌與助教童金耀一同啟程赴浙江採集。童金耀係上一年南高農科畢業留校，浙江蕭山人，隨胡先驌採集之後，不知何故，往嘉興秀州中學任生物學教員，未能在植物學研究領域肆力。〔註122〕

7月～10月，胡先驌為期三個月，在浙江的台州經溫、處、衢、嚴、杭、湖等六府等地進行一次大規模採集標本，調查植物資源的活動。聯合採集植物標本得到北京大學、北京高等師範學校、瀋陽高等師範學校的同意後，很快便得到國內七所大學和專科學校、二十四所中學的贊同，商務印書館也予以資助，不到一個月的時間，便籌得經費一萬五千餘元。「秋間開始在浙江採集，曾在天台、雁蕩、松陽、龍泉、小九華山、仙霞嶺，經過遂昌、開化、建德、遂安、而至東西天目山，采得大量植物臘葉標本。」浙江所採標本經後人研究，胡先驌發表了13個新種。〔註123〕

〔註121〕張大為、胡德熙、胡德焜合編《胡先驌文存》（下卷），中正大學校友會出版發行，1996年5月，第662～685頁。

〔註122〕胡宗剛著《胡先驌赴浙贛採集植物標本》，2021年08月16日。南京大學生命科學學院版。《百年院慶·南京高等師範學校農業專修科之生物系創設原委（四）》COPYRIGHT © NANJING UNIVERSITY ALL RIGHTS RESERVED|蘇ICP備10085945號 WEBMASTER@NJU.EDU.CN。

〔註123〕胡先驌著《植物分類學簡編》，高等教育出版社1955年3月版。

7月31日～10月31日，胡先驌在浙江植物採集時，記載日記：

7月31日，乃登海舶赴海門。

7月31日，午後登永利海舶。舟中晤見毛君芷沅，北京大學預科舊同學也。現任台州第六中學校校長。邂逅之遇，其樂可知。毛君江山人，曾任處州慶元縣知事，故對於溫臺處衢一帶情形極悉。無意中得此南針，大足為予遊屐之助焉。

8月1日，晨八鐘，抵定海。此次海程皆沿岸而行，水平不波，無異行江湖中。島嶼環列，風景如畫，島上草萊頗闢，惟不作梯田狀，詢知所種植者皆番薯也。島中無田，不可藝黍稷，咸賴此物以存活。起程時遺一箱在滬，固命杜僕返取。九鐘，自定海起碇。下午四鐘，抵石浦。稍停即開，晚抵海門，連日酷熱不可耐。

8月2日，晨八鐘，登內河小輪升昌號溯椒江而上。十一鐘，抵臨海，寓第六中學校。校舍即昔日之三臺書院，依山而建，委宛曲折，臨海全城，宛在眼底，風景殊勝。傍晚，偕毛芷沅登八仙巖，巖上有一八仙廟，為羽士棲息所，城中一名勝地也。

8月3日，晨八鐘，毛君偕往臨邑城內之東湖，湖上有閣，現為陸軍營部駐在地。湖心有二亭，其大者名曰：「飛丹閣」。石橋屈曲，野芰滿湖，別饒風致。此湖與三臺、赤城兩書院皆清中葉府尹劉璈所建。劉尹政績極佳，邑人至今稱述之。是日，目中所見植物為樟、楝、三角楓、楮、柳、棕櫚、無患子、油桐、朴樹、烏桕、馬鞭草、益母草、木防己、酸漿、野薄荷、五斂母、枸杞、豨薟。晚間，雇定夫役，結束行裝，以為夜半首途天台之備。

8月4日，午夜三鐘半起程，乘籃輿以為天台之行。時月色未闌，夜涼砭骨，幾忘其為盛夏也。一路山水環疊，林箐薈鬱，夾道而立者，多為凌霄古柏，高枝拂雲，密陰蔽月，極為可愛。江南僅有側柏，至真正之柏樹，則以此處為初見。此外平常之馬尾松亦極夥。杉、榁杉楓、樟亦間有之，烏桕檁木亦偶一見。途次越嶺數重，日中酷熱殊不可耐，憩息道旁者久之。飯店污穢特甚，乃購雞卵果腹。午後過一橋甚宏偉。五鐘，抵天台縣。五鐘半，抵山腳國清寺。寺頗修廣，僧眾百餘人，知客僧某頗炎涼，見吾輩簡樸，遂館以客室，竟夕為壁虱所擾。此日，所見植物另有玄參，櫪木防己木防己，

千金藤、葎草，花椒，貓兒屎及一種蕨類植物名，其精子體即在孢子葉上萌發，殊為奇異。是日，行百十里。

8月5日，晨，在寺外攝影數幀，寺前有七燈塔、寺右一高塔。寺之鄰近，林莽極蔥茜，頗不忍驟去。既而往探赤城山，山距國清僅七八里，殊不高大，然砂崖層疊如砌、赭赤如火，赤城之名，洵不誣也。上有三洞，最下者為紫雲洞、中為棲霞洞、上為玉京洞，洞敞露於外。日光照赤壁上，乾嘆若火，一無幽趣，故未登上洞輒返。途次採得青木香。一路田中植煙葉美棉甚多，回至國清寺午餐。一時半，起程登金堤嶺，磴路頗艱峻，至半山乃折而下嶺。四鐘半，抵高明寺。則竹木幽深，已入深谷中矣。寺居谷底，背蟑面溪，風物秀靚。旁晚，寺僧導觀摩崖佛字，為清末石樑比丘興慈書，大四丈許。入圓通洞始可見其四分三之正面，乃躋攀至洞頂，為攝一影。圓通洞居一峭壁之上，大可容兩室，一僧居之。狀極閑暇，案頭方披誦華嚴，淨業甚可羨也。是日，所見植物有野牡丹花大徑寸、五瓣、嫣紅若薔薇，極為美麗。果黑色味甘而微苦可食，又有一種百合廬山亦有之，又有粗榧亦山下所未見者。是日，行十五里。

8月6日，晨，偕小沙彌一人往探螺溪石筍之奇。由山谷中急轉直下，路極艱險，越澗兩次，衣履皆濕，久之始至石壁之巔。俯視乃見一岩筍矗立溪中，山半澗水下注為瀑布，勢極壯闊，春撞其下，作千軍萬馬聲，洵奇觀也。鄒君意欲從源頭覓徑而下竟不可得，久之披榛拂棘，始別得一徑，乃循之而至岩筍之底。褚鄒二人皆鼓勇援草棘而上，踞坐山半，頗自鳴其雄武也。已而返寺，則午日酷烈不可耐。循仄徑上，一步三喘，幾若梯天矣。飯後解衣就浴於溪頭，亢爽乃無藝。寺內有智者大師衣缽，並聞衣為隋煬帝所賜。又有貝葉經，為楞嚴經序，以楠木盒乘之。上書七種灌頂白蓮王造真諦修習儀破六教等文，洵珍物也。是日所見植物除不識者外，有野榆、鼠李、木槿、野牡丹、金櫻子、兔兒傘、黃楝樹（楷木）、前胡、夏枯草、鹽膚木、雲實、化香樹、芫花、山楂、土茯苓、檜樹、杉樹等。未見榀杉。

8月7日，晨五鐘半起程，上嶺行不數里入竹徑，既而至真覺寺。寺大殿內有智者大師藏身塔，金碧絢爛，極為壯觀。殿左復有

彩繪真像一幀，未審肖否，寺頗小，山門內有娑羅樹兩株。惜花期已過，但見果實耳。後聞寺中有唐梁肅碑誌，惜未得見。此處山高一千九百尺，再上則為大安峰，高二千二百尺。遠見一松林頗茂密，為攝一影。已而至龍王堂，為台山最中處，距華頂方廣萬年各十五里，高僅一千一百尺。再進則華頂隱隱在望，山極宏敞。林木甚稀，百合有二種。後者白地紅斑捲曲如卷冊，大約四寸許，尤為美麗，剪夏羅亦多。至午始抵藥師庵，庵距善興寺僅數十丈，屋宇較為整潔。飯後製標本。傍晚始至善興寺一觀，並往附近一帶採集。得植物數種，影攝數幀，寺前榀杉頗多。其一高七十五英尺，其一圍十四英尺半，其一圍十二英尺，然仍遠遜廬山二杉之高大也。此處高二千八百尺，所見植物除上述者外。有黃檀、沙朴、蕺菜、半邊蓮、前胡、羊乳等。是日，行三十里。

8月8日，晨，上智者大師講經臺，是為華頂最高處，高約三千六百五十尺。足底群山奔赴，雲海變滅，海天一抹，微微可見，同人合攝一影而去。一路見娑羅樹甚多，高十尺許，聞花大寸餘，純白如雪。三月盛開，但生高寒處，不能移植山下也。山頂赤松甚夥，馬尾松乃不一見，道旁復見山櫻一樹，又有一種山楂，亦華頂獨有之種也。下山即趨方廣，李太白讀書堂以無暇遂未往觀，華頂距方廣十五里。磴路彎環，皆向下趨，一路林木頗少。至方廣附近林箐始密，苦櫧楓櫟，高皆參天，上方廣風景之幽尤寡儔四，不半里抵中方廣。寺依岩建樓，後挹石樑之源，為兩溪合流處，瀑水上騰若龍尾，已稱奇觀。寺前則石樑在望，長約數丈，寬僅尺餘，厚四五尺、下墜巨瀑如巨練，舂撞之聲耳為之瞶。盥濯已乃品佳茗，飫蕨粉，憑欄以觀瀑，幾自疑洞府中人也。臺洲縣立中學校長金君鑰輔生與袁生謙之父袁君恭壽琴友皆於此處晤及，談宴頗洽，約過縣時相訪，此間多種白術。置每石十二元。山僧以之淪茗，味亦殊旨。然僧家風味要推蜜餞野金橘為第一。橘大僅如豆鮮，赤如火齊，以糖漬之，色香味三者皆絕，殊在粵東黃皮之上也。據寺僧云，此物產溫嶺而製於黃岩，他日當乞王季梁兄為之代購也。傍晚至石樑下游攝一影，下方廣亦在指顧間，一路採得苔蘚植物頗夥。

8月9日，晨六鐘，覓一導者，往探斷橋龍游銅壺滴漏水珠簾

諸勝。行三里，至杉樹嶺，高出海面二千一百五十尺，山徑極峭仄，荊榛塞道，至銅壺左側，有一溪，水流潵洞有聲，蓋中空者也。下草逕數十曲，乃見銅壺之奇，蓋瀑流所經，山鑿為甕。上則飛泉如掛練，下則澄潭如潑藍。於是者上下三疊，銅壺之名，可謂神似。其尾間下瀉是為水珠簾，簾之上游，瀑水激石上騰如龍尾。其右則昔日瀑流所經，切磨成槽，是名龍游界。錢鄒二君意欲立槽口俯瞰珠簾騰攫之勢，幾至失足，可謂危矣。已而趨至珠簾之底，則見拋珠噴雪，頃刻萬態，殊不愧珠簾之名。水亦較石樑瀑布為大，乃以道路艱險遊屐罕至之故，致聞天台之名者。但知石樑，而不知珠簾，亦有幸有不幸矣。歸途披草棘，久之始覓得斷橋，蓋溪上一岩石，橫列半段，如橋之已圮者，亦一奇也。此行直宿露未晞。草樹蒙密，衣履盡濕。飯後赴萬年，道中過一小瀑是為小銅壺，行十五里，抵萬年寺。寺極宏敞，然大半頹廢，重興之非數萬金不辦。考寺頹廢之由，則先時寺本台山一大叢林。僧侶極眾，寺產極富，嗣以主僧有犯教規。邑令某乃奪寺產之太半，以興一文明書院，今乃撥歸中學。因之寺中香火亦漸替，至今則徐霞客所謂藏經閣及南北藏者。已不復可睹，惟大廳尚懸有王夢樓令法常住一扁額而已。寺前榿杉甚多，大者三人圍，皆百年物也。

8 月 10 日，晨六鐘半起程，赴桐柏宮，相距亦十五里，過羅漢嶺高二千七百尺。居民多種鳳仙花，劚其梗長寸許，醃之令腐，以為菹，如杭人之嗜莧菜梗然。已而過公界嶺，高二千四百五十尺。自是磴道峻下，行極顛頓。時酷日中天，彌覺疲苶。十一時抵桐柏宮，地高出海面一千四百尺，遙望華頂已在雲端矣。下午三鐘偕一道者往觀蠟燭峰，嶺高一千七百八十尺。時午日尚高，兼之山皆砂岩，林木稀薄，酷熱倍甚，乃鵠立岩壁下取陰。所謂蠟燭峰者，一蠱立頑石耳。惟左方之鷹嘴峰，其狀殊肖，已而間道下至龍潭，大石嵯峨，水流湍急。錢鄒諸君皆扶攜而往潭口，觀瀑水之下墜，予病不能從也。已而暴雨，憩石洞下片晌還，歸途遠睹瓊臺，道極險嶮，殊無佳致，然瓊臺夜月，天台勝景之一。或箕踞其上，縱目所之，千里一白為勝耶。至雙闕千丈崖者，則景殊佳。傍晚返觀，觀為羽士所居。有一殿供伯夷叔齊石像，觀產極薄，不足供羽士衣食，

每年香客亦寡,故尤貧乏。所具素蔬亦極劣,幾難下箸,聞前數日,彼等尚以燭油烹調云。反而觀僧寺,則徒侶動逾百人。一上客至,食前方丈,咄嗟立辦,一山之間,榮枯異趣若此,殊可歎也!

8月11日,晨六時起程,九時半抵天台縣。天台之遊,於焉告終,遊屐所未至之處,厥惟寒明兩岩。然聞路途極遠,加之僧寺湫隘,慮難駐足,故輟遊念。入縣駐於縣立中學校,校長金君與袁君琴友,極盡地主誼,可感也。連日行酷日中,伏暑甚深,晚覺體熱,未進晚膳。

8月12日,晨七時,乘舟返臨海。臨海至天台,水陸皆可達。惟水途遵山溪而行,水漲落極速,苟逢水淺,則上水每每數日始達,故多遵陸。下水則較便,今日則適逢山中大雨水發,故行駛倍速,途中遇小雨。五時半到縣,仍駐第六中學校。

8月13日,在校處理標本,收拾行李。晚十二鐘,大雷雨,為平生所稀見,標本多為水所毀。

8月14日,晨八鐘,趁小火輪至海門,寓浙江旅館。定於翌日由溫嶺入雁宕。午後暑雨綿蕘,竟日不止,海門為台州第一巨鎮。為寧波溫州廈門福州諸大埠之中站,故商業極盛。屋宇亦整潔,臨海雖為昔日府城,然繁盛遠不及也。惟上月十九日,遭海嘯之災,損失極大,沿海碼頭旅館居室,蕩析無餘。小火輪且有吹上岸者,死傷千餘人,誠未有之奇災也。

8月15口,晨四鐘半,別錢鄒二君,登小輪赴大溪,覆命杜僕先往永嘉,船極窄隘,捲曲竟日。午後復大雨綿蕘不止,五鐘半始抵溫嶺縣之大溪鎮,假宿一客店中。湫隘無似,然鎮中皆瓦屋,頗完整。適逢一人家行娶,鼓樂聲人聲爆竹聲,一時極囂雜之至。晚間諸賓復聚而謳歌,嗚嗚之音,殊可哂也。是日,水程共行九十里。

8月16日,晨六鐘起程,乘肩輿行三十里,至大荊驛,為時尚只十鐘也。少憩復行五里,抵章義樓,則石佛岩已宛然在望。岩為一峭壁,上累一絕大圓石,是為佛頭,蓋雁山之奇,已初見其端矣。左曲不里許,循新闢大道入山,是為坦蕩岩。對方已見絕嶂壁立,有如重城,其上碎石層累,則不啻半坯之女牆也。溪旁有六角形巨石,平置如果盒,是名果盒岩,過橋右轉,即見山半岩穴中。樓閣

隱現，詢之役夫，始知為觀音洞，吾人今日憩息之所也。洞為一巨巖之裂罅，樓閣即建其中，共有九層。石磴層累而上者共三百七十七級，最高一層。為大雄殿，殿前巖頂有一小孔，泉溜下墜如縷，是為漱玉泉。仰窺洞口，天光一線，是名一線天，復有飛泉一縷，竟日奔墜，琤琮有聲，是為珠簾水，洞中煮茗炊飯，皆仰給於此。洞中稍憩已，乃偕寺僧往北斗洞，高不及觀音洞，而宏敞過之。危樓三重，較觀音洞之殿閣更為雄傑也。出洞左趨，半山更有一洞，是為將軍洞，狹隘不可居人。巖隙深處，隱隱有人。披甲執銳而立，此本洞所以得名也。溪北則靈峰洞遺跡猶綽約可辨，洞已崩塌久矣。靈峰之東，山頂危石翹峙，是名金雞獨立，其狀頗奇。為攝一影去，晚宿洞中，寒可砭骨。

8月17日，晨七鐘，偕寺僧往靈巖，行不半里，即見老僧巖。頭冠毗盧，身被袈裟，傴僂若拱揖，誠惟妙惟肖也。再進有卓刀峰，袱頭巖，共行五里，至淨名寺。屋宇甚整潔，然鐘梵寂然，佛像黯淡，蓋無住持僧久矣。先是本寺有僧百餘人，香火甚盛，土豪某乃向之勒索千五百金，僧侶乃一夕盡徙。土豪遂據寺以為林牧公司之業。寺後有方竹烏竹各一叢，然皆細瘦，不可作杖，再行五里至靈巖寺。亦無住持僧，寺後即屏霞障，上有龍鼻泉，寺左有天柱峰，峭壁屹立四百尺，上有擘窠字四曰壁立千仞。頗聞西人來遊者嘗啖採石斛者以金，使之以繩束腰自峰頂下縋至地以為笑樂，此輩可謂要錢不怕死矣。一笑，天柱峰之旁。雙峰並峙，是名雙鸞峰。峰旁一小瀑，即小靈湫也。途次復有僧拜石，眉目宛然，為狀極肖。有響巖敲之聲如木魚，遊畢仍返觀音洞，測得洞口高出海面三百十五尺，洞頂高五百十尺，由洞腳至巖頂高二百五十尺。午後一觀南碧霄洞，在觀音洞右半山間，殊為狹小，聞長春洞相去尚十里，路峻體乏，遂未往觀。

8月18日，晨六鐘起程，過馬鞍嶺，高一千一百尺。十一鐘抵能仁寺，寺較淨名尤為頹廢。先是宣統元年，僧順元以爭產故，謀殺他僧，致將廟產充公，後又撥歸林牧公司，遂永無重新之望，而日以荒廢矣。候至十二時，公司司事某未歸，乃自炊而食。午後四時乃偕一老者往探大龍湫，路過小龍湫寺，亦頹廢。再進則巒嶂益

奇，其兀立列嶂中，岩石春裂者名翦刀峰，側視稍闊，乃名一帆峰。雁山一勝數名皆此之類也。再進西折乃見大龍湫，其瀑細瘦而空懸。上如匹練，下若散珠，一潭淵渟其下。澄碧可染，中有翠被石，錢蒲叢生其上，尤為秀絕，天台石樑瀑遠遜其奇焉。薄暮返能仁寺，寺旁有一大鐵鑊，徑三尺餘，宋時物也。不知何年棄之戶外，今已破裂，半陷入土中矣。

8月19日，晨五鐘，起程別雁山，往樂清。雁湖以相距過遠未往，初程過四十九盤嶺，高一千一百尺，磴道極其曲折，然究否有四十九盤，則未之數也。至山底則僅高三百九十尺矣。行三十里過窯嶴嶺，高九百尺。十一鐘抵虹橋。午後二時，買舟行。六時半抵樂清縣。飯後入城一遊，城極湫隘，時有小雨，乃返舟。八鐘復開碇。三時半抵官渡。五時起岸，樂清一帶，山巒重疊中，雁蕩在焉，然風景不著，故未往探。此行採得植物頗少，惟金銀蓮花與數種狸藻與水龍為特異耳。

8月20日，晨九時，自官渡趁渡船渡甌江。十一時半抵永嘉。邑城頗壯麗，寓浙東旅館，時有微雨。午後往晤第十中學校長朱君章寶號隱青，談赴金處一帶情形頗悉。四鐘赴浴堂就浴，積垢盡除，通體舒泰矣。

溫嶺以南鄉民喜戴細竹笠，有極精者。永嘉水果極稀，有木梨數種，味極粗劣。另有一種較大者，則來自處州松陽，品質較佳，此外花紅海棠尚多。

8月21日，晨八鐘，趁內河小輪赴瑞安縣，距永嘉七十里。十一時抵縣，河邊見有兩種榕樹。一為大葉榕，葉與果頗大，氣根甚多而大，糾纏枝幹，狀若瘻結，高五六十尺，頂之直徑且過之。其一為小葉榕，氣根較少而細，枝幹尤為婆娑，高七八十尺，頂之直徑，乃在百尺之外焉。幹上咸生有崖姜，為一種蕨類植物。土名猴生薑，學名為 Drymaria fortunc, J. Sm.附生榕樹上。其葉有兩種。一種長形者，為蕨類通常之葉。一種近圓形者，附肉質塊莖而生。其作用為叢集根部如囊，以為收集腐植質之用。此兩種榕樹皆生河邊，高山或距水較遠處皆不生，其最北之界為樂清縣。廿餘年前溫州大寒，榕樹盡凍死，今日所見，皆根下重萌者，然已參天覆水。其生

長之速率,殊可驚也。甌人信鬼,每一榕樹下,皆有一神社。燭淚縱橫,香爐狼籍,頗為可笑。抵縣館於縣立小學校。瑞安城內街道極整潔,居民亦多殷實,非農即士。且有經學大師如孫仲容(詒讓)者,永嘉學派之遺風,可謂至於清末猶未替焉。晚宴於曾君巍夫家,肴核太半為海味,如鯽蝲龜腳之倫,類皆平生所未見,然價殊不昂,蓋物惟以稀為貴。瑞安瀕海,自無怪其富於魚蟹也。

8月22日,晨五鐘,趁輪船渡飛雲江,再乘小舟行三十里,抵平陽縣。平陽街道亦修整,然非瑞安之比,行五里至浦南午餐。午後行廿里至烏石渡,鎮頗大,幾與縣埒。晚九鐘,趁舟行七十里抵水頭街,新橋頭。

8月23日,晨五鐘登岸,先命杜僕乘竹筏載行李往仙姑洞,吾等乃步行。十鐘抵洞,是為南雁蕩,此間共有二洞。一為東洞,上有會文書院,建於懸崖之上,風景極佳,內有棣萼世輝樓,屋宇精潔。有士子數人僦居習文,亦空谷足音也。東洞之頂,石筍矗立,是為石華表。其旁尚有聽詩叟淨瓶岩諸勝,洞下溪水瑩碧,是為照膽潭,中一巨石,是為釣磯。渡澗歷磴半里許是為西洞,即仙姑洞也。相傳宋崇寧中平陽縣崇政鄉鬧村,朱氏女子年十餘歲,遁居於此。辟穀二十年,晚能盲人禍福,終脫跡不知所在。後人遂名西洞為仙姑洞,香火甚盛,閩人多跋涉數百里來此禱祀,南雁蕩之名反為仙姑洞所掩。洞頗宏敞,上下建樓三層,名曰:「闓韻樓」。洞左復有小洞,中有石寶,透露天光名日月牖,所見植物有一種野牡丹,花瓣小蕊皆四出,餘為馬尾松。烏柏杉、榲杉、金櫻子、楓楊、半邊蓮、面頭果頹桐、老鴉蒜、兩種小金絲桃、土茯苓、綠竹、貓竹、岩珠等,兩雁蕩皆未見百合,亦一異事也。

8月24日,早膳畢往洞外採集得石松卷柏甚夥。十一鐘回洞,平陽林君剛自家來晤。林君肄業金陵大學林科,極喜研究植物,聞予至此,特來偕往南雁山內部採集。午後三鐘偕林君登雲關,關在仙姑洞之左數十步,巨石嵌空,石樑高互,洞如城闕,下瞰數十丈,目眩欲墜,真奇勝也。至半山採得野柿、水冬瓜、桃榲、小葉甘櫧與綠竹,竹葉甚闊如箬,矮而壯,莖色深綠,節間籜甚長。夏季抽筍,甘脆在貓頭筍之上也。

8月25日，晨七時，偕嚮導往探石屏風與梅雨瀑之勝，石屏風在澗西，距西洞約半里許，為嶢絕之石板矗立而成。其下部洞闢如牖戶，緔透多姿，太湖山石不能比也。梅雨潭亦在澗西，惟須先往澗東再渡澗而上嶺，時夜雨溪漲，跣涉而過，渡澗行約半里，即至杜鵑林，惜花時已過。想三春時山鵑盛開，紅紫滿眼，必大有可觀也。拾級而上數十步即見梅雨瀑，較天台石樑瀑為小，較北雁宕小龍湫為大。雖非巨觀，亦自有致，為攝一影乃遄返。至東洞會文書院小憩，茶罷返西洞。午後二時乘竹筏往順溪，逆流而上，行奔湍亂石間，濤頭洶湧，極平生未有之奇歷。惟往往斜流驟至，衣履輒濕耳，南雁居民多閩產，鮮有能作平陽語者，所戴竹笠。有一高頂如塔，為狀頗怪。行二十里，天色漸晚，乃捨筏步行。七時抵陳紳筱文家，陳紳名承紱，為順溪首富，極熱心公益。首創陶廠，曾躬往景德鎮考求改良瓷業之法，順溪所出瓷土，質在景德土上。惜地方貧瘠，難於糾合鉅資，創立細品瓷廠。故仍只能作粗瓷而已，然已為數百十家衣食所利賴，陳紳之功匪淺矣。其居室甚廣而精美，性愛文學與書翰，珍藏海內名宿手跡甚多，近方乞得鄭蘇庵為書棣萼世輝樓一橫額。筆摹北魏，拙樸古雅，迥異昔日之作。永嘉耆儒孫衣言孫鏘鳴皆與陳君善，其手跡陳君收藏尤多，南雁全境皆由陳君主持，管領名山，清福自不淺也。順溪距海面約二百尺。

8月26日，晨八鐘，覓一採藥者為導，往探玉簾瀑之勝。是日適為其地社神之誕日，居民皆磨米粉作粗糧，高二三尺，上銳下寬，成正三角立錐形，與牲牢羅列神前，羽士數輩，伏地喃喃，為酬獻者唱名。殿內香煙繚繞，男婦麋集，頗為奇觀，少駐即去。沿溪涉澗，跣涉極苦，屢跣行水中，已而循藤道而上，磴路極峻。至高八百九十尺處，則見叢棘亂岩中，一水簾從空而下，勢較北雁之龍湫為闊，瀑作三疊。半山只能見其二，其奔騰下濺為潭之疊則不能見也。其潭名為龍潭，惜以道路艱險，天氣炎熱，遂未盡窮其勝。遍山皆植榀杉與貓竹，惜杉大至拱把，即被芟伐，不能遂其拔地參天之勢耳。市價小者每株價一二角，大者價一二元，其他植物殊少，惟豬苓頗多，居民頗有用之為染料者。山中又有一種竹，名為四季青，美箭也。溪中產香魚，大者長七八寸，至八月中旬，則有香味，

極為珍異，價頗昂，大者銀洋一角，僅購兩尾。途中遇畲婦甚眾，首戴高笠。身被藍布斜領短褂，長幾及膝，領緣花繡甚美，褲頗短，足著草屢肩負巨木。健男子不過也。畲民實瑤族之一支，徙自閩粵，多藍雷二姓，多以墾山為業。性懦，漢人每欺之，羞與為婚，然亦有小康者，泰順縣尤眾。

時已近午。熱不可耐，行叢林中，路峻而植物少，乃下山。越澗行不數里，漸上過渡颺橋即立涼洞，洞夏涼冬暖，故有燠館涼臺之號。再上至鐵板嶂下之雲祥寺，為元至正年建，久廢而陳紳重修者，作爨已。至附近採集植物，採得大葉甘樗、猴歡喜、紅豆杉、缺月藤等。居民種厚朴、巴豆。巴豆乃用以毒魚者。其他多為常綠灌木。傍晚始返，此間出一種竹豚，英文名為 Bamboo rat，較兔小鼠大，毛作灰色，目小畏光，上下齶各有二長門齒，嗜食竹根。冬日深居穴中，夏日掘穴較淺，居民以水灌之則出，乃捕取之。其裘冬可為衣，至夏則體肥碩，味極美。主人購一以饗客，誠殊鄉美味也。

8 月 27 日，晨，託陳少文先生覓一畲客，欲細詢其風俗，乃知順溪之畲民與漢族同化已久。除已知者外，別無所得。

8 月 28 日，晨候，畲婦攝影不至。八鐘半起程行二十里至南岡，嶺高出海面一千尺，連路竹林極密，樗杉亦眾，至高八九百尺處則樗杉漸少而杉多。十二鐘抵施君銳家午膳，下午童君往畲客家攝影，得畲婦畲翁影各一。吾輩則在外採集，採得臭牡丹、虎頭蕉數種植物。臭牡丹花色淡紅，花序總狀，頗為美觀，但有惡臭。虎頭蕉貼地生，竹林陰處盛產之，葉紫色極美，尚未著花，聞能已風疾，未知信否，土人視為珍品，價頗昂貴。午後大雨，雨霽後雲氣彌漫，夕陽映之，幻作奇彩，山嵐層疊，忽隱忽現，若無定形。嘗讀阮集之詠懷堂詩有「山川若始生」之句，至是益深歎其能狀雨後之山也。晚間甚涼，一榻酣眠，不知東方之既白。

8 月 29 日，晨六鐘，別施君，往南湖。緣山坡逶迤而上，高至千四百餘尺，道過閙村。採得猴歡喜之花及兩巨藤。前者長六七十英尺，直徑二寸許，果莢長尺半。後者長五六十尺，徑三寸許。周身有刺，未著花果，皆攀緣高樹之頂，極為偉觀。行二十里過一畲

客村，意欲假乞茶為名，一察其室內狀況，竟拒不納，乃復行。道中遇畬婦偕少女牧牛，為攝一影。此嶺最高處為九百餘尺，下嶺即至林君武家。道中採得鯽魚膽青棉花藤等植物，蕨類等。而尤以螺厴草為奇特。此種蕨生石上，葉橢圓形，肉質，純碧如翠玉，未生孢子時幾不疑其為蕨類也。飯後同林君武至近地採集，見一高百廿尺大楓樹，上生蘭科植物一大叢，乃覓一人攀緣上樹採之下，則也。時花期已過，但有果實，聞花色淡紅，頗為美觀，乃攜之返，行將植之校園中。又採得鴨掌樹，含笑花等樹。鴨掌樹為常綠喬木，高約四十英尺，徑約一尺，葉片八，各各分離，驟視之頗似天師栗。木材中空，不中匠懼斲之用，含笑花高僅十五英尺，徑一寸。生樹陰中，花期已過，但有果實。為胡桃科一小樹，高約十尺，稀見之植物也。南湖順溪一帶產竹甚多，有綠竹者葉甚大，莖純綠夏間抽筍，味極甘美，吾鄉貓頭筍遠不及也。又有苦竹高五六十尺，徑三寸，材極佳，然筍味苦不可食。

8月30日，晨七鐘，偕林君武至左近山林中採集得植物甚多。有土黃連、檔、柯樹、狗骨仔、細葉水冬瓜等植物。下午整理標本。晚八鐘往南湖趁船，遇暴雨。須臾雨霽月出，兀坐橋頭候潮。十二鐘始登舟。三鐘半抵錢倉。五鐘登岸。

8月31日，晨六鐘，起程行三十五里至平陽，略進食。復行三十五里至瑞安。晚，至瑞安知行學社所設平民義務夜校演說。

9月1日，晨六鐘童君金耀起程返嘉興。八鐘偕曾君巍夫採取大葉榕標本。見一樹高五十英尺，圍十八英尺半，氣根虯結如壯士之臂，甚奇。午後整理標本。

9月2日，是日，仍在寓整理標本收拾行裝。

9月3日，晨八鐘，乘輪舟赴永嘉。大雨如注，兩岸見甌柑甘蔗甚多。近來永嘉所產之柑，遠遜瑞安所產，故瑞安此業倍形發達也。午十二鐘至永嘉。下午赴中學校晤見伍煥文朱隱青二君，復偕朱君往師範學校晤楊文洵君效蘇，談往處衢事甚悉，楊君並允作介紹函。晚伍君請宴。竟日大雨，入夜尤甚。

9月4日，十一時偕朱君隱青往晤永嘉縣知事請彼派警並作一公函致麗水縣知事。十二鐘朱君請宴。竟日暴雨。午後株守寓中。

9月5日，是日，暴雨仍不稍止，水已泛濫滿街矣。

9月6日，是日，仍坐雨。寓中水深五寸，乃遷居樓上。

9月7日，是日，上午仍大雨。午後雨始小止。晚間星出，乃見晴意。

9月8日，雨霽，晨至中學朱伍二君處小坐。囑代雇往處州船，旋出外購物。林君武自平陽來，坐談良久，晚伍君來坐談至九鐘。

9月9日，晨在寓檢拾什物。晚間朱、伍兩君來話別。言及此次大水為五十年來所未有，咸豐初年之洪水猶不及此。樂清縣城中水高逾丈，平陽瑞安入望稻田皆成澤國。水陸莫辨，輪舟若行大海中。拖船有傾覆者，處州一帶亦如之。河港下流，往往發現流屍可慘也。已而登舟，街中積水尚未退盡，跋涉而過，狼狽可笑。

9月10日，六鐘起碇，小雨霏霏雲山如畫，江流極壯，江心一嶼孤峙，即謝公習登之孤嶼也。聞風景殊勝，乃為雨阻多日。竟未往遊，殊為可惜。江流迅速，舟上駛頗緩，一路見農田半沒水中。飄蓬斷梗，時掛枝上，水勢之巨可見矣。嚴處二州曩日森林甚盛，近年木價翔貴，砍伐漸多，且以民食艱窘。多有開闢畬田者，水災自是常見，良田且時沖積為沙灘矣，盡日所見皆童山也。晚至距青田縣十五里許泊舟，灘聲盈耳，繁星滿天，夜景殊勝。

9月11日，晨六鐘起碇，兩岸叢竹密生，頗可玩。十鐘抵青田縣，入城一觀，見湫隘如荒村，購得青田石數對，然無佳者。據云邑人不能出重價，遊客復稀，故市上無佳品。晚泊溪頭。是日，行六十里。

9月12日，晨六鐘起碇，八鐘抵石門洞。劉青田讀書處也，乃登陸一遊。初入谷口頗狹，數轉乃平曠。原田每每，流泉淚汨，別饒靜趣，四周疊嶂如屏，大有世外桃源之況。中有一劉文成公祠，屋宇修潔，惟劉伯溫泥像披八卦衣，大似世俗之狀諸葛武侯者，則殊可哂耳。祠側有一亭可以觀瀑，乃扶攜至瀑下，則見石壁之巔，懸一白練，水光映日，陸離光怪若年尼珠。雖較雁宕之大龍湫為小，而雄闊過之，洵南荒一勝景也。然遊屐鮮到，知之者亦寡矣。祠左有一靈佑寺固陋無足觀，晚泊柯渡。是日，共行八十里。距麗水縣約二十里。

9月13日，晨五鐘起碇，十鐘，抵麗水縣。十一鐘，晤第十一師範學校華校長，接洽往松陽事。午後投永嘉汪知事函，鄭知事患瘧未出，王吉甫科長允作介紹函。午後，華君偕黃子澄君來訪，黃君曾任江西陸軍小學教員有年，光復後始回浙。談及往事，恍若鄉人，異鄉有此，亦猶空谷足音也。麗水城較青田為大，街市亦有殷富之象，是日為墟日。遇畲婦頗夥，以大紅繩纏髻，銀釵闊逾寸，下垂尺許之珠絡，銀耳環徑幾二寸，獷野之態可掬，城高出海面三百英尺。

9月14日，晨七鐘起程。沿江行路頗平曠，林木以楓楊、松、烏桕、楓樟為主，杉及梄杉則甚稀，松尤有極大者。曾測得一株高八十英尺，鱗鬣老蒼，濤聲浩瀚，殊堪歡賞。其餘植物有醉魚草、無患子、櫔木、羊乳、毛桐，武夷山弔等。晚至碧湖鎮宿，碧湖鎮頗大，街市之盛、與麗水埒。是日，酷熱如盛夏。

9月15日，晨七鐘起程。以行李趁舟行，二十里至靄溪午膳。午後陰雲四起，涼風徐來，行路殊適。行二十里至靖居口宿，靖居口為一小村落，昔時人家較眾，後為山水所殘敗。一路杉樹頗眾，木業亦盛，地高出海面約四百英尺。

9月16日，晨起命舟子先行，意欲至附近林麓採集，然極少新植物，殊失所望。午後行二十里至江口，旅店漱溢不可居，乃炊於舟中，食於沙上，亦有別趣。晚宿舟中。

9月17日，晨六鐘起程，登釣魚嶺，高九百二十英尺，夾道多巨松，高及百尺。胡枝子、野牡丹皆極夥，其餘植物有萱花、翦秋羅、青箱、紫薇、朱藤、老鴉蒜、楝樹、荇菜、圓葉萍蓬草等。一路芋皆作花。佛焰黃花有微香。亦惟南紀始能見之也。汊港池塘中鳳眼蘭極多。時正著花。美麗無匹。十二鐘行抵松陽。松陽無城。街道頗盛。寅勘學所。所長劉君厚齋（紹寬）招待極周摯。午後三，往晤趙知事銘甫。晚劉君請宴。過雨一陣，天氣漸涼。

松陽縣頗富庶，產米雖不多，然自給有餘，產梨頗佳。惟較平陽所產為遜，此外柿、桃、柚、黃麻、苧麻、桐油、茶油、煙葉、瀝青、茯苓、蕨粉等物。藥材亦多，茯苓乃用人工製成者。

9月18日，在所內整理標本，竟日陰翳，晚復微雨。

9月19日，上午整理標本。下午教育會長高一飛君自卑來訪。屬取道龍泉，云可多得植物。遂重晤趙知事請其改信，回赴教育會演說，此間風氣蔽固。不信新式教育，教育經費乃極寡，雖有百餘國民學校，然每校經費平均每年不過百元。執教鞭者幾不能自存，遑論教育之良窳乎。晚劉君為作介紹函數通。

9月20日，晨七鐘起程，行十里至東塢源，巒嶂漸盛，自是上南岱嶺，路頗平緩，最高處為一千五百五十英尺。再下至斗米嶴，復上一里。再下至南岱午膳。一路林木蓊鬱，松、杉、榧杉、冬青、苦櫧、白櫟、椎樹、木何樹、楓、樟等，皆參天拔地材，而貓頭竹尤夥。田隴芙蓉已盛開，氣候尚若夏末也。箬竹亦多。路遇一大楓樹，四鐘抵岱頭堂，高二千九百英尺。堂湫隘不可居，兼之適有祝由科巫人數輩，頭裹紅巾，手執銅劍，嗚嗚然吹角，為病者祈禱，聞且達旦，寄宿之望遂絕。乃命隨行警士偕至岱頭民家假宿，旋須出錢購米作飯，紛擾至二更始得安寢。

9月21日，晨六鐘起，山高霧寒，可被重夾。八鐘起程，行十里上至大嶺嶴，高三千三百二十英尺，一路山皆童禿。間餘三數杉樹，皆以無陰歡死，如此好山。假有蓊鬱之林木，其風景當極可玩，鄉民昧昧，殊堪歎息。植物有草烏頭、大花衛矛、前胡、檵木、八月楂，漸下乃入一深谷，草樹蒙密，溪韻琮琤，迥非前此之濯濯牛山可比。一種杜鵑，夾溪密生，有高至十餘尺者，花時必可觀也。再降則磴道尤為陡絕，一氣下趨十里至大嶺腳，則高出海面僅九百二十英尺矣。嶺下杉竹甚多，自大嶺腳再行十五里抵白岩，館於國民學校校長楊君士堪家。其祖父楊光淦為松陽名宿，現任縣立高等小學教員。

9月22日，晨八鐘起程，過冷水嶺，至楓坪嶴，高一千二百八十英尺，天氣仍酷熱如盛夏，行十里至楓坪。葉紳必升家，邑之巨富也。葉紳已逝世，其嗣子某，頗好浪遊，在永嘉以聚賭避捕，自樓躍下至折足，故未出。其族人槐卿款待甚殷，堅請留飯，以趲程心急敬謝之。行五里至門潭午膳，午後行十五里至高亭。館於周君霽光（紹漾）家，周君彬彬儒者，吐屬清醇，鄉里賢者也。談宴頗洽，據云此地已至松陽邊境，交通阻絕，郵傳不通，國內外大事必

數月後始得聞之。復垂詢直皖之爭之究竟，真山中不知魏晉矣。晚酒罷，一枕華胥，心神怡泰，風泉林壑之勝，猶憧憧來往於夢中也。是日，傍晚大雨。

9月23日，晨七鐘起程，行十里至嚳門嶺，是為松龍二邑交界處。其上更有一高峰，名龍虎嚳，以趕程心急未登，嚳門嶺高二千七百五十尺。行五里至陂川坑，再行五里至溪上，館於姜姓家。溪上高一千四百尺，一路杉竹極盛、榧樹亦多，有高至四五十英尺，徑二尺者。此間頗以產筍著名。是日採得植物，有大吳風草、崖花子及兩種蘭科植物。一為花作淡紅色，徑逾寸半，極為可玩。一為米氏鵝毛玉鳳花，亦甚奇特。

9月24日，晨六鐘起程，行五里至大丘田，又五里至庫武口，取道皆沿溪而下。山谷極幽仄，磴路極峻，草木極蒙密，風景陰森逼人。一路喬木參天，青櫟苦櫧之屬甚眾，尤以一種大栗樹高幹凌雲，葉大近咫。遠望如楠木，果苞及果大小形狀皆如常栗，高可五六十尺，徑一二尺，蓋美材也。又行十五里，至陳山後村，再行二里，上一嶺，高二千三百五十尺，趣下三里至吳岱，於方姓家午餐。吳岱高一千七百五十尺。午後下嶺入谷行十里抵黃莊橋，高一千一百尺。又行十五里至白墓村，時已五鐘半矣。館於李瓊軒家，白墓高出海面者一千尺。道中復見有猴歡喜樹，大栗尤多，蓋龍泉境內，高一二千英尺之大山谷，皆盛產之也。松龍二邑之間，大橋甚夥，上皆有華美修潔之橋亭，為行旅憩息之資。此間與溫州習俗同，自八月十一日起，即祭中秋矣。午後陰翳多風，行路極爽，惟路較長，稍覺疲乏耳。

9月25日，晨八鐘起程，逾一嶺。行十里抵廟下、再行十里抵竹坑村，高八百五十尺。上嶺五里，高一千七百五十尺，一路喬松夾道，鱗鬣蒼然，皆百年物也。其最大者高九十尺，徑二尺餘，嶺上舍松樹外，無他雜木。過嶺則皆為赤土山，日光反灼，炎蒸如盛夏。行十五里，至午後一鐘，始抵龍泉縣，縣亦無城，惟頗殷富。午飯已，往勸學所，適所長李為麟外出，所中地復逼仄，乃居第一旅館。館有一園，頗有花木，館主亦士人，炎荒有此，亦殊自慰。龍泉環郭皆山。一川中貫，風景甚美，跨河有一大橋。名曰：「濟川」，

長逾七十丈，皆以大木為之，洵巨觀也。龍泉著名出產，首推寶劍，蓋龍邑為昔日歐冶子鑄劍處，劍池尚存，故歷代相傳，遺規尚在也。鑄劍佳者，首推千字萬字號兩家，最佳者價十二元，可以削鐵，價五元者，可以斬釘。最賤者價一元，則僅供把玩而已。劍鞘以花梨木為之，極為古雅。裁紙刀亦犀利可用，其他著名出產厥為瓷。龍泉在宋時，即產佳瓷，有章上一上二兄弟二人，各設一瓷廠。兄廠所出較佳，名為哥窯，弟廠所產較次，名曰：「弟窯」，皆為珍品。前三數年，一哥窯龍虎耳瓶，價逾千金。近來掘墓日眾，兼掘得舊窯址，出土瓷件極夥，價始大落。元明以還，瓷業衰敗，但產粗品，今省中長吏撥款設立改良瓷業傳習所。殆將重複七百年來之舊觀矣。傳習所開辦已四年，除窯業基金外，所中經費月六百元，現在學生四十名，為乙種實業學校性質。廠中有工人四十餘人，工價高者月三十餘元，最低者月十餘元。皆雇自江西者。傳習所中教員三人，亦贛省第二甲種工業學校卒業者，所出瓷器，質地在景德鎮之上。陶土產地距縣約百餘里，惟作火缽之土欠佳，聞擬改用山東土云。現在出品不多，將來擬分發溫州出賣，苟經營得當，前途誠未可限量也。

9月26日，在寓整理標本，晚勸學所長李君為麟來晤。是日為陰曆中秋節。俗以多數兒童縶獅子燈，導以音樂，周行街市，喧鬧達旦。市上陳獼猴桃之果甚多，甘酸可食，土名謂之京梨，另有紅毛桃、白毛桃則多毛，非至大熟時不可食也。

9月27日，晨參觀瓷業傳習所。午往晤賴豐煦知事少春。晚賴君招飲。席次談及縣中狀況，知米食不足者約二成，而竹木出產，年逾百數十萬金。此間山林與山田皆無稅，蓋在明初，朱太祖以劉誠意伯故，蠲免處州全境山稅。清季與民國皆仍其舊也。亦以此故，至官廳無存案可稽，訴訟遂極夥，且十九皆須上訴至三審始止云。龍泉、景寧、慶元三邑人，擅種香菌之術，每屆冬令十月，即赴江西福建兩省種菌，其條件則由彼伐山主之樹種菌，而納稅若干云。

9月28日，在寓整理標本。午後至勸學所接洽介紹函事。瓷業傳習所高王二君來晤，傍晚勸學所李葉二君來晤，定翌日起程往江山。

9 月 29 日，晨六鐘半起程，行十五里，至傀儡棚午餐。先是聞龍泉採珍木名為花梨木，其木紋理縝密，波礫作花紋，樹高可至五六十尺，徑三四尺。慶元及福建浦城亦多產之，惟以無良匠，故名不著。然在龍邑，以官紳爭購伐以為器，大樹已不多見矣。行至傀儡棚，詢得土人有一株，乃採得其葉若干，為標本之用，其木大僅拱把。土人視為奇貨，乃不得伐而去，取途皆循溪行。午後上嶺，高二千四百二十尺，植物以楠櫟之屬為多，漸上則松杉較盛。既而磴道峻下，至嶺腳流坑宿，高僅一千一百尺，一峰當門，青入眉際，野人居乎，小洞天乎？

9 月 30 日，晨六鐘起程，行十五里，上陳糞嶺，高二千五百尺。下嶺五里至陳糞村，又二里至橫塘源午餐，午後由百步嶺上大峰嶴，高三千三百尺。路遇牛乳房之果已熟可食，隴畔秋牡丹盛開，花極美麗，徑大逾寸，紅紫爛然，園藝品不足以勝之也。五鐘行抵獨源，宿王君長福家。

10 月 1 日，晨六鐘起程，過一小嶺，一逕下趨，行三十五里至王村口，高八百二十尺。王村口已有小川通衢江上游，此間一帶甚產竹筍，一路負筍者絡繹於道。若欲趕程，可於此趁販筍船也。

10 月 2 日，晨八鐘起程，命劉僕挾笨重行李買船先往嶺頭，行十五里至獨山午餐，沿溪花梨木甚多，遂昌人不知愛重，以其臭味不佳，竟視為惡木。竟無析以為薪者，一何可歎！午後行三十里至銅坑宿，高五百八十尺。日間路途皆循危巖而行，磴道窄處不逾二尺，蹉步顛躓，便有滅頂之凶，殊可駭也。巖頭木犀甚多，不見一花，而香遍溪谷，畫眉巧囀，柏葉新紅，皆旅客耳目之娛也。秋已漸臨，酷熱猶如夏末，亦殊可異，溪旁另有一種油茶，花赤色，果甚小，栗亦甚多，已成熟可賣矣。道中初見枳椇，銅坑為臨溪一小谷，人煙甚稀，有木商某家於此。宮室壯麗，村民類皆其佃戶也。其家正對溪右一瀑，夜色蒼茫中，水聲潺湲，極其可聽，深夜月色復大佳，箕踞戶外，不忍遽睡。迨至夜半，犬吠乃大作，蓋有宵小欲圖不逞於我輩，啟戶逐之，則已逸去。令人終夕不得穩睡，此為旅行以來第一次所遭焉。

10 月 3 日，晨六鐘起程，行五里，上中淤嶺，高一千二百五十

尺。磴頗峻絕，嶺上皆植松杉，初見羊躑躅，紫薇亦夥。下嶺五里至中洑鎮，再行十里上一嶺，下五里至龍鼻頭，稍憩。時已深秋，酷熟尚如盛夏也。採得一種野蠟梅，岩間木犀盛開，但聞其香，不見其處。加以畫眉清瞬不絕，極視聽之娛，清福殊不淺也。林木仍以烏桕楓樹苦櫧青櫟為主，黃棟樹亦有之，烏桕之葉，已漸呈秋色矣。十鐘至岩剝村舍午餐，一路芭蕉芙蓉甚多，似皆野生者。午後行五里至洋口，又行十五里至嶺頭，宿陳君寶華家。陳君原籍江西，人極開通，鄉僻之區，殊不多見，嶺頭地高五百二十尺，為衢縣、江山、遂昌三縣交界處。土人取此處之水釀酒，謂之三白酒，頗知名，一路蓼藍煙葉栽培甚眾。

10 月 4 日，晨八鐘起程，行十里上嶺，再行五里至廿六塢，為江山、衢縣交界處，嶺高一千八百尺。再行十五里，過一嶺，至大源口午餐，一路山皆赤色，樹木極少，山農有種蔗者，蓼藍蕎麥亦甚夥，樹木則有馬尾松、烏桕，刺榆亦間一遇之。灌木則以橙木為多，野牡丹仍著花也。下午越小嶺二，行三十里至上臺，宿胡君麟福家，上臺為江山通閩巨鎮，在清季海道未通之先，官吏之閩者，必取道於此以出仙霞關，故鎮頗大，有人家千餘。高等小學一所，學生六十人。田畝極衰廣，產稻極富，銀幣一圓可購米二十六斤，視龍泉遂昌一圓僅購十五六斤者，相去若霄壤矣。衢縣挑力價較江山為貴，蓋彼處挑米之價甚高也。上臺距仙霞關約七十里，距浦城二百里。晚微雨。

10 月 5 日，距上臺通閩大道三十里許為江郎山，俗名三片石，甚有名。辛稼軒過其下曾題一絕云：「三峰一一青如削，卓立千尋不可幹。正直相扶無倚傍，撐持天地與人看。」胡君家有一攝影，頗為奇特，乃決往探其勝，先命劉僕將行李往江山縣。八鐘起程，路經石門。行廿五里，至江郎莊，取側徑入山，至靈山寺。寺在洪楊劫時，曾毀於火，今乃重建者，時霧極重，僅見山腳。茶罷乃覓一火頭為導，行不半里，即循樵徑，披荊拂棘而上，久之至小巷，乃徑行兩巨岩之隙中，攀躋亂石而上，每須手足並行。自云霧中，仰視峭壁，高可落帽，久之出巷，則已高二千英尺（下寺高五百八十尺）。然小岩尚高出雲端數百尺也。繼乃由大巷下，則雜草甚眾，採

得一種鳳仙，一種蕨與杜若。已而循岩下山，則巉岩石壁間鑿路一線，寬處不過六七寸，窄處幾不容趾，奇險為生平所未經。岩右有一鍾鼓洞，亦以艱險未往探，久之下山至能仁寺午餐。蓋五六里程竟攀緣至三小時之久，其艱險可知矣。稍息乃遄返上臺，則已五鍾半，竟日陰翳，幸未雨耳，晚雨。

10月6日，晨八鍾起程，行二十五里至清湖鎮，一路皆紅土山，除二三尺矮松外，植物極稀，清湖鎮極大。自溫州以上千里，未有若此繁盛者，飯後行十五里，登金星山探龍洞及賓暘洞，山殊不高，而二洞則甚曲折。賓暘洞大小凡六室，惟自一室至於他室，則必須蛇行。故未窮探，下山行不及一里即抵縣。時為下午兩鍾半，江山縣城頗大，勸學所設於昔日學署中，屋宇甚宏敞，所長毛君韠號晴晨，本邑耆宿也。所談教育得失均極中肯，江山產米略有餘，杉竹之利甚微，園藝尤不精，棉亦甚少，惟地宜植桑。毛君現正商請陳知事提倡，如能實行，則為利當極溥，現在邑中進出額尚不能相抵也。午後北風大起，頓覺秋已深矣。

10月7日，晨參觀縣立各國民學校及女學，此間學校缺點有三。一經費不足。模範國民小學、每年經費僅七百餘元。第一第二國民小學、年僅二百餘元，國民小學教員年薪僅六十餘元，高等小學教員月薪僅二十元。雖江山生活程度較低，然若是炎炎，究不足仰事俯畜也。二教員人才過於缺乏。全縣二百餘國民學校，其充教員者，率每校不過一人係省立師範卒業者。其餘多係中學或高等小學畢業生以及村塾塾師充任。三屋宇欠佳。學產皆以寺產或學富等公產充之，每年全縣教育經費約三萬餘金，除去高等小學經費三千餘金、女子高等小學經費千餘金、勸學所經費九百餘金外，其餘皆國民學校分之，故每校經費不過百元上下也。然江山辦學成績為全省之冠，則浙省地方教育之良窳可知矣。江山人士，尚稱好學，高等小學卒業生有十分之六，升學往北京大學、南京高等師範學校、杭州衢州省立各中學師範學校。即赴日本、美國、法國留學者亦不乏人。以視處州之固陋，則較勝矣。午後三時，至高等小學演說。晚八鍾，至平民夜校演說。

10月8日，晨九鍾，至初等女校講演男女同校問題。十一鍾往

晤陳知事，人頗開展有識。江山樹木，以東南方面與遂昌浦城交界
之廿七廿八兩都為多，樹本有杉、榲杉、樟、柏、楓楊、鹽膚木、
刺榆、馬尾松、楝樹、黃楝樹、椿、樗等。而貓竹尤多，故江山產
紙，草本中如枸杞、酸漿、烏蘞母、馬鞭草、苔耳等處州所不常見
者，今亦有之。江山船之由來，聞係明初陳友諒敗亡時，其部下九
姓逃至衢巖一帶。太祖定鼎後，乃貶之為漁戶。不許與試、不許登
岸。衢江上游，水清石淺，漁利極薄。而仍抽重稅，因之漁戶不能
自活，乃漸操賣笑生涯，此種苛稅，至清乾隆朝有一達官，詢知其
困苦，始奏罷其稅。今業此者皆建德人，此種妓船以蘭溪為最多，
江山反無之也。其品格略似滬上長三妓，尋常泛泛留餐謂之擺酒，
正式宴客謂之擺飯。恰與他處相反，亦可異也。晚警佐季子英（伯
謙）來晤談。

10月9日，晨王君學素之父王舜臣（贊五）請宴。午後縣署教
育科主任莊君先識（通伯）來晤談，定翌日往常山。

10月10日，晨八鐘起程，褚生以由水道返杭，故未偕行。行
二十五里至大陳午餐，午後行不數里，上一小嶺，至大源。為一小
平原，高六百尺，地極宏敞，原田每每，屋舍櫛比，雞犬相聞，頗
呈富庶之象，誠勝地也。闊葉樹極多，有冬青楓榆械櫟等，皆蔚然
巨木，針葉樹僅有杉而已。行二十里至木綿嶺，高九百尺。常山縣
已隱然在望，而赤土童山，俯到眼底恰如蟻垤也。下嶺，沿河行十
五里抵縣，路遇驟雨，衣履半濕。抵縣寓勸學所長徐浩然（養吾）
所開設之過載行中，常山縣較江山面積為小，亦較貧瘠，所產米穀
不足供地方之消耗為期約四閱月之久。惟為通江西玉山孔道，故轉
運業頗盛，街道市面，因之亦較江山為愈也。惟教育不發達，全縣
國民小學雖有九十餘所，然大半有名無實，縣立高等小學一所，經
費亦年僅千餘金，視江山瞠乎其後矣。全縣教育經費只五千餘金，
常山一帶煤礦甚多。

10月11日，聞常山至開化一帶路皆平坦，無高山峻嶺。而天
象陰翳，有雨兆。遂決買棹至華埠，船頗大，為前此行浙江內河中
所未見。衢江水澄如鏡，灘底皆鵝卵石所成，俯視之若深不盈尺，
遊魚往來，歷歷可數，遠山平野，白苔丹楓，左右映帶，風景入畫。

一路田家栽培高粱粟黍甚多，略同江山，粟以製飴糖，高粱製酒，常山產五加皮酒甚佳。又產蔗，省立有糖廠，製白糖。價較舶來品為廉，品質亦較遜，然已盡奪土製砂糖之利矣。午後四鐘，抵開化縣華埠鎮，寓涂君禹夫家。華埠鎮頗大，開化縣尚不及之，街道整潔，店舍宏敞，商產極盛，蓋徽贛閩三幫之貨物皆匯萃於此也。贛幫商人則以清江廣信籍者為多，開化產杉竹橘靛茶，然茶之栽培製造皆不及徽州，故價值甚低。近以歐戰滯銷，茶價益落，種茶者以利微皆任其荒廢，改營別業矣。杉竹業本有希望，然鄉民昧於遠識，至使童山滿眼，間有經營者，則群起賊害之，殊可歎恨！鎮旁有一禦水大堤，上植大楓數十，圍皆合抱，捨此則巨木殊少見也。始見垂柳。獼猴桃一物，江山、常山、開化三縣皆有出賣。蓋視之如名果也。聞開化半年以玉蜀黍為糧，而初教之植玉蜀黍者為甌人，故至今鄉民咸頌溫州人德不置，又開化俗嗜辣椒，辣椒熟則謂為豐年。小康之家，每年食以擔計，亦奇俗也。

10 月 12 日，晨八鐘起程，命劉僕攜行李由水路行，吾儕則沿山腳順河岸而下，一路樹木以楓楊朴樹為最多，皆高四五十尺，徑一二尺。又有羅盤樹者，亦至偉大。上皆叢生猴生薑絡石、雞矢藤。其下則有接骨木等，其餘植物多與松陽天台相同。鬼麻油亦重見之，柏樹在溫州南部與處州一帶所不見者。今復有之，行三十里至縣，縣雖僻小，然較處州之無城者為佳。三鐘半抵勸學所，所長姚仲璣因事赴杭，僅有勸學員詹洞仙一人駐所中，開化教育經費極少，年只千四百金。高等小學與女子師範經費且各須數百金，全縣國民小學共有六十餘所，平均每校經費不過一二十元，故名為義務教育亦不得不收學費。且聞教育廳有令，每年必須增立國民小學若干。但知增加學校，而不設法增加教育經費，行見但有其名而已。開化縣高出海面五百尺，產木材年值一二十萬元，亦產靛。北鄉人勤勞多壽，南鄉人多遊惰。不講衛生，多患蠱脹。

10 月 13 日，晨七鐘起程，行五十里，下午一鐘至馬金鎮。鎮本昔日縣治，後縣治南遷，鎮亦頹敗矣。鎮對天童山，上有廟宇，惟牛山濯濯，恐無足觀。植物如開化，惟苦櫧甚多，柏樹有甚大者，椰榆亦偶見之。草本植物中最多者厥為臭牡丹遍地皆是，花正盛開，

亦殊可玩，秋牡丹亦重見之。復行二十五里宿鮑橋，植物有野棉花、鬼麻油、石龍芮、三白草等，開化、遂安一帶柏木甚賤，至用之為屋柱。一至淳安，則視為貴重材木矣。

10月14日，晨七鐘起程，行卅五里至風沂，午餐。一路植物，仍以柏樹、苦櫧、青櫟為多，山上則多松、冬青有高五六十尺者，其餘植物有千金藤、山藥、臭牡丹、胡頹子、木通花、野棉花、男郎花、何首烏、秋牡丹、醉魚草、六條木之類。午後，行廿五里抵縣，寓勸學所內，所長姚桓（華卿）宏達有大度，曾為江西候補知事，以袁世凱稱帝棄官去，不復出山。在今日人慾橫流之時，能潔身高隱，洵奇士也。晚在其家又晤得倪德薰（普香）為邊防軍第一師參謀長，直皖之役，曾為曲同豐畫策，曲不能用，遂飄然遠引，得免於禍。皈依淨土，信力極宏，現於某山築一庵，奉母夫人禮佛，不問外事，亦奇人也。遂安民風強悍，教育不甚發達，縣教育經費年約四千餘金，縣立有高等小學、女子高等小學各一所，弦誦之聲相聞。惟習俗好勇鬥狠，嗜賭愛訟，則美中不足者，縣治以距杭頗近，饒有下江風味，房屋高大，道路修潔，市面亦好，芭蕉頗有著花者。

10月15日，晨九鐘往距縣十里之靈巖一遊，山坻不高，有一小瀑，頗可玩，惟非巨觀耳。午後往晤金知事乃光（觀甫）江寧人，向在江南造船廠任職，頗有器識，甚知重視司法，邑民頗愛戴之。惟對於教育，則推為地方人士之責，不甚措意，為不足耳。五鐘金知事來晤談。七鐘請宴，席次談及鄉民拒查官荒事，可知民俗之錮蔽也。又聞遂安衢縣間山巒極多，植物亦富，乃決往衢邑。

10月16日，晨七鐘半起程，行十五里上筆架嶺，高一千尺，山童禿無一樹，已而入山漸深，循溪而上，林谷漸幽邃，風景極佳。樹木仍以柏、杉、松、苦櫧為主，楤杉亦間有甚大者，此外特著之植物，有南五味子遍山皆是，果已漸熟，味甘可食，此外有野菰、海州常山、金櫻子、獼猴桃、秋牡丹等植物。行卅五里，至梅樹潭午餐。茅簷兀坐，溪韻琤琮，別饒靜趣，一路地勢漸高。行卅里，至白馬宿，則高至一千一百五十英尺矣。

10月17日，晨行十五里，上雷公嶺，高二千八百尺，大欓樹

甚多。下嶺十里，至樂豐橋午餐，地高一千一百尺，路遇秋牡丹、刺葡萄甚多、林木有大栗樹、朴樹、楓樹、烏柏、樟樹、格木、櫟木等，此一帶產竹甚多。紙槽亦夥，故紙價甚賤，工人皆贛人。午後過岱頭嶺，高二千一百尺，復上一嶺，亦高二千六百尺，最後乃上三百步嶺。鑿石為梯，五步一折，路極艱峻，為此次旅行之最。直至曛黑月上，乃躋小九華頂。晚七時，始摸索至九華禪院，疲乏欲絕矣。是日計行八十餘里。

10 月 18 日，晨七鐘行，一逕下趨，至山腳則僅高七百尺，沿溪行不十里，即為平原。處州諸山粲然在望，至平野則惟有赤土小山，坡坨起伏，上生赤松，高僅尋丈。午後一時半抵縣，開化遂安一帶，桂花皆已開罷，在此處乃正盛開，緯度之影響於氣侯，有如此其著者。是日行約五十里，縣高二百二十英尺，衢縣本舊衢州府治，城甚大，街市繁盛富庶，為離溫州後所未見。至勸學所，聞所長外出，乃寓集咸旅館。聞北京大學鍾君亦來此採集，今已轉入皖矣。傍晚，戒嚴司令部軍官來，苦苦糾纏不已。至往返縣署及勸學所長家，卒覓得所長之侄來，而彼等亦已逝，戒嚴至數年之久，擾商病民，寧有止境，可慨亦可恨也！

10 月 19 日，在寓整理標本，擬翌日趁快船赴蘭溪。

10 月 20 日，晨九鐘起程，下午五鐘抵龍游。以縣治距泊船處尚有五里，遂未往遊，衢江水極清泚，遊魚歷歷可數，久行山中，荻花楓葉，倍覺可玩也。

10 月 21 日，晨八鐘起碇，午後四鐘抵蘭溪。蘭溪城甚大，商務極盛，街道宏闊，屋舍修潔，視衢縣且過之，他無論矣。午後換往嚴桐快船。

10 月 22 日，晨八鐘起碇，二鐘抵建德。建德以產五加皮酒著名，有老店某家者尤佳，以初至不知其細，僅買得新店酒，已遠在尋常市品之上矣。行船故習，由蘭溪至桐廬為二日程，若行客釃金與舟子，則趕程而行，一日可到。此次至建德後為時尚早，同行者乃釃金壽舟子，遂繼續開行，十鐘後始抵桐廬，惜子陵釣磯已在昏黑中過去矣。舟中逢景寧縣省議員柳君景元（會貞）談景寧林業狀況甚悉，據云：處州林業以景寧、慶元、龍泉三縣接壤之處為最盛，

該地鄉約極嚴，故無盜伐燒山等事，山戶復知輪伐之法，大率二十年伐一區。平日雇工割草置之樹根，令其自腐，以增腐植質，故土極肥，林木生長亦速。在他處林木必需生長四十年至六十年，始足與之匹敵也。復言景寧畬民甚多，女子不著褲而著裙，嫁後之珠冠，日常皆戴之。是其俗與他縣異者。聞龍游、蘭溪亦有畬民。

10月23日，晨八鐘輪舟起碇，富春江面甚闊，煙水接天，風景秀美。午後三鐘，至杭，惟過駁行李費時甚多，到棧已近曛黑矣。

10月24日，在寓收拾標本，前在江山寄來標本已運到，命沈濟華往取之。

10月25日，聞鄒君有速歸之意，特作快函詢之，以定行止。

10月26日，得鄒君覆函，知無要事，遂決於翌日起程往餘杭。

10月27日，晨七鐘起碇，行內河中，兩岸頗多巨木，有樟、柏、松、榅杉、榔榆、苦楝、黃楝樹、楓楊、檜、石楠等。午後一時半，抵餘杭縣，該處高出海面約三百尺，全縣教育費年三千金，有國民小學六十所。預定明日往臨安。

10月28日，晨七鐘起程，一路林木頗盛，有大葉枹、栗、三角楓、白楊、漆樹、楓、朴樹、榔榆、瓜木、老鴉椿、梓、枸杞、薜荔之類。另有一種野柿，為四五尺許灌木，果長圓，形如橡栗，顏如渥丹，頗可玩，不知其為何種也。午後一鐘抵縣，縣城殊呈荒僻之象，飯後晤知事程君蔭谷，程君稻蓀南昌人，與家兄及克臣家叔皆友善，他鄉遇故，喜可知也。臨安為宋初錢武肅王故里，其墓即在城內，臨邑民風甚悍，沿天目山一帶，時有盜匪，行旅多戒心。縣教育費年四千金，若連賓興各款，則逾萬金。有國民學校五十餘所，男女高等小學校各一所。土產有筍乾、紙、香末等，香末年值廿萬金。晚程知事請宴。定明日赴天目。

10月29日，晨七鐘半起程，行廿五里，至青雲橋，巨鎮也。一路林木頗盛，所見約如前二日，惟間有柏樹，而樟樹乃絕跡耳。午後行十五里，至馬公亭上嶺，延緣十里，至寺之柏鳳亭，一路皆童山。自此一轉，則寺門在望，杉竹蔚然，為三月來所未見。榅杉千章，皆五入圍，榅杉之下，則為大如拱把之貓頭竹，青蔥可愛，再進則琳宮佛殿廣廈千間，是為東天目之昭明禪寺，距海面已三千尺

矣。其餘植物有薺苨、兔兒傘、獼猴桃、杜鵑、山茞蘚、箬竹、博落回、楤木、鹽膚木、化香樹等，馬尾松已不見。而代以高山之赤松、金葉松、溫臺嚴處各屬皆無者，亦始見於此。寺前有一亭可觀瀑，秋末水涸，曲折如線，殊非巨觀也。新造客舍極精潔，為所歷各寺冠，知客僧某蜀人。善談說，自云曾登蛾眉絕頂，見佛光，據其所述本山故事。知本寺創於梁武帝時，志公曾居此，昔有白雲庵，為宋白雲禪師所建，今已毀圮。本寺則為國初獨超禪師所建，咸豐發匪犯浙，東西天目兩寺皆為所毀，而東天目殺戮尤苦，相傳韋馱顯聖，以杵碎巨石，賊帥某戰懼，乃自矢大局定後重興此寺。迨洪賊入南京僭號，賊帥乃祝髮，是為靜能和尚，此寺即由彼逐漸修復者也。西天目寺被毀時，有僧玉輝患水蠱，寺被毀時匿佛龕下，匪拽之出，以烙鐵炙其腹，疾竟因之而愈，西天目即彼所修復者也。西天目自宋高峰禪師開山，弟子中峰斷崖兩禪師，皆極有聲。

　　10 月 30 日，晨七鐘半起程，往探龍王頂之龍池，行三里至分經臺，梁昭明太子分金剛經為三十二章處也。漸上則路極犖确，野竹箬竹，遍滿各處，以致行動維艱。樹木則杉與榀杉外。金錢松亦有一二株，然山高氣寒，葉漸黃落矣，最多之樹，厥為赤松，碧葉矮幹，入望皆是。其生山頂石罅間者，尤矮曲有致，黃山佳品，於此約略見之矣。山顛有一龍池，一泓碧水，不溢不涸，人遂神異之，臨安一帶，皆來此求雨，聞西天目山顛，亦有一池，天目即由此得名。至絕頂有一龕，內一石像，執圭衣黻，類諸侯王，云是龍王像，頂高五千二百尺，為浙東西諸山之冠。已而回至昭明禪院，途中見有秋牡丹、牛旁諸植物。午後下山，過昭明下院等寺，上一小嶺，高二千尺，下嶺至於潛縣一睹，山谷中烏桕皆作殷紅色，秋色之佳，此為僅見。再行五甲，至西天目山丁，高出海面約一十四百尺。一路櫸樹頗多，而最稀見者。厥為紅豆杉，此樹天台雁宕見後，今始重見之。此外植物有茅栗百部、前胡、胡頹子、野柿、楓石櫧、青櫟、金葉松、粗榧、刺葡萄、地榆等，而秋牡丹沿溪被澗。紅花爛然，尤為可玩，寺居谷底，溪回谷轉，巨木參天，別饒靜趣，寺較東天目昭明禪院為巨，屋舍極宏敞，有一長老，係前清翰院。名聞京師，故寺中頗多時下名賢手跡，徐菊人傅沅叔其尤著者也。然

塵囂之氣，乃在東天目之上焉。

10 月 31 日，晨雨，故未上山，覓挑夫復不至。至八鐘半始得起程，五里至一都，上嶺行十五里，至東關嶺，高二千六百尺。一路人煙稀少，林木蔚然，秋色之佳，得未曾有，惟路之崎嶇。亦為此行之冠。一路植物有金葉松、山核桃、赤松、杉、銀杏、獼猴桃、粗榧、黃棟樹、尚有一種鳳仙花，作黃色，極奇。山中人家皆做筍與燒炭者，筍每石值洋二十元至二十七元。在山中人家午膳畢，行一里至高嶺之頂，高三千五百尺。下嶺即孝豐縣界，復行五里至木橋頭，再下沿溪行廿里至錢家庵，時已曛黑，值寺僧沉湎於酒。昏不知人，乃乞得伐竹工人為余等治飯，宿廢屋中，寒不成寐，月色乃大佳。

11 月 1 日，晨六鐘半起程，行十里至金溪塢下山，一路山中核桃甚多。此物衢縣、開化、遂安、於潛、昌化皆有之。而以淳安、臨安、於潛為特多。又沿溪多苕、穗如鳳尾，臨風搖曳，極為可玩。苕溪即以此得名也。再行五里至報福鎮，午後復行二十五里至縣。寓王氏私立小學校。孝豐產竹甚盛，有筭竹、黃箬竹、貓竹、苦竹、鳳尾竹、紫竹、斑竹等，而以貓竹為最多。邑多富戶，非擁有大段竹山者，即竹行商也。縣以距湖州、杭州、上海近，而又殷實，故豪侈之風甚盛。教育頗不發達，除縣立高等小學校外，厥推吾妻族所辦王氏私立兩等小學校，然此校之有今日，亦繪青姻叔一人慘淡經營之力也。此校經費，係抽王氏山場竹捐所供給，就學者乃多為他姓子弟。因習俗之不嗜學，故畢業後升學者殊少，全邑除少數法政學生外，殆少有高等教育之人焉。近年來始有丁君雅伯在日本學醫業成，方君彝忱學教育於南京高等師範學校，方諸全邑，殆為鳳毛麟角焉。即以王氏小學論，成績雖有可觀，然經費支絀，因陋就簡之處極多，苟能稍加竹木捐，經費不難倍增，然一創議，則異議蜂起，卒不得行。鄰邑安吉較為貧瘠，而出外就學者極眾，頗有知名之士，宴安鴆毒，於茲益信焉。

孝豐為吾妻族鄉里，小住數日，乃乘肩輿至梅溪。趁局船至湖州，由湖州乘小輪赴滬，在滬勾留一日，乃返寧。〔註124〕

〔註124〕張大為、胡德熙、胡德焜合編《胡先驌文存》（上卷），江西高校出版社，1995年 8 月版，第 146～180 頁。

是年，利用採集的植物標本，在南京高等師範專科學校建立農科生物系的
植物標本室，供教學使用，提高學生興趣，提倡生物學研究。

編年詩：《春日雜詩》（五首）《遠近》《庚申夏六月天台紀遊》《北雁蕩》
《南雁蕩雜詩即贈陳少文先生》（十二首）《松陽道中望山家》《自松陽縣至岱
頭》《朝發白岩》《自龍泉至江山雜詩》（十首）《宿小九華山九華禪院》《建德》
《梅樹潭》《永嘉偶題》《青田舟次偶成時洪水初退》《石門洞劉青田讀書處》
《高亭投宿周處士霽光家》《自高亭至溪上村是為龍泉境》《龍泉縣度中秋》《常
山道中》《開化道中》《七里瀧》《東天目》《西天目》《孝豐歸途口號》。

民國十年辛酉（1921） 二十八歲

1月，《浙江植物名錄》文章在《科學》雜誌（第6卷第1期，第70～101
頁）發表。摘錄如下：

予今夏奉國內和各大學之委任，赴浙江採集植物，採集得蕨類
植物種子植物共五六百種。茲擇其已鑒定有學名者，先編一名錄，
其詳盡尚當俟之異日也。著者識

1921年年1月胡先驌著《浙江植物名錄》

1月，著《浙江植物名錄》由中國科學社刊行。

3月，譯《有益之微生物與生活質》，特維斯（May Tevis）原著，文章在《科學》雜誌（第6卷第3期，第283～294頁）發表。摘錄如下：

> 邇來科學界出有一破天荒之學說，則為有益之微生物學說是也。在動物體中，昔人已知除致病之微生物外，尚有多數無害之微生物存於其中。法國海洋學專門學校（Ocean Graphic Institute）薄底耶教授（Prof. Paul Portier）即曾研究此項不致病之微生物有年，近日乃創一學說，以為此項裂殖菌不但無害，且為高等生物生活作用所不可少之物焉。

> 薄底耶教授以為共生（Symbiosis）現象——兩種生物共生為一體而彼此皆有利益——為生物界普通之現象。共生現象之最顯著而為人人所知者，則為菌藻共生而成地衣（Lichens）。薄氏以為除裂殖菌外，世間無單獨之生物。所有高等生物皆二種生物所成，一為高等生物之本體，一為分布於其肌體中而為其生活作用所不可少之微生物。薄氏對於此項微生物，名之曰共生微生物（symbiotes）。共生微生物現已能於其寄主中分出，而證明為能自營獨立之生活。此種微生物雖周布於全體，然以數種器官含之最多，如脾與生殖腺則最多，肝則鮮有之。

> ……

> 薄底耶教授以為共生微生物主持營養中兩種現象：一方面破壞繁複之物使成為簡單，一方面以簡單之物造成繁複。故以碳氫化物養之，則能使之變為極易養化之物，而能使佛林溶液（Fehling slution）還原。彼且能使蛋白質變為酸基硝水基質（acid amines）。凡此皆同於他種生物之消耗營養也。在建造營養上觀之，其性質亦與他種生物同，故若以蔗糖與一種硝酸化合物供給之，則能建造一種復蔗糖與肝糖（glycogen）相類。故自實際上觀之，薄氏以為他種生物之營養作用，實為共生微生物之營養作用也。

> 以試驗所知，共生微生物之入生物之體，概由於與食物以入胃腸。凡皮下注射、血管注射皆無效果。

> 薄氏學說最重要之一點，則為薄氏認定細胞中之一種胞微體（mitochondria）即共生微生物。胞微體為一種小體，除裂殖菌外，

凡動植物細胞皆有之。其形狀或為小圓球形，或為小粒結合之絲狀物，或竟為株狀物。此類胞微體，每細胞中皆有定數。薄氏以為此物即為共生微生物。

少數植物亦有共生現象。蘭科種子普通未含有供給幼植物發生之養料。若種於滅生之土中，即不能萌發，而能萌發於前此曾種蘭科植物之土中。其故則因在後者土壤中，其種皮為一種屬於 thizoctonio 屬之菌所侵入，蘭科植物之細胞乃消化此菌之菌絲。薄氏認蘭類之作用與咆膜酵素（cytase）之消化木質同，其發達乃藉此種食物而得。至植物漸長成，則由此而得共生微生物之供給。在蘭科植物，此種共生現象非遺傳的，共生微生物非如食木動物之存於卵中，造物乃利賴土中之共生食物以供給其種子。但在 neottla 體中，其寄生菌乃侵入種子之中。同時各種菌根亦僅表示一種菌類與一高等植物之共生現象也。

如上文所言，薄氏以為血液中之共體名為圓質體者，為一種流轉之共生微生物。若此說確者，則於抗疫性，彼或有功焉。近日研究證明此種圓質體與解毒性（alexine）及他種抗毒素（anti-toxin）之製造有關，復能驅除裂殖菌，尤以驅除 staphylococci 為最。又考見在對於有害物質之加入不能引起反應之一種病證中，每每圓質體幾於完全缺乏；而群以為若能設法增加圓質體，或可免傳染也。

吾人此時可不討論薄氏所說共生微生物與潰瘍之關係，蓋尚須有多數研究始能證明或否認其說也。其假設所論共生作用與種畸（mutation）之關係，雖極有趣，亦尚須他日之證明也。〔註125〕

春，南京高等師範學校農業專修科設有七個系。

南高發展至 1921 年春，各科所屬各學利大致均聘有幾位教授，乃將門改設為系。農科之下設農藝、園藝、畜牧、病蟲害、農產製造、蠶桑、生物等七系，其中生物系為新設。之所以設置生物系，顯然是在胡先驌、秉志主持下，生物學教學、動植物標本採集及研究初具聲譽，而生物學與國計民生關係密切。此為國立大學第一個

〔註125〕張大為、胡德熙、胡德焜合編《胡先驌文存》（下卷），中正大學校友會出版發行，1996 年 5 月，第 686～694 頁。

生物系，其時國內教會大學如蘇州東吳大學已設生物系，而廣州嶺南大學、南京金陵大學也已開展動植物學研究，但其主持者多為外籍人士，或許他們僅是職業興趣，專注於自己所涉及小範圍之研究，而沒有如胡先驌、秉志具有民族情懷，以開拓中國生物學事業為畢生志向，故在人才培養、學科建設、研究規模均未有如南高東大高瞻遠矚、系統謀劃，故南高東大生物系歷史意義遠高於其他各校。

一般而言，生物學屬純粹科學，應歸於理科。而在南高時期，或者尊重現實，順勢將生物系納入農科；南高改組為東南大學後，生物系仍設於農科，此時據胡先驌言是理科主任不願接納胡先驌、秉志等人，使得生物系仍設於農科。1925年為了獲得更多經費，生物系分為植物學系和動物學系，1927年東南大學步入中央大學，動植兩系又合併為生物系，而併入理學院。

生物系成立伊始，按農科組織規程，設主任一人，公推秉志擔任。系中人員有教授、教員、技師、助教若干人，主持全系之教務。生物系成立兩年後，其設備、人員如下：

有實驗室一、動植物標本室各一、溫室一，儀器則有新式顯微鏡四十架，擴大鏡三十架、雙管顯微鏡、映畫鏡、自動切片機、徒手切片機，以及植物生理學需用之儀器如光合作用試驗器、呼吸試驗器、發酵試驗器等亦已購備，聊可敷用。本系現有教授五人、教員一人、助教五人，現共有學程五十七種。

生物系設備僅「聊可敷用」，說明初創時期，經費拮据，儀器尚為簡陋，或者不及其他各系；但生物系教授卻多於其他各系，其他各系教授僅二三位，生物系卻有五人之多。秉志、胡先驌乃是正真科學研究之踐行者，自然吸引同好之跟隨者，先後加入教授行列有陳楨、陳煥鏞、錢崇澍等。〔註126〕

〔註126〕《國立東南大學農科六年間概況》，農科報告第二冊，1923年5月。胡宗剛著《南高設立生物學系》，2021年08月18日。南京大學生命科學學院版。《百年院慶、南京高等師範學校農業專修科之生物系創設原委（七）》COPYRIGHT © NANJING UNIVERSITY ALL RIGHTS RESERVED|蘇ICP備10085945號 WEBMASTER@NJU.EDU.CN。

春夏間（4 月～8 月），再次赴江西、福建等地進行植物標本採集。經南昌、吉安到安福，進武功山，南下崇義、越梅州到廣東，然後經龍南、安遠，信豐到贛州。又經寧都、廣昌北上，至上饒鉛山，考察武夷山及福建崇安武夷山植物，再經南昌回南京，歷時半年，行程五千多里。「春間又至江西吉安、贛州、寧都、建昌、廣信及福建武夷山，采得大量植物標本。東南大學成立後，秦仁昌曾在浙江台州、溫州及安徽南部，採得大量植物標本，並有重要的新發現。」〔註 127〕胡先驌在浙江和江西、福建採集的植物標本有副份寄給了德國柏林植物園和美國哈佛大學阿諾德樹木園等標本館，但 1923 年東南大學大火和二戰期間對柏林的轟炸，導致胡先驌的標本存世極少。胡先驌從這次採集標本發表的新種中，最少有 15 個，其中江西 13 個，福建 2 個。

5 月，《南京高等師範學校農科訓育之目的及其方法》文章在《教育與職業》雜誌（第 3 卷第 5 冊第 29 期，第 1～3 頁）發表。摘錄如下：

《南京高等師範學校農科訓育之目的及其方法》文章

〔註 127〕 胡先驌著《植物分類學簡編》，高等教育出版社 1955 年 3 月版，第 4 頁。

　　南京高等師範學校農科，以中國農業教育極其重要，農業人材及博物教師極其缺乏，乃苦心孤詣，延請各種農學專家，設置充分之儀器設備，組織農業及博物中之精深科目，採用選科制，以其養成下列之六種專門人材。

　　一、中等農業學校教員。

　　二、中等學校博物或農業教員。

　　三、鄉村農業學校教員。

　　四、農事試驗場專門技師。

　　五、其他農業上之技術及行政人員。

　　六、有精深科學知識之農業實行家。

　　欲養成上列之各項專門人才，必使之對於各項科學有精深之研究，復熟練於各項科學上所應有之技能。而農田上一般鄉民治農事之工作，亦須躬親之；又須親在大農場或農事試驗場為長期之實習；再輔以調查研究，以養成其獨立研究之能力。夫如是關於農業上之理論與經驗，可以兼備矣。茲更將本科訓育之方法及注意之點，條舉於下方。

　　一、重視基本科學及其實驗。於農科有關之基本科學，首推化學、植物學、動物學，此外如測量、金工、木工亦大有關本科。故對於化學、植物學、動物學及其重視化學之課程與數理化部一二年級之課程相若。此外復有農業化學之科目，其教授則為數理化部教員擔任。植物課程有三學期，學生欲專修者尚不在內。動物學雖後立，然教授者為秉志博士，中國第一之動物學者也。動植物學之設備在全國亦首屈一指。而化學、動植物學，無論何科，皆有實習。故此類基本科學，理論實驗具備，而畢業生每被聘為化學及博物教員也。此外如測量、如金工、木工，皆有長期之實習，不僅知其要旨，且能實用。蓋無論為專門技師或農業實行家，若缺乏此項技能，不覺大有不便。矧應用新式農業機械，尤為本科所提倡者乎。

　　二、授以最新穎、最精深之農業學理與實習。關於農業之科目，如作物學、園藝學、畜牧學、土壤學、農藝化學、年產製造學、植物病理學、昆蟲學、植物進種學等，皆授以最精深及十年來最新穎之學理，每科皆有充分的實習期間。本科之設備既周，故對於植物

病理學、昆蟲學、畜牧學等，在他處學校類皆僅有書本上討論者，本科皆能予以充分之實習。故學生不但洞悉各科之學理，且有實習之經驗，復能養成獨立研究之技能，即至實地經營農業。對於應用科學之處，亦不至茫無所措也。

三、重視農場實習之工作。本科農場實習，每星期有六小時，為試驗室外實習功課。其目的在使學生嫻習農場上各種工作，如浸種、播種、栽秧、耘田、割稻、布肥、車水、搓繩、和三和土、孵卵、擠牛乳、接芽、接枝、疏整、剪枝等等工作。靡不躬親。雖他日任技師或為田主之時，未必便須躬自操作，然絕對不能勞動，亦非所宜。且藉此以為習苦之用，亦本科訓育之目的也。

四、暑假期內復有長期之鄉田實習。本科定章，第一二年生至暑假期內，須由校中派往各處大農場或農事試驗場實習八星期，每日工作八小時，如此者二年。蓋以校內之農場實習每學期兩次，每嫌精神不能貫注，且多為分事項練習之行為。與實際力田不無小異。今與以實際長期之練習，經驗自更切實有用，且年易一地，對於他處農業狀況，亦能力所觀察。

五、農業調查與研究。調查使之對於中國農業狀況多所觀察，庶知中國農業程度、習慣狀況之究竟與其缺點之所在，因之籌劃改革之方，亦不至茫無措手。研究則以教員之指導，逐漸養成精研之能力。庶幾日後出校，亦有獨立解決各種農業問題之能力。

六、使外國語有觀書報之能力。農業學問，極為賅博。雖我國問題未必與人盡同，然先進諸邦人才輩出，著述極宏，在在可為我國所師法或參考。學校肄業之期間甚短，他日自由研究之日甚長，苟不通至少一國語言，則捨校中所得之學問外，將永無上進之路矣。此間學生對於原文書籍，咸能瀏覽，是有造於彼將來者甚大也。

總而言之，本科訓育之目的，在使學生理論實驗上皆得充分之教育，尤養成其作苦之習慣。蓋與近日教育家所主張之實驗主義若合符節，亦中等初等農業學校所宜效法者也。〔註128〕

5月，譯《科學的返老還童法》，馬克魯（Donovan McClure）原著，文章

在《科學》雜誌（第 6 卷第 5 期，第 536～538 頁）發表。摘錄如下：

　　　　返老還童以及他種延年之法，昔日修煉家所企望而不可及者，今乃漸有把握。惟不在服食藥餌，而在外科之手術，斯為異耳。去年秋間巴黎喧稱伏郎羅夫（Dr. Serge Voronoff）醫生以割接生殖器左近之間處腺（interstitial gland）之法致使一年老之山羊還為少壯，自後一老者復經割接以黑猩猩（Chimpanzie）之同上器官，而得少壯之效，此事乃大著。然在伏氏之先，奧醫司丹納格（Dr. Engene Steinack）對於此事極有重要之發明。此外美國芝加哥醫生加納爾數年前亦曾為同等之試驗而得良好效果。載勒根（Oregon）州之峇德侖（Portland）醫生馬確古（Mccorkle）亦曾以山羊之間處腺割接於人身，所醫男婦四十一人皆得返少之效，病者中有數婦人年在四十五至四十八之間，數男子則年高自六十一至七十四云。馬醫云：「予之割接此器官，一用割盲腸炎之手法，亦幾在其處，予以之置於腹膜之中。大約一年間此器官可被吸收淨盡。彼性情躁急失望者今乃改變，其 m 壓素來極高者至是乃大減。」

　　　　然司氏之成就尤較他人為大。在歐戰之前，彼為歐洲最有名醫生之一，曾創辦白剌格（Prag）比較生理學研究所，為歐洲最先創立者之一，後乃任維也納生物研究所所長，即於此時為下述之試驗。

　　　　最有趣味之事，為司氏不但用割接之法能使人及動物得返老還童之效，且能用一種縛帶於特種管狀物及用 X-ray 特種放射之法以得同等之效果。此後法尤堪注意，蓋人或不喜以動物器官割接己身，則可用 X 光線以達其目的也。司氏近年曾著一書，名為《用試驗的衰朽春機腺更新法而得之返老還童法》（Rejuvenation by maeans of Experimental Rexivification of Senescent Puberty Glands）。「春機腺」一名詞司氏用之以包括普通男女生殖器官與此項間處腺，在男子謂之萊的希細胞（Leydig cells），在女子謂之盧丹細胞（Lutein cells）。此種細胞亦含有一種分泌液，有分別屬性之功能。

　　　　司氏先用豚鼠（Guinea pig）與平常之鼠為一種奇異之試驗。先將生兩星期之雄鼠之精器除去，接以生四星期之雌鼠之卵巢，結果則雄變為雌。此後司氏復行相反之試驗——以雄鼠精器接於除去卵巢之雌鼠——亦得同等之效果。此試驗舉行於 1915 年維也納生物研

究所生物學家與醫生大會之前。司氏聲稱雌雄屬性之區別，非生殖器官所致，而為間處細胞之功能。此種器官，既有影響於少壯衰老之發達，司氏乃思及能否以更新此種器官之法以延年益壽。於是細心研究鼠類少壯老死經過之情形，發見鼠類衰老之徵象為彼剛須之墮落，背首之傴俯，食量體重之退減，筋肉之衰弱，目光之昏昧，與對於環境興味之薄弱，即一雌鼠在旁亦不能引起其注意，至遇他雄鼠，則不但不如前此之好鬥，且怯避之如不及焉。

司氏繼而研究使此鼠返少之法，共得三法。其最簡單者為縛帶於精管（spermatic duct）。第二法為暴露之於 X 光線之下，此法雌雄皆可用之。第三法即為將一幼年動物之精器割接於老年動物之體。無論所用為何法，數星期之後，返少之功效大著，首既不俯，眼亦大張而有光彩，背亦不傴，須且重生。司氏於是乃思以此新返老還童之術施之於人，亦大著奇效。被療治之人，不但面貌返少，且自覺精力增加，手足亦不抖戰，性情上亦漸復其壯年之狀焉。

司氏考得經此治療之動物生命較平素可延長四分一至三分一。至人類之壽能延長若干，則惟有取證於將來也。司氏以此次戰事影響，至無款無用品無助手以繼續其試驗，其生物研究所亦已關閉。現德國萊泊漆遂（Leipzig）大生理學家勞克思（Whilhm Roux）方為之求助於社會，俾得鉅款以重興此研究所，繼續研究此事云。〔註129〕

5月，東南大學農科介紹胡先驌採集標本成果。

江西採集結束後，農科有一則報導，其云：「《東南大學農科近況》：本科植物學教授胡步曾先生，受各大學公聘為浙贛川滇採集員後，即於去年夏間赴浙江採集，今年春間赴江西採集，先後共得顯花植物一千四百種，菌類植物二三百種。去歲冬胡教授回校後，即將浙江所採集顯花植物標本，分送哈佛大學阿諾德植物院與德國柏林植物院，所採菌類植物，則送美國羅依德植物研究所。今得德國柏林植物院笛而士覆函云：所採之植物極有價值，即日代為鑒定。美國羅依德尤稱所送往之菌類，據云為中國最佳之採集，中有數種

〔註129〕張大為、胡德熙、胡德焜合編《胡先驌文存》（下卷），中正大學校友會出版發行，1996年5月，第695～697頁。

為中國所特產，而此次初見者，有一種且名以胡君之姓云。今年採集標本，較去年尤多，珍奇數亦更多，現在整理，再分送美德二國云。」〔註130〕

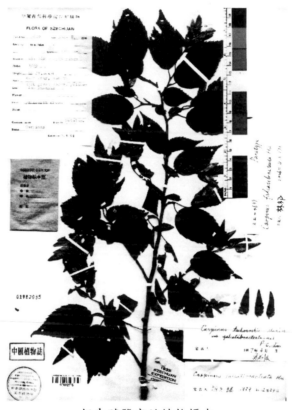

胡先驌鑒定的植物標本

6月，《浙江植物名錄》文章在《科學》雜誌（第6卷第6期，第70～101頁）發表。

7月，南京高等師範專科學校農科第二屆（班）招生21人畢業，其中有兩位原生動物學家王家楫、水生動物學家伍獻文於1948年選聘為中央研究院院士，棉花專家馮澤芳、昆蟲學家楊惟義1955年被聘為中國科學院學部委員。

〔註130〕《農學叢刊》1卷2期，1924年。胡宗剛著《胡先驌赴浙贛採集植物標本》，2021年08月16日。南京大學生命科學學院版。《百年院慶、南京高等師範學校農業專修科之生物系創設原委（四）》COPYRIGHT © NANJING UNIVERSITY ALL RIGHTS RESERVED|蘇ICP備10085945號 WEBMASTER @ NJU.EDU.CN。

胡先驌鑒定的植物標本

　　7月，南京高等師範學校組建國立東南大學，各本科（即文理科諸系）仍由高師辦理，郭秉文為校長，兼任南高師校長，在過渡階段，實行兩塊牌子，一套人馬。農科成立生物學系，分動物組、植物組兩部，胡先驌擔任系主任、教授，秉志為動物組的負責人。是我國大學設立的第一個生物學系。

　　農科學生規定須依下列學規選擇學程：1. 農科學生選擇學程的規定如下：（1）必修科（連預科計算）：國文，6 學分；英文，12 學分；化學，10 學分，物理，4 學分；地質學，3 學分；植物學，4 學分；動物學，3 學分；農業問題，2 學分；以上共計 44 學分。此外，於下列各組至少選 3 學分。甲組：植物學門、植物病理門。乙組：動物學門、昆蟲學門。丙組：士壤學門、作物學門。農具學門、園藝系。丁組：畜牧系、蠶桑系、農產製造系。（2）必選科：在本科第一學年期末，各學生應自認一系或一門為專習主科，商請該系或該門的教授一人為指導員，指定必選各學程。（3）隨意選科：除（1）

（2）所規定者外，學生在指導員同意下，可以自由選習農科各系學程；如果選習他科學程時，除需取得指導員同意外，學分也不得超過 16 學分。2. 在修業年內，須到指定地點實習農事，至少以兩暑假為限。每暑假實習時間定為 8 星期，每星期工作時間 48 小時。3. 凡本科生自第二學期起，要選何種學科，須於第一學年終了時，與指導員商定，再由科教授會議決實行。凡是已經決定的選習科目，非經指導員同意、教授會議通過，不得變更。〔註131〕

7月，自傳載：「該校改為東南大學後，繼續任生物系教授及主任，直至1926年北伐後東大改組後始離職，任中國科學社生物研究所植物部主任。」〔註132〕

8月，胡先驌計劃赴安徽南部植物標本採集。

江西採集竣事之後，當年 8 月暑期，胡先驌還擬赴安徽南部採集，為此南高致函安徽省教育廳，請下文擬經所屬各縣，屆時予以保護。安徽省教育廳遂有《訓令歙縣等二十一縣知事》：「准南京高等師範學校函派員赴池州等採集植物標本，請飭妥為接洽。」此為安徽採集惟一記錄，是否最終成行，則未知也。〔註133〕

9月9日，王浩致胡先驌信函。

步曾大兄如握：

久別思仰，無日去懷，屢欲上書，冗懶相承，卒無一果，知公顧憐，發落不為罪也。兩奉惠翰，備承吟興清佳，為之望羨而已，弟自今春南旋家居，近三月，不能強餓，又復北來，當時為自治運動，寢食不遑，明知無成，實欲報天水一顧之知，幾忘個人哺啜之重，至七月，忽有某事發生，初期發動實出意表，其後頗為當時所

〔註131〕 柳志慎、胡啟鵬著《楊惟義傳》，江西教育出版社，2015 年 11 月版，第 20～21 頁。

〔註132〕 胡先驌著《自傳》，1958 年。《胡先驌全集》（初稿）第十五卷人文科學文章，第 656～659 頁。

〔註133〕 《安徽教育月刊》第 44 期，1921 年。胡宗剛著《胡先驌赴浙贛採集植物標本》，2021 年 08 月 16 日。南京大學生命科學學院版。《百年院慶、南京高等師範學校農業專修科之生物系創設原委（四）》COPYRIGHT © NANJING UNIVERSITY ALL RIGHTS RESERVED|蘇ICP備10085945號 WEBMASTER @ NJU.EDU.CN。

忌，中間又為季重氏多方扞格，結果遂落此間，漢宮冗散，自狀無關憂危，歎息而已。又北京師範忽有人聘任為國文專任教員，每週十六時，有男生三班，女生一班，終日口講手畫，夜則丹鉛甲乙，與家大兄生活略同，可推知也。聞兄壯遊海內，又將重至美洲，其得失與培負，不僅榆枋南溟不識，亦有以啟迪其愚心耶？家嫂之喪，三子裏外痛念無措，實為生者悲。我兄與曉湘情同手足，當有同情，後此舍間形勢實生大變化，而家兄半生辛苦塗毒，益無以自堪，近察其心緒見於文辭者，大半衰瑟，使人不忍卒讀。聞兄有意介紹之入東南大學，甚善，且渠詎竟槁老南昌耶？不識兄所為謀有後聞否？弟自遭此家難，心緒益惡，欲為謀一得，邀之來京，藉散其悲，然無就也。令親事容便為謀，（履歷收到暫存敝處，遇機再送出）一時略無頭緒，不敢妄意其有成。大詩京中友人多瞻慕之，（已刊新晚報，並兄前作亦亟為人歡迎）程擷華尤道誦不已，杜威演講，弟亦係購得一部，內子一時漫言，然兄如有必需，更當購寄也。

即頌

　　道祉雙安

　　　　　　　　　　　　　　　　　　　　　　　　弟　浩

　　　　　　　　　　　　　　　　　　　　　　重九日〔註134〕

【箋注】

　　王浩（1893～1923），字然父，瘦湘，江西南昌人。曾任江西省財政廳秘書，參議院秘書，國會史纂修。2019年黃山書社出版《南洲二王詩詞集》。

　　10月13日，周岸登致胡先驌信函。

　　步弟：

　　　　侍者得弟三書，竟未裁答，恃弟能諒我病也。讀《八聲甘州》，輒喚奈何。僕舊作《西河臺城路》二闋，直擬焚卻矣。漚尹先生回書，以八月底接得，據言由杭回口，見吾書及詞幀，爾寄來新印《驚音集》五部，蓋漚尹、蘷笙二君自選生平詞百闋，而孫氏為印行者，無新作也。茲以一部另致弟。因觀此印使我怦怦，擬將拙稿仿印而

────────────────

〔註134〕王四同先生提供，胡啟鵬輯釋《胡先驌墨蹟選》（初稿），2022年2月，第353～354頁。

無力。世有孫君，其人余將寤寐求之耳。

賤恙陰疽消余百分之一二，似已無患，惟秋氣中人，恒多傷風咳嗽，體中甚不適，新病數日初愈。弟但視此函字跡可知。兄今日愉快耳，《雅集》已兩集口然，今日作函後，擬一往也。醫院余已送光二百餘元，是以經濟甚窘，醫病均醫不起矣。曉湘不常見，新作則讀之，大有進境，但淮南鴻保鏈字終有過生處耳。

此詢
道體安適

小兄 周岸登 再拜
十月十三日（1921年）

陳秀峰今日晉京去矣。並聞。〔註135〕

10月17日，胡先驌致郭秉文校長信函，在校兩年以來工作情況，特別告知採集植物標本及帶薪赴美留學要求等事項。

鴻聲校長惠鑒：

暌違半載，寤寐懷思。茲有啟者，弟赴美研究植物一事，教育部已核准，行期約在明年一月，將徑赴哈佛大學著手為編纂植物圖志之準備。諸事行將就緒，本不必多瀆清聽。獨是弟家本清貧，雖在社會服務五年，仍無積蓄，且債負在三千金以上。若校中以弟遠出就學，不能繼續照與原薪，必不足以維持生活，然弟非敢故作逾分之請也。須知弟昔者既學成歸國，對於所從事之學術，環顧國內，殊不遜人。即在校中試教兩年，同事及學生亦無異議。苟但抱糊口之目的，則不但不必再赴美研究，且不必僕僕道途，備歷艱苦，為此採集標本之事也。惟以農科同人，素以研究為主旨，艱苦為精神。故不以教授為足，而必採集；不以採集為足，仍須研究。庶學術經驗，得以日進。不但他日施教學生信能得益，且足為吾國科學界開一新紀元也。

一年以來，採得顯花植物標本一千四百種、六萬餘枚，菌類植物一二百種，其中新發現的種類甚多。就中菌類云，以中國名者五

<hr />

〔註135〕胡宗剛撰《胡先驌先生年譜長編》，江西教育出版社，2008年2月版，第78～79頁。

六，以弟之姓名者且有一焉。且弟持身素儉而耐勞，去年徒步一千六百餘里，今年徒步三千五百餘里。菲衣惡食，與挑夫等。辨色而起，宵深始寢。兩年盛夏，未得安息。今春跋涉大雨中者幾兩月。以如是節儉之故，去年三月僅用七百餘元，今年四個月用一千餘元。苟易他人，所費至少必將倍之也。弟之如是自苦者，一為學校惜費，二亦將以自表其忠忱耳。故弟甚望先生能錄其勞，俾在此兩年研究期中，仍與以在校之待遇。

則返國之後，仍當秉此精神，為校盡力。在君子本以自伐為羞恥，然不得不以所經歷奉告者，則以校中昔日待遇教員政策，嘗有不循資序、不顧勞績，但以供給需求為標準之事。且先生在校時少，弟之為人及其盡力之情形，或不能盡悉。而他科教員甚有以農科教員教授時間甚少，較他人為逸豫之語入告者，故不得不自白也。若校中必惜此區區者，則此兩年內家庭生活，亦必自行設法以維持之。惟他日能否永為南大出力，則不能預定矣。即以供給需求之律相繩，則雖若弟之駑劣，中國現時亦自不多也。專此布悃。

即頌

塵安

弟　胡先驌　拜

十月十七日（1921 年 10 月 17 日）〔註136〕

（張建中先生提供）

接著，郭秉文復胡先驌函，對採集植物標本等工作表示認可，對帶薪留學按照規定執行，回國之後原校任教。

步曾先生大鑒：

接頌惠書，領悉一是。執事在校多載，熱心誠懇，備著勤勞。此次遠赴各處採集植物標本，長途跋涉，辛苦不辭，弟與同仁俱深感佩。赴美續學，以執事平素艱苦卓絕，必能勇猛精進，抵于大成。回國以後，深望仍在本校教授，以惠學者。

留學期內支給薪水一節，學校擬有相當表示，以慰賢勞。惟按照向來辦法，凡教員留學國外，訂定回國後仍至本校服務者，學校

〔註136〕中國第二歷史檔案館國立中央大學案卷。

只給原薪一部。執事赴美，情形視尋常為異，如欲變通成例，似亦不無理由。但此事與將來派遣教員留學問題，頗多影響。照目前學校狀況，能否即從遵意，或須仍照前例之處，弟尚當與行政委員會同人慎加考慮。先此布達。

再，採集植物標本一事，係與各校及其他機關周全辦理。各處匯款來汛，每詢是項標本何時可以寄去。務請執事赴美以前，將此事結束妥善，以便通告關係各處，慰其懸望，以全信用，無任盼幸。專復。

順頌

公安

　　　　　　　　　　　　　　　　　　　郭秉文　謹啟

　　　　　　　　　　　　　　　十年十月十八日〔註137〕

（張建中先生提供）

10月，《吳偉士教授防美國加省治害蟲之成績》文章在《江蘇實業月誌》雜誌（第31期，第5～7頁）發表。1922年1月，轉載於《中華農學會報》（第3卷第4期，第54～55頁）；同年月，轉載於《勸業叢報》（第2卷第3期，第194～195頁）；1922年3月，轉載於《農業叢刊》（第1卷第2期，第265～267頁）。摘錄如下：

囊日留學美國加州大學時，所治者為植物，在吳偉士教授處受業頗少，故吳教授之偉績知之不詳。茲僅就所知者縷述之如右。

　　　　　　　　　　　　　　　　　　　──作者志

吳偉士教授為美國加州第一昆蟲學家，加州治蟲害之法泰半為其發明。其最大之功績是為治蚊，今加州蚊患已絕。關於農業害蟲之研究尤夥。加州產橘極多，橘之害蟲亦夥，有棉團介殼蟲、紅硬殼蟲、黑硬殼蟲等，為害極烈。有人發見以青酸鹽加硫酸薰氣之法治之頗效，因之每年加州用此法殺蟲之費在二百萬美金以上。但此法固能殺蟲，亦能傷樹。果皮受傷，賣價即銳減，每年農民受害不淺。農民又每每疑及薰氣技師之不得法致起爭論。吳教授乃銳意研究之，始乃硫酸化氣溶於霧點之中，霧點下降果皮或樹枝之上所起

〔註137〕中國第二歷史檔案館國立中央大學案卷。

傷害。乃教農民以藍色試紙驗得果皮上現二米釐（米釐即毫米）大之紅點時，即停止薰氣，其害遂免。同時，又因薰氣過多則糜費金錢，過少又不足殺蟲，乃苦心研究始發明一法，可量得需要青酸鹽之量，乃按樹之高低造成一表曰。後但需按表量藥，無過多過少之患矣。加州蘋果蛾蟲之害極劇，在美國他部皆用巴黎綠於花落後噴射之。在加州則此法不行，且樹每每受害。農民無法，乃求助於大學吳教授。乃試得噴射之期在加州宜在花瓣未落之先。又試得樹之所以受害，由於巴黎綠中之砒素溶解於霧中，滲透入樹葉中乃致傷害之故，乃主張用不溶解之鉛化砒。當時製造殺蟲劑之公司不肯代製此項殺蟲劑，吳教授乃命二學生集股製造。數年之後，全省用之。蟲害遂自百分之二十銳減至百分之五。加州每年乃銳增八百餘列車之蘋果，而此學生所組織之公司亦變為全省第一焉。加州桃樹之害，為一種蠐蟲為害最大。每年在販賣鮮果之一途，損失在五十萬美金之上。此蟲每穴居於枝中，在紐克索地方乃不能用殺蟲劑治之。嗣經吳教授研究，始知噴射藥液須在蟲出蟄之後。該地農民群起踵行，因之每年桃之產量增加五百餘列車，值美金五百餘萬元，而並未費分文之試驗費云。以上所舉不過為吳教授治蟲成績之一斑。其詳殆不勝枚舉。現加州全省食物及殺蟲劑檢驗所即設於加州大學中，吳教授任所長，可知吳教授所負責任之重，及其所能負荷之能力也。〔註138〕

11月7日，秉志致郭秉文信函。

此前胡先驌在辦理赴美留學時，請校方予以經濟援助時，秉志作為生物系主任也致函校長，為之說項，其云：「敝系胡步曾先生前此為吾校及各校採集植物，跋涉數千里，艱苦備嘗，得美備標本三萬餘份。凡屬同志，皆欽佩其精神，而豔羨其成績。今將重遊美洲，往哈佛大學比較標本，以為編輯「中國植物圖考」一書之預備。將來裨益吾國科學前途，實非淺鮮。此等盛舉，非他遊學者所能同日而語。吾校宜示格外優待，以為潛心學術、努力深造者之勸勵。請將胡先生每月薪金由敝系預算中提出，照常給送。並將渠此二年之聘書，於出發以前預先訂下，俾胡君得精心探討，滿載而歸。執事

〔註138〕《胡先驌全集》（初稿）第十四卷科學主題文章，第11頁。

實有獎藉學者之盛德，而吾校於實際上、名譽上皆有無限利也。」
秉志推薦胡先驌是基於他們共事一年之後，對胡先驌為人處事之瞭
解而產生敬佩之情。〔註139〕

11月，《浙江菌類採集雜記》文章在《科學》雜誌（第6卷第11期，第
1137～1143頁）發表。摘錄如下：

> 客歲秋間余赴浙江各屬採集植物標本時，曾採得百餘種菌類。
> 就中以木質多孔菌（polyporaceae）占多數，另有一種為鳥巢菌
> （nidulariaceae），兩種 thelephoraceae，一種折菌（agaricaceae）。當
> 即送往美國菌學專家羅依德（C. G. Lloyd）鑒定。據其覆函稱，為我
> 國最佳之採集，中有數種為吾國所特有，其一且贅以鄙人之姓焉。
> 茲將所採集之菌之學名，及羅氏關於特異之數種之記載及案語述於
> 下方：……〔註140〕

11月，《江西植物名錄（福建崇安縣植物附）》（上）文章在《科學》雜誌
（第6卷第11期，第1144～1171頁）發表。

12月，《江西植物名錄（福建崇安縣植物附）》（下）文章在《科學》雜誌
（第6卷第12期，第1232～1247頁）發表。

12月，《江西浙江植物標本鑒定名表》文章在《科學》雜誌（第6卷第12
期，第1248～1254頁）發表。

> 去歲予在浙江所採標本，全數送往德國柏林植物院院長笛而士
> 鑒定。上月來函，已代為鑒定五十餘種。今並與予所鑒定浙江江西
> 所採植物標本，按採集號數列為一表，先行公布。餘俟陸續鑒定公
> 布。

著者識

〔註139〕秉志致郭秉文函，1921年11月7日，中國第二歷史檔案館藏中央大學檔案，
全宗號六四八，案卷號62。牛力先生提供。胡宗剛著《生物學系主任小考》，
2021年09月13日。南京大學生命科學學院版。《百年院慶、南京高等師範
學校農業專修科之生物系創設原委（七）》COPYRIGHT © NANJING
UNIVERSITY ALL RIGHTS RESERVED|蘇 ICP 備 10085945 號 WEBMASTER
@ NJU.EDU.CN。
〔註140〕張大為、胡德熙、胡德焜合編《胡先驌文存》（下卷），中正大學校友會出版
發行，1996年5月，第31～36頁。

　　是年，與秉志、楊銓等中國科學社生物研究所籌委會代表，撰寫了《中國科學社籌設生物學研究所意見及計劃書》，該計劃書，對設立生物研究所的意義，為何要從生物研究開始，作了詳細闡述，有三點：其一，生物學與人類關係極大；其二，地方事業關係密切；其三，材料簡單，投入少，易出成果。最後對開辦費作了周密詳細概算。摘錄如下：「今人競言科學救國矣。夫科學何以能救國，豈不以人類所由以進化之秘奧，他學所不能闡明者，而科學能之，國學所賴以生存之要素，他術所不能力致者，亦唯科學能之。是故科學為創造的，為實際的，唯研究乃可為功，斷非徒託空言所能奏效，此提倡科學所以必與實行研究同時並進也。並世文明諸國，國力之富強，與科學之發達為正比例，而科學之發達，又與研究所之多寡為正比例。如英、如法、如美、如德，研究機關之林立無論矣，乃至勞農之俄，去年一年中，所添科學圖書館二百四十餘所，科學教育機關五十餘所，而科學學會、科學討論會等，則不可勝數（見各報所載三月一日華盛頓專電），然則他國之重視科學，可概見矣。我國地大物博，其有待於發展之天然寶藏何限，即有待於科學之研究者亦不可枚舉，而環顧國內，則以研究科學為職志之機，尚渺乎未見，得非學術事業之大憂乎。敝社同人有鑑於此，自民國三年組織中國科學社，即以傳播新知及自行研究為鵠的。嗣於民國九年，在南京組織社所，先設立科學圖書館，以為研究之預備，目下圖書館規模粗備，館中所藏書籍雜誌，頗足供研究者參考之用。竊不自揣其力之不逮，欲開始研究，以為吾國樹實驗學術之先聲，對世界雪儕野無學之大恥。又因科學範圍廣大，擬先從生物科學入手。一因生物學與人類關係極大，蓋人即生物之一，而人類所資以為生者，如植物、動物，皆生物也。自植物生理學育種學進步，而農工百業咸蒙其利。自人體解剖學、人體生理學、細菌學大明而疾病夭札不復為災。自拉馬克、達爾文諸氏天演學說發明，而思想界為之一變。政治學術胥受其影響。故生物學與人生有息息相關之切要，而又各國有各國之問題，不容他人為之代謀，此不能不急起直追者也。二以生物研究，與地方事業，如公共衛生等，關係至為密切，將來略事擴充，即可為人生造無量幸福，三因生物學就地取材，收效較易，書籍儀器，亦較理化諸學為廉，開辦之初所須設備之費不大。利害切則事在必先，費用則輕而易舉。謹擬具計劃書如左，唯國中賢達，助而成之，則豈特本社之幸，其國家文化及人類幸福實永永利賴之。

　　本研究所擬就南京中國科學社社所開辦，故計劃書中可省去建築費一項。

又研究員中有本社社員，願盡義務者，其薪俸開支亦可減少，茲就極少限度列舉於後。略。」〔註141〕

是年，南京高等師範學校、東南大學時期，成立出版委員會，主任：劉伯明，委員：楊杏佛、陶行知、柳詒徵、胡步曾、李仲霞等教授。〔註142〕

是年，中國科學社主辦《科學》雜誌編輯部改選，王璡為部長，趙元任、胡先驌為副部長。

是年，在中國現代生物學的開山宗師秉志和胡先驌的大力倡導、積極倡議並具體謀劃下，剛剛由南京高等師範學校擴升並改名而成的東南大學，其農業專修科內誕生了國立大學中的第一個生物學系。〔註143〕

編年詩：《新建西山見山攀朱藤為各賦一絕》（二首）《安福道中》《武功山》《自白雲隘上嶺至伯公坳》《崇義道中》《鍾鼓巖》《玉石洞》《定南下歷墟》《安遠道中》《石口墟遇險紀事》《通天巖》《雩都道中》《南豐縣》（三首）《南城道中》《貴溪道中》《武夷山歌》《泛鄱湖暮抵南昌即事成吟》《烏棲鋪》《大庾道中聞鷓鴣》《梅關五絕句》（五首）《大庾旅次》《龍南縣》《安遠縣度重午》《由信豐買舟至贛縣時川漲舟行極迅》《路過寧都》《蓮花山青蓮寺偕邱君潛夫坐雨》《廣昌縣》《資溪縣》《行抵弋陽縣洪山村》《抵鉛山往探鵝湖書院兼登峰頂寺》《崇安觀署中趙清獻手植梅為吟一絕》《坑口旅宿夜譚贈鄭君熙文》《貓竹關口號》《上饒口號》《信江歸舟口號》《過女子桂英家舊緒棖觸書此贈之》《過上堡故居》《登西山二絕句》《壽劉述九先生與羅太夫人六旬雙慶》《歲暮奉懷然父兼呈簡庵》（二首）。

民國十一年壬戌（1922） 二十九歲

1月20日，郭秉文致北京大學信函。

〔註141〕林麗成、章立言、張劍編注《中國科學社檔案資料整理與研究——發展歷程史料》，上海科學技術出版社，2015年10月版，第102～104頁。
〔註142〕趙麗華著《從學人刊物看學人譜系——以民國中央大學為中心》，《現代出版》2015年03期。
〔註143〕馮永康著《遺傳學在中國的初創與曲折變遷——1978年之前的中國遺傳學》，上海教育出版社2022年11月版，第39頁。

　　胡先驌已開始向各校分寄所採標本,對於未盡之事委託同仁錢崇澍辦理。郭秉文後致函北京大學,說明情況:「兩次所採植物計共一千四百餘種,中間珍異之品,為數頗多,其餘閩湘桂粵皖諸省,本擬續行前往,依次搜採,現因胡君將於本年夏間前赴美國研究,不得不暫時中止,至已經採集各標本學名,除前年所採者已送往德美兩國分類專家鑒定,去年新採者由胡君鑒定約百種,由德國柏林植物院院長笛而士鑒定約五十餘種外,其餘各種胡君擬於夏間赴美時親自攜往美國,會同專家鑒定。植物學名事本至難,歐美植物學家畢生從事於此者,亦往往不能遽下斷語。胡君研究植物雖已有年,然為格外慎重起見,不得不以一己之所知更與世界植物專家互相印證,如是雖稍費時間,而所定學名精審正確,不致貽誤學者,則結果之良,似與草率從事者,實未可同日而語。茲將已鑒定學名各植物,另附鑒定名表及製作標本方法,先行寄上,請即黏製珍藏,餘俟鑒定後,陸續寄奉,至祈鑒諒。胡君為人艱苦卓絕,此次赴美研究,期以二年,於植物一學,必殫思竭慮,研究益深,渠對於採集西南植物一事,現定於回國以後,繼續進行,用完各校委託責任。在赴美期內,關於標本事務歸敝校農科教授錢君崇澍管理,再敝校農科前屬南京高等師範,故關於此函件,由南高署名,自十年九月起南高農科改屬敝校,故關於此事函件由敝校具名。」〔註144〕

　　1月,南京東南大學胡先驌、吳宓、梅光迪等教授創辦《學衡》雜誌。該雜誌以「論究學術,闡求真理,昌明國粹,融化新知。以中正之眼光,行批評之職事。無偏無黨,不激不隨」為宗旨。具體編輯事務作了分工:「通論」為梅光迪;「述學」為馬宗霍;「文苑」包括文錄、詩錄、詞錄等為胡先驌;「雜綴」為邵祖平;「書評」為吳宓;插畫及附錄等七個欄目。該雜誌體裁及辦法:「甲、雜誌於國學則主以切實之工夫,為精確之研究,然後整理而條析之,明其源流,著其旨要,以見吾國文化,有可與日月爭光之價值。不發揚民族精神、

〔註144〕郭秉文致北京大學,1922年1月20日。《北京大學日刊》第959號,1921年2月16日。胡宗剛著《胡先驌赴浙贛採集植物標本》,2021年08月16日。南京大學生命科學學院版。《百年院慶、南京高等師範學校農業專修科之生物系創設原委(四)》COPYRIGHT © NANJING UNIVERSITY ALL RIGHTS RESERVED|蘇ICP備10085945號 WEBMASTER@NJU.EDU.CN。

不以救之圖存；非振興科學精神、不足以安邦立國。乙、本雜誌於西學則主博極群書，深窺底奧，然後明白辨析，審慎取擇，庶使吾國學子，潛心研究，兼收並覽，不至道聽途說，呼號標榜，陷於一偏而昧於大體也。」〔註145〕並且登出本雜誌簡章，卷首的插圖是孔子像，蘇格拉底像，這二者並重相提。柳詒徵為雜誌撰寫《弁言》，出版之始，謹矢四義：「一、誦述中西先哲之精言，以翼學。二、解析世宙名著之共性，以郵思。三、籀繹之作，必趨雅音，以崇文。四、平心而言，不事謾罵，以培俗。」〔註146〕該雜誌由「發起同志數人，擔任編輯」，但自始至終實際主持編務的是「總編輯兼幹事吳宓」。「在五四運動發生的時候，我首先作文反對白話文，繼與梅光迪、吳宓、柳詒徵諸人創辦《學衡》雜誌，提倡所謂人文主義，以與《新青年》《新潮》兩雜誌相對抗。那時完全站在資產階級的立場，對於我國文學革命與新文化運動造成了很大的損害。現任西南師範學院教授吳宓是這運動的首腦人物，知道我的活動很清楚。」〔註147〕

《學衡》創刊號

1月，《浙江採集植物遊記》文章在《學衡》雜誌（第1，2，3，4，7，10，12等期）發表。摘錄如下：

〔註145〕沈衛威著《回眸「學衡派」——文化保守主義的現代命運》，人民文學出版社，1999年4月版，第7～8頁。
〔註146〕沈衛威著《吳宓與「學衡派」》，河南大學出版社，2000年8月版，第3頁。
〔註147〕胡先驌著《自傳》，1958年。《胡先驌全集》（初稿）第十五卷人文科學文章，第656～659頁。

　　去歲秋間，南京高等師範學校農科主任鄒秉文君與予商酌大舉採集中國植物。當以川滇處萬山之中，氣候溫和而多變異，英人亨利（Dr. Augustine Henry）威爾遜（Emeot H. Wilson）法人德拉衛（Abbe Delavay）先後採集植物至五六千種之多。若吾人能循彼三人之跡而採集之，其結果之佳良，當可不言而喻。鄒君因屬草一緣啟擬一辦法，徵求得北京大學、北京、瀋陽兩高等師範學校之同意，發起茲事，而贊成者有大學與專門學校七，中學二十四。商務印書館亦願贊助以觀其成焉。嗣以川滇政局蜩螗沸羹，盜匪遍地，頗有戒心。而美國哈佛大學阿諾德木本植物院副院長威爾遜君來函，又云：浙贛湘粵閩黔等省之植物，歐美植物學家未嘗採集。而浙贛距寧伊邇，尤易舉事。乃決定在未赴川滇之前，先往浙贛，迨購製器具，拼擋行李已，乃先赴杭州。意欲領一護照，俾軍警得以沿途保護，不謂其時適當直皖之勝負初決，蘇李浙盧，正作暗鬥，武人無識。聞予來自寧垣，橫生疑慮，竟託言溫臺水災，道路梗阻，靳不發照，審知武人之不可理喻。決意微服而行。

　　……

　　此役歷時三月，歷水陸程三千餘里，步行所經約一千六百餘里。浙省東西名山，十探八九，而植物之探訪，成績亦有可觀，新發見之植物已鑒定者。有數新種，而柏樹、紅豆杉、猴歡喜等植物之分布，亦極有研究之趣味者也。此行匆遽，且在夏秋之交，故採集之成績。未為優美，他日當於春間重作汗漫遊，取道山陰、四明、仙居、縉雲、武康、宣平、雲和、慶元、泰順各邑，必更有未經發見之寶藏焉。〔註148〕

　　1月～2月，《評〈嘗試集〉》文章在《學衡》雜誌（第1期至第2期，其中第1期第113～118頁，第2期第142～160頁）連載。後收錄孫尚揚、郭蘭芳編《國故新知論——學衡派文化論著輯要》，湯一介主編《二十世紀中國文化論著輯要叢書》，中國廣播電視出版社，1995年12月版，第292～328頁。

〔註148〕 張大為、胡德熙、胡德焜合編《胡先驌文存》（上卷），江西高校出版社，1995年8月版，第146～180頁。

新嘗試集 （續）　　　　胡先驌

（五）詩之模倣與創造

胡君論詩所主張人事之七曰不暇僅古人須句句有我在一詩尚偉之詩人與批評家初之切非胡君之創見至不屑僅古人一層則大可兩種夫人之技能習力自必以生於哲學凡盛悟天之所得行須程若干時之摸做始能造淵而有所創心今試以一畊孔之小兒從之生於一金鳥俱鵒之膏鳥上進彼生具孔墨之睿智必不能養進有孫常市井兒之技能詩言文字歌曲旃柏海計畫隨別逆難繳健之各種技術均無由得之其哲半思想感亦無由逆遽體其間或能有三群發明與需遂然以改則年累月之力之造就必不能及今日小學生在校二日之所得也今所謂予教育者遂不見其便使年勞苦得年民者之援漢唐末明諸賢哲之辭思想情懷情感之逢其所以禁此者國夫思想行日光藝術扑以來量趣老孔非僧環漢唐人之間即可知凡人凡而洞窈其異同給做之逢其所以禁此者國夫思想行一是期三小時之敎役一年之間即可知凡人凡而洞窈其異同給做之逢其所以禁此者國夫思想行儕詞人之敎能従其心理一二與前人相合小卽思想模做趣思思想懷懷低久新有獨立之能力或因之而他創造然雖有創造亦雖輕遽脫前人之影哿今試跟今日之碓心派唯物混之行學其盖未養作

音樂　新嘗試集

《評〈嘗試集〉》文章

對胡適的白話詩作一評估，並對胡適的主張分別予以批評。該文章二萬餘字，全文分八部分。一、緒言。二、嘗試集詩之性質。三、聲調格律音韻與詩之關係。四、文言白話用典與詩之關係。五、詩之模仿與創造。六、古學派浪漫之藝術觀與其優勢。七、中國詩進化之程序及其精神。八、嘗試集之價值及效用。在緒言中，開門見山指出：予之評胡適君之嘗試集，固自知不能逃此譏彈也。今試一觀此大名鼎鼎之文學革命家之著作，以一百七十二頁之小冊，自序、他序目錄已占去四十四頁。舊式之詩詞、復占去五十頁。所餘之七十八頁之《嘗試集》中，似詩非詩似詞非詞之新體詩復須除去四十四首。至胡君自序中所承認為真正之白話新詩者，僅有十四篇。而其中「老洛伯」「關不住了」「希望」三詩尚為翻譯之作。似此即可上追李杜，遠擬莎士比亞、彌爾敦，亦不得不謂為微末之生存也。然苟此十一篇詩義理精粹，技藝高超，亦猶有說，世固有以一二詩名世者。弟平心論之，無論以古今中外何種之眼光觀之，其形式精神，皆無可取。即欲曲為胡君解說，亦不得不認為「不暜已死之微末之生存」也。然則何為而評之？曰以其為今日一般所謂新體詩者之所取法故。且評胡君之詩，即可評胡君論詩之學說，與現時一般新詩之短長。古今中外名家論

詩之學說，以及真正改良中國詩之方法。故雖不免翻齒剔骼之病。亦在所不計
也。文章指出：論格律，胡適目的在「打破一切枷鎖自由之枷鎖鐐銬」。五七
言之整齊句法，亦枷鎖自由之一種枷鎖鐐銬。故亦在打破之列。而對於其自著
《嘗試集》之第一編中之詩。乃以不能完全打破此項枷鎖鐐銬為恨。殊不知詩
之有格律，實詩之本能。中國詩以五言古詩為高格詩最佳之體裁。而七言，古
五七言律絕與詞曲為其輔。如是則中國詩之體裁既已繁殊。無論何種題目何種
情況皆有合宜之體裁。以為發表思想之工具，不至如法國詩之為亞歷山大體所
限。尤無庸創造一種無紀律之新體詩以代之也。在文章的《嘗試集之價值及其
效用》中，作者結論：上文討論詩之原理與《嘗試集》之短長，言之詳矣。《嘗
試集》之真正價值及其效用究竟何若？苟絕無價值與效用者，何作者不惜窮兩
旬之日力，譊譊然作二萬數千言以評之乎？曰《嘗試集》之價值與效用，為負
性的。夫我國青年既與歐洲文化相接觸，勢不能不受其影響。而青年識力淺薄，
對於他國文化之優劣無抉擇之能力，勢不能不於各派皆有所模仿。然以模仿頹
廢派之故，至有如是之失敗。則入迷途之少年，或能憬悟主張偏激之非而知中
道之可貴，洞悉潰決一切法度之學說之謬妄，而知韻文自有其天然之規律，庶
能按步就班力求上達也。且同時表示現世代之文學尚未產出，舊式之名作，亦
有時不能盡饜吾人之望。雖今日新詩人創作新詩之方法錯誤，然社會終有求產
出新詩之心。苟一般青年知社會之期望，而勤求創作之方，則雖「此路不通」，
終有他路可通之一日。是胡君者，真正新詩人之前鋒，亦猶創亂者為陳勝吳廣
而享其成者為漢高，此或《嘗試集》真正價值之所在歟。〔註149〕

　　是年，《學衡》雜誌辦刊宗旨反思。

　　　我認為胡適、陳獨秀這些人竟敢創造白話文，來打倒文言文，
　　我雖不問政治，但對這個毀滅中國民族的崇高文化的運動，是不能
　　坐視的。胡適諸人欺侮林琴南等老先生不懂英文，我卻引經據典，
　　以西文的矛來陷胡適的西文的盾，在當時我是自鳴得意的。我同梅
　　光迪、吳宓辦《學衡》雜誌，在東南大學造成了一個強有力的，富
　　於封建文化氣息的學派，在今日以革命的眼光來看是毒害了許多青
　　年，對於革命運動是起了巨大的障礙作用的。在這一個時期，我對

〔註149〕張大為、胡德熙、胡德焜合編《胡先驌文存》（上卷），江西高校出版社，1995
　　　年8月版，第25～59頁。

政治是無興趣無主張的。〔註150〕

是年，有科學救國的思想。

後來學了科學，便抱著純技術觀點而服務。這時雖沒有政治活動，但腦子裏還充滿了封建思想，而表現在反對白話文與辦《學衡》雜誌，與當時《新青年》《新潮》派的進步思想是對立的。三十年來，直至最近，自己對於這段活動，還是自鳴得意。實際上是為封建文化作護法，在青年們的思想中，起了反革命的作用。據我自己所知道，遺毒在今日還存在，這是首先要檢討的。〔註151〕

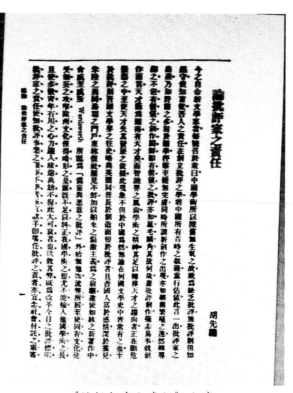

《論批評家之責任》文章

3月，《論批評家之責任》文章在《學衡》雜誌（第3期第44～57頁）發表。後收錄孫尚揚、郭蘭芳編《國故新知論——學衡派文化論著輯要》，湯一介

〔註150〕 胡先驌著《對於我的舊思想的檢討》，1952年8月13日。《胡先驌全集》（初稿）第十五卷人文科學文章，第629～640頁。

〔註151〕 胡先驌著《對於我的舊思想的再檢討》，1952年8月18日。《胡先驌全集》（初稿）第十五卷人文科學文章，第641～646頁。

主編《二十世紀中國文化論著輯要叢書》，中國廣播電視出版社，1995 年 12 月版，第 280〜291 頁。及楊毅豐、康蕙茹編《學衡派》，李帆主編《民國思想文叢》，長春出版社，2013 年 1 月版，第 210〜217 頁。針對當今社會，對批評家提出了六點要求：

一、**批評之道德**　批評家之責任。為指導一般社會，對於各種藝術之產品，人生之環境，社會政治歷史之事蹟，均加以正確之判斷，以期臻於至美至善之域。故立言首貴立誠。凡違心過好奇立異之論，逢迎社會博取聲譽之言，皆在所避忌者也。今之，批評家則不然，利用青年厭故喜新，畏難趨易，好奇立異，道聽途說之弱點，對於老輩舊籍，妄加抨擊；對於稍持異議者，詆謨謾罵，無所不至；甚且於吾國五千年文化與社會國家所託命之美德，亦莫不推翻之。又如胡君適之，創白話詩者也，抨擊舊體詩不遺餘力，認一切詩之規律，為自由之枷鎖鐐銬者也。曾幾何時，又改作舊詩，且謂惟舊體詩為能有風韻。夫舊體詩之能有風韻，胡君在美國作舊體詩時，寧不知之？而於主張白話詩時，何一不言及，直至今日始標明之乎？若前此果不知也，則是所造淺薄，見解未定，乃敢遽操批評之工具，以迷惑青年之視聽乎？然則對於吾國批評家利用人類之弱點，故為違心之論。以博先知先覺之虛譽者將何如乎？此吾立論首先揭櫫批評之道德也。

二、**博學**　批評之業。異於創造，創造賴天才。故雖學問不深，亦能創造甚高之藝術。至批評則須於古今政治歷史社會風俗以及多數作者之著作，咸加以博大精深之研究，再以銳利之眼光，為綜合分析之觀察。夫然後言必有據，而不至徒逞臆說，或摭拾浮詞也。故在今日，欲以歐西文化之眼光，將吾國舊學重行估值。無論為建設的或破壞的批評，必對於中外歷史文化社會風俗政治宗教。有適當之研究，在今日學術消沉之時，固不獲免，然苟真欲在吾國立批評之學。將中國固有之典籍重行估值，則必非近日所謂新文學家者所能勝任也，故吾謂今日批評家之責任，在博學也。

三、**以中正之態度為平情之議論**　吾國文人素尚意氣。當門戶是非爭執至甚之時，於其所喜者，則升之於九天，於其所惡者，則墜之於九淵。漢宋之爭、今古文之爭、朱陸之爭、洛蜀之爭、古文

選體之爭、唐詩宋詩之爭，幾何非獨擅其場，不容他人置喙者耶？且每因學術之相非，而攻及個人，或以個人之相非，而攻及學術。然同時承認其為大藝術家，蓋好而知其惡，惡而知其美，批評之要件也。

今之批評家，猶有一習尚焉。則立言務求其新奇，務取其偏激，以駭俗為高尚，以激烈為勇敢。此大非國家社會之福，抑亦非新文化前途之福也。凡此種種皆務求新奇偏激，以炫眾沽名，大背中正之道者也。孔子曰：天下國家可均也，爵祿可辭也，白刃可蹈也，中庸不可能也。中庸果不可能乎？毋亦不為耳。

四、具歷史之眼光　人類有歷史之動物也。此歷史當自廣義言之。凡自太古以來，風俗習尚，環境之影響，政治教育宗教之陶熔，皆如遺傳性然。子女自先天已稟之於其父母，無由以擺脫之者也，必其可用後天之教育以更變之者，始得議其更張，否則惟有順其有機性自然之蛻嬗以演進之耳。故往往理論上所訾議者，實際上乃極有功用；理論上所贊許者，實際上或不能通行；甚或此邦可行者，在他邦或不可通；此時代之視為善政者，他時代或視為罪惡。故作批評也，決不宜就一時一地一黨一派之主觀立論，必具偉大洞徹之目光，遍察國民性歷史政治宗教之歷程，為客觀的評判，斯能公允得當。

五、取上達之宗旨　今日一般批評家之宗旨。夫批評之主旨，為指導社會也，指導社會純為上達之事業也。上達之宗旨，固絲毫與民治主義不悖，民治主義固為在法律政治上無論貴賤皆得同等之待遇，在社會上皆得同等之機會也。在今日之現況，一般平民在政治社會上未能得此同等之待遇同等之機會，固無待言。凡能除去此項不同等之待遇者，吾人固皆宜極力贊助之。然須知即使此種目的得達，人類之稟賦之不平等仍如曩昔。彼平民者，固以教育普及與社會選擇之故，日進於優美之域，然彼素有優秀之稟賦者，亦將以教育與社會選擇之故，而更加優美。以生物之趨勢而論，殆永無不能進步之時。此進彼亦進，亦即人類之稟賦永無平等之時也。然社會與人類全體，日趨於上達之路，人類之幸福自不言而喻矣。彼批

評家之責，首在認明上達之必要。姑毋求不能得之平等，而日促人類返於昔日之蒙昧。要須秉民治主義之準則，以日促文明於上達，斯不愧為先知先覺矣。

六、勿謾罵　上文於批評家之責任。已舉其犖犖大者。我之主張恐亦未必全是也。故他人之議論之或不當也，僅可據論理以折之。且彼與我持異議者，未必全無學問全無見解全無道德也。即彼所論或有未當，亦無庸非笑之謾罵之不遺餘力也。故如林琴南者，海內稱其文名，已數十年。其翻譯之說部，胡君適之亦稱為可為中學古文之範本矣。庸有文理不通之人，能享文名如是之盛者乎？即偶有一二處有違文法，安知非筆誤乎？安知非疏於檢點乎？乃謾稱之為不通？不已甚乎？中國言論界之野蠻，將不百十倍蓰於英人耶。吾甚願吾國批評家引以為大戒也。以上於批評家積極消極之責任。言之詳矣。

茲總而論之，則批評最大之要件：為博學、為無成見、為知解敏捷、為心氣和平、為有知識上之良知、為有指導社會上達之責任心。〔註152〕

3月，《白璧德中西人文教育談》翻譯文章在《學衡》雜誌（第3期第8～19頁）發表。1921年9月，美國東部之中國學生年會，曾請白璧德先生蒞會演說，此篇即係當時演說之大旨，12月出版的《中國留美學生月報》（第十七卷第二期）刊載本文，胡先驌將其翻譯中文，在《學衡》雜誌刊載。後收錄孫尚揚、郭蘭芳編《國故新知論——學衡派文化論著輯要》，湯一介主編《二十世紀中國文化論著輯要叢書》，中國廣播電視出版社，1995年12月版，第39～48頁。

吳宓在刊載時，寫有附識，放在文章前面，以便瞭解文章的背景和內容概要。按：「白璧德先生（Irving Babbitt）為哈佛大學文學教授，而今日美國文學批評家之泰斗也。與穆爾先生（Paul Elmer More）齊名。其學精深博大，成一家言。西洋古今各國文學而外，兼通政術哲理，又嫻梵文及巴利文，於佛學深造有得。雖未通漢文，然於吾國古籍之譯成西文者靡不讀。特留心吾國事，凡

〔註152〕張大為、胡德熙、胡德焜合編《胡先驌文存》（上卷），江西高校出版社，1995年8月版，第60～71頁。

各國人所著書，涉及吾國者，亦莫不寓目。其講學立說之大旨：略以西洋近世，物質之學大昌，而人生之道理遂晦。科學實業日益興盛，而宗教道德之勢力衰微。人不知所以為人之道，於是眾惟趨於功利一途，而又流於感情作用，中於詭辯之說，群情激擾，人各自是。社會之中，是非善惡之觀念將絕，而各國各族，則常以互相殘殺為事。科學發達，不能增益生人內心之真福，反成為桎梏刀劍。哀哉！此其受病之根，由於群眾昧於為人之道。蓋物質與人事，截然分途，各有其律。科學家發明物質之律，至極精確，故科學之盛如此。然以物質之律施之人事，則理智不講，道德全失，私欲橫流，將成禽獸食人之局。蓋人事自有其律，今當研究人事之律以治人事，然亦當力求精確，如彼科學家之於物質然。如何而可以精確乎？曰絕去感情之浮說，虛詞之詭辯，而本經驗重事實，以察人事，而定為人之道。不必復古，而當求真正之新。不必謹守成說，恪遵前例，但當問吾說之是否合於經驗及事實。不必強立宗教，以為統一歸納之術，但當使凡人皆知為人之正道。仍可行個人主義，但當糾正之、改良之，使其完美無疵。此所謂對症施藥，因勢利導之也。今將由何處而可得此為人之正道乎？曰宜博採東西，並覽今古，然後折衷而歸一之。夫西方有柏拉圖、亞里士多德，東方有釋迦及孔子，皆最精於為人之正道而其說又在在不謀而合。且此數賢者，皆本經驗，重事實，其說至精確，平正而通達。今宜取之而加以變化，施之於今日，用作生人之模範。人皆知所以為人，則物質之弊消，詭辯之事絕，宗教道德之名義雖亡而功用長在，形式雖破而精神猶存。此即所謂最精確、最詳贍、最新穎之人文主義也。人文教育，即教人以所以為人之道，與純教物質之律者相對而言。白璧德先生之說，既不拘囿於一國一時，尤不憑藉古人，歸附宗教。而以理智為本，重事實，明經驗，此其所以可貴，故有心人聞先生之說者。莫不心悅而誠服也。今茲率爾撮述，自知不免失真。白璧德先生所著書，有 Literature and the American College (1908)及 The New Laokoon (1910) 及 The Mastersof Modern French Critcism (1912) 及 Rousseau and Romanticism。原書具在，讀者可取而觀之也。本志行將撮譯先生之書，以介紹於國人。今此篇原名 Humanistic Education in China and the West 登載《中國留美學生月報》第十七卷第二期（民國十年十二月出版）去年九月。美國東部之中國學生年會，曾請白璧德先生蒞會演說，此篇即係當時演說之大旨。以其論特為吾國人而發。故首先由胡君先驌譯出，以登本志。」《白璧德中西人文教育談》文章講稿。摘錄如下：

吾所見之中國人，多謂中國今日所需要者，為一文藝復興，而與古昔完全脫離。今日中國文藝復興之運動，完全以西方文化之壓迫為動機，故就其已發展者而言，亦僅就西方文化而發展，與東方固有之文化無預也。

今日在中國已開始之新舊之爭，乃正循吾人在西方所習見之故轍。相對抗者，一方為迂腐陳舊之故習，一方為努力於建設進步有組織有能力之中國之青年。但聞其中有主張完全拋棄中國古昔之經籍，而趨向歐西極端盧騷派之作者，如易卜生、土敦堡、蕭伯訥之流。吾固表同情於今日中國進步派之目的，中國必須有組織、有能力，中國必須具歐西之機械，庶免為日本與列強所侵略。中國或將有與歐洲同樣之工業革命，中國亦須脫去昔日盲從之故俗，及偽古學派形式主義之牽鎖。然須知中國在力求進步時，萬不宜效歐西之將盆中小兒隨浴水而傾棄之。簡言之，雖可力攻形式主義之非，同時必須審慎保存其偉大之舊文明之精魂也。苟一察此偉大之舊文明，則立見其與歐西古代之舊文明為功利感情派所遺棄者，每深契合焉。

吾亦未嘗不贊成中國古人之自尊其文化，至於此極也，但其弊在不承認他國文化之成績耳。茲請略述吾所見中國文化較優於他國文化之處，首要者，即中國古今官吏雖腐敗，然中國立國之根基乃在道德也。法國最有卓見之批評家尤柏爾（Joubert）之論中國人曰：世謂中國種種情形不善，其然。豈其然乎？中國人屢被外族征服，然一國之文化與兵戰之勝敗何關？其立國之久長，豈非其法律優美之明徵乎？正猶哲學學說之能應用而明晰者，則稱為良學說也。今日各民族，有能俱如中國之古之法律，而其法律最少變易，為大眾所尊重愛護研究乎？中國向來重視道德觀念，固矣，而此道德觀念又適合於人文主義者也。其道德觀念，非如今日歐洲之為自然主義的，亦非如古今印度之為宗教的。中國人所重視者為人生斯世，人與人間之道德關係。故康熙帝之聖諭廣訓，自人文主義論之，頗有足稱者。然其言及佛教與耶教，則皆惟存輕蔑而已。

但今日中國之功利感情運動，亦以文化與道德相標榜。惟其所謂文化道德者，亦正如吾西人今日之不惜舉其固有之宗教及人文的道德觀念而全拋棄之。吾苦無暇引證吾說，或因之視吾為武斷，然

吾深信今日西方之運動，實無道德之觀念，但假道德之名耳。今試論進步之一義，常人莫不喜言進步之說，孔子之謂顏淵曰：惜乎！吾見其進也，未見其止也，此進步也。但功利主義者乃誤混道德與物質之進步為一物焉。

吾雖知中國事不多，然吾深信今中國之人於舊日之教育，盡可淘汰其浮表之繁文縟節。孔教教育中，尋章摘句辨析毫末之事，亦當刪去不講。即經籍亦有宜改易之處，如禮記中所載之禮文，多有與士君子修身立行之原理無關，無異於孔子之不徹薑食也。又中國之人並宜吸收西方文化中之科學與機械等，以補中國之所缺。然吾以為雖其末節宜如此改革，然中國舊學中根本之正義，則務宜保存而勿失也。蓋其所以可貴者，以能見得文化非賴群眾所可維持，又不能倚盧騷之所謂公意及所謂全體之平均點，而必託命於少數超群之領袖。此等人篤信天命而能克己，憑修養之功成為偉大之人格。吾每謂孔子之道有優於吾西方之人文主義者，則因其能認明中庸之道，必先之以克己及知命也。

總之，中國之人，為文藝復興運動。決不可忽略道德，不可盲從今日歐西流行之說，而提倡偽道德。若信功利主義過深，則中國所得於西方者，止不過打字機電話汽車等機器。或且因新式機器之精美，中國人亦以此眼光觀察西方之文學，而膜拜盧騷以下之狂徒。治此病之法在勿冒進步之虛名，而忘卻固有之文化。再求進而研究西洋自希臘以來真正之文化，則見此二文化均主人文，不謀而有合，可總稱為邃古以來所積累之智慧也。今中國留美學生，潛心研究西洋文化之淵源者，不過五六人，實可慨傷，至少須有百人為此也。在中國國內各大學，均宜有學者，以孔子之論語與亞里士多德之倫理學，比較講授。而美國各大學，宜聘勝任之中國教員，講授中國歷史及道德哲學等，如此則東西學問家可以聯為一體。十九世紀之大可悲者，即其未能造成一最完美之國際主義。科學固可謂為國際的，然誤用於國勢之擴張。近之人道主義，博愛主義亦終為夢幻。然則何若告成一人文的君子的國際主義乎？初不必假宗教之尊嚴，但求以中和禮讓之道，聯世界為一體。吾所希望者，此運動若能發軔於西方，則在中國必將有一新孔教之運動，擺脫昔日一切學究虛

文之積習，而為精神之建設。要之，今日人文主義與功利及感情主
義，正將決最後之勝負，中國及歐西之教育界固同一休戚也。〔註153〕

3月，譯《浙江植物標本鑒定名表（二）》，佘堅特著，文章在《科學》雜
誌（第7卷第3期，第269～273頁）發表。

3月，《浙江溫州處州間土民畬客述略》文章在《科學》雜誌（第7卷第
3期，第274～283頁）發表。摘錄如下：

> 浙江溫處兩屬，有一種瑤族之土民名曰畬客者，極有人種學上
> 研究之價值，去年在浙江溫處兩屬採集植物時，曾數遇之，又在各
> 處探得其風俗習慣不少，今試為讀者述之。

> 亞洲民族，自以蒙古族為最重要。蒙古族中，又分多係，中國
> 語系其一也。中國語系（Sinitic）之民族包括漢族，苗族，瑤族，蒲
> 蠻，焚夷（川滇稱為百夷，暹羅人自稱為 Tai，緬甸人稱之為 Shan）
> 儂人，沙人，西藏族，西番，摩些，怒人，猓猓，力些，喇吾，窩
> 泥，峩昌，狼人，喇記，野人等族，就中苗，瑤，蒲蠻等族為（Mon
> ——Khmer）支系；焚夷、儂人，沙人，暹羅人為焚夷支系；漢人另
> 為一支系，藏人，西番，猓猓，緬人，摩些，力些等等為西藏緬甸
> 支系，此四大支系中，焚人、漢人、西藏緬甸三支系之關係較密，
> 苗瑤一系與此三系較疏。

> 至瑤族則實為中國南部太古時固有之民族，雖漢族西來說，未
> 為定論；然漢族在三代以前純在北方，則為歷史之事實，伏義神農
> 是否漢人實一疑問；至今神農氏之墓尚在湘省之東南隅也，今日瑤
> 人之首都是為廣西，貴州亦甚多，在明季江西南部，湖南東部，廣
> 東北部，瑤患皆極劇，且聞廣東惠潮一帶客家之言，云昔日惠潮嘉
> 三屬居民皆為瑤種。……

> 畬客者實瑤人之一種，可以盤瓠之神話證之。吾國古史無盤古
> 之稱，後人始增易之。而粵東西則盤古廟極眾，其像為犬首人身，
> 蓋即盤瓠之轉音也。范蔚宗後漢書南蠻傳云，高辛氏有畜犬曰盤瓠，
> 衛犬戎將軍首詣闕下，帝妻之以女，以女入南山，其後號曰蠻夷，

〔註153〕張大為、胡德熙、胡德焜合編《胡先驌文存》（上卷），江西高校出版社，1995
年8月版，第72～81頁。

自長沙武陵至交趾咸稱焉，今日瑤人中此說猶極通行，在畲客中此俗猶未去盡。處州雲和縣畲籍某紳之權勢，曾作畲客風俗一書，意在損彼之聲望，然其中記載盤瓠神話極詳。

畲客與漢族同化甚久，風俗習尚，亦多更變，故已無酋長等政治制度。其見官長，自稱為畲民。其分布溫處各縣者文野亦有不同。在雲和麗水青田遂昌各邑者，經清嘉慶時阮文達公奏准，皆得與考，故頗有列名黌序者。在雲和遂昌者其文化與漢人無異，在雲和甚且佔優勢焉。在平陽者亦多從漢俗。惟景寧畲客則頗野鄙耳。

其裝束亦隨地有變更。至其固有之風俗，則不用棉布，冬夏皆衣麻，至今景寧畲人猶然。喜服青衣，闊領小袖。婦女之衣，喜沿領襟用彩線花繡作緣。……此冠，嫁時始戴，必躬自為之。在平陽則亦有購諸他人者。未嫁之女子，則以赭色柳條布為帽。在景寧則珠冠為日常所戴，在平陽則僅嫁時一戴耳。又嫁時或作客時，兩袖間加以綠線花繡之挽袖，家居則否。襪亦用青布。出嫁時須著裙，裙亦青色。

畲客多居山中，性甚懦，每每彼所開墾之地，墾熟即為漢人所奪，不敢與較乃他徙，故峭壁之顛，平常攀越維艱者，畲客皆開闢之。然每每刀耕火耨之所得，未能卒歲，則掘草藥種茯苓以自活。十九業農，亦有因以致小康者。男女並耕，女子極耐勞苦，或樵採，或負木，與男子等，亦能紡紗織布。女權頗重，雉染漢習深者，則較輕視女子。

其婚制有可研究者，則為同姓者可結為婚姻一事。然又非絕無限制也。蓋畲客僅有數姓，必異姓始為婚姻，必有困難之處。然又知血族為婚之不宜，故乃以同一祠堂者不能為婚為之制限，不同祠堂之同族，則可自為婚姻也。其婚約僅由家長口頭定之，聘金只須納錢十六千文。新郎至女家偕新婦回，出門時共遮一傘，途中則否，入門亦然，新郎新婦皆步行，沿途歌唱，親友亦相隨賡和，聞之平陽畲客言，昔日少男女皆喜歌唱，以為相悅之媒介。至雲和遂昌等處，殷富之畲籍紳戶，且娶漢人為妻矣。其俗養螟蛉之習亦甚，螟蛉之子雖異姓無害也。

父已祭祖，子必祭祖，否則不能為孝子治父喪，必請曾祭祖者

為孝子，任治喪之責，治喪時必邀請曾祭祖者八人穿青紅各色祭衣，在死者靈前唄誦，或祖先前歌舞，名曰功德。未作功德則不得葬，葬則不吉。作功德期以一晝夜或兩晝夜，門前立一幡，書死者姓名及功德受用諸字。靈前列雞肉豆腐米果各一，菜十八籃。婦女七八，坐棺旁哭，以麻稭作紙庫焚之。作功德必宰一豕，又以甑蒸飯，手持竹條數擊甑，祝曰阿娘氣平平上，或曰阿爺氣平平上，名曰孝子飯。如財不足不能葬，則置之壁旁，一切器物皆可置其上，孝子孝婦必跪門外迎弔者。

畬客作壽必在次年正月，延賓飲宴。

俗亦信佛，久旱則舁神像至其村落，名曰接佛，又曰求雨。治喪時亦懸十殿閻君像。此皆習之漢人者。

畬客以酒為補品，故嗜飲，食品無論多寡，必一次罄，每三月三日必蒸黑飯，或亦效漢人之青飯也。

性喜烘火，若至其廚下同坐烘火，彼乃甚喜，款如上客。家中牛豕雜居極其污穢，然非語於已大進化之家矣。

以物換物之習未除。若意在換物者，雖與高價不賣。

以上所述，泰半據浮雲所著畬客風俗一書，一半則據目見或耳聞之證據。自知必多錯誤及遺漏，然因此引起國人人種學之研究，則幸甚矣。〔註154〕

3月，《頑石中生存之植物》文章在《科學》雜誌（第7卷第3期，第301～302頁）發表。摘錄如下：

> 吾人幾不信完整之頑石中能有植物生存其中，然近日乃發見有此異事。德國科學家笛而士（Diels）在研究南地羅耳（Southern Tyrol）白雲石罅隙中之藻類時，發見在光與空氣，水氣皆不得入之完整之石塊中乃有藻類生存。笛而士云：「幾於每錘之下皆有此種植物發見，然自外觀之，則不能見其蹤跡。在裸露於外之石，其生長帶在石表面下深自四至八毫米。在為他種植物所遮蔽之石中，則生長帶略與表面近，而僅厚一至二毫米。蓋彼等終須有少量之光始克生存也。」

〔註154〕張大為、胡德熙、胡德焜合編《胡先驌文存》（上卷），江西高校出版社，1995年8月版，第91～98頁。

此類藻類不止一種。其分布之層次，以需光之多寡而異。此類微小之植物，似與世無關，然能輔天然力如霜雪、地震、溫度之變遷等，將此堅固之巨石變為肥沃之土壤焉。〔註155〕

3月，《植物之服藥》文章在《科學》雜誌（第7卷第3期，第302～303頁）發表。摘錄如下：

以藥物治療動物之病，為吾人習見之事。以藥劑治植物寄生之菌病，亦為近日植物病理學家之職責。以藥劑治植物生理之病症，則前此鮮有所聞。近數年來此項研究乃有顯著之效果。每每植物患一種貧血病：葉作淡綠色，花之顏色亦極淡。此種病症，可以鐵治之。若以含有鐵銹之水澆灌，或以鐵屑雜攙於土中，此植物立見健康之狀態。葉現深綠色，花亦現較深之色，若鐵之成分甚大，則有極奇異之結果。紅花之繡球花，乃竟變作藍色云。

酒精對於多種植物有刺激之效用。白花之報春花，若每日加以小量之酒精，數日之後，所開之花乃作鮮紅色。酒精此時乃能以隱性之色重行發達。此種治療，不僅限於施之根下。硫酸鐵之淡溶液，若加於葉或果上，即能使葉及果有逾常之發達，可助之吸取根下多量之液汁上升。棕櫚等觀葉植物，若不時以牛乳或橄欖油塗其上，亦能大有裨益云。

數年前又發現麻醉藥影響於植物者至大。一丁香受哥羅方氣薰二三小時之後，乃有極可驚之活動。其時為仲冬，然此丁香受麻醉之後，不久發葉開花。蓋麻醉作用。使其生活機能停止至一甚深限度，競取彼冬令潛伏作用而代之，被麻醉之植物至是乃極力破展，一如初春雲。此方法大可用之於園藝中之催長術也。〔註156〕

是年初，胡先驌介紹陳煥鏞來東南大學教書。

陳煥鏞在上海養病末期，其姐丈金陵大學林學教授凌道揚介紹其來南京，接替其在金大教職。陳煥鏞在金大不到一年，因不能忍

〔註155〕 張大為、胡德熙、胡德焜合編《胡先驌文存》（下卷），中正大學校友會出版發行，1996年5月，第37頁。

〔註156〕 張大為、胡德熙、胡德焜合編《胡先驌文存》（下卷），中正大學校友會出版發行，1996年5月，第38頁。

受金大農學院院長美國人芮思婁（J. H. Reisner）對中國同事傲慢態度，與美籍植物學教授史德蔚相處也不恰，因而辭職，轉而應胡先驌之邀，至東南大學生物系任教。胡先驌晚年云：「陳煥鏞和我有密切關係，我在東南大學教書，他在金陵大學教書，其與金大生物系主任 Stward 關係不好，我任東南大學生物系主任，建議把他聘過來與秉志、陳楨、錢崇澍一起辦科學社生物研究所。他在金大工資低，東南大學我給的工資高。後我到美國去，是他介紹去的。」〔註 157〕

4月，《說今日教育之危機》翻譯文章在《學衡》雜誌（第4期，第20～29頁）發表。後錄於楊毅豐、康蕙茹編《學衡派》，李帆主編《民國思想文叢》，長春出版社，2013年1月版，第218～222頁。摘錄如下：

《說今日教育之危機》翻譯文章

〔註 157〕 胡先驌：關於陳煥鏞證明材料，1968 年，中國科學院華南植物研究所檔案。胡宗剛著《南高設立生物學系》，2021 年 08 月 18 日。南京大學生命科學學院版。《百年院慶、南京高等師範學校農業專修科之生物系創設原委（七）》
COPYRIGHT © NANJING UNIVERSITY ALL RIGHTS RESERVED|蘇 ICP 備
10085945 號 WEBMASTER@NJU.EDU.CN。

中國教育之改革，其動機由於西方文化之壓迫，此盡人所知者也。中國在未有新式教育之先，未嘗無教育。舊式之教育雖無物質的科學，與夫曾經用科學方法所組織之社會科學，然人文主義之學問，如經學、文學、史學等，固不亞於歐洲中世紀之時也。……最後至民國六年，蔡孑民先生長北京大學，胡適之、陳獨秀於《新青年》雜誌，提倡「新文化」以來，國人數千年來服膺國學之觀念，始完全打破。於是由研究西方物質科學、政治科學，進而研究西方一切之學問矣。吾國二三十年來提倡「西學」之目的，至是始具體得達。自表面上觀之，新文化至是始有切實之進步。自茲以往，普及教育，發達物質學術，促成民治，建設新文化，前途之希望方且無量。孰知西方文化之危機已挾西方文化而俱來，國性已將完全漸滅，吾黃冑之前途，方日趨於黑暗乎。

吾非故作駭人聽聞之言也，吾非反對西方文化也。吾即親受西方教育，而並深幸得受西方教育之人也。今日西方文化最受人攻擊者，厥為過重物質科學，而吾又適為治物質科學之人也。然竟作此危言者，則以吾人之求西方文化之動機，自曾文正派遣幼童出洋留學以來，即不正當。美國哈佛大學文學教授白璧德（Irving Babbitt）以為歐洲文藝復興運動之鄙棄古學，不免有傾水棄兒之病。吾則謂吾人之習西學，亦適得買櫝還珠之結果。不但買歐人之櫝而還其珠也，且以尚櫝棄珠之故，至將固有之珠而亦棄之。吾國教育之危機，可想見矣。

吾國為世界一大文化之中樞，而為惟一現存文化發源之古國。五千年來，雖屢經內亂，屢為外族所征服，而至今巍然尚存，此非偶然之現象也。……雖思想以學定一尊，而或生束縛，然國民性之形成，惟茲是賴。其教義之深入人心，至匹夫匹婦每有過人之行，驚人之節。白璧德教授以為中國習尚，有高出於歐西之人文主義者，以其全以道德為基礎故。洵知言也。

在今日物質科學昌明之時，吾國之所短，自當外求。曾文正之送學生出洋，立同文館、製造廠、譯書局，其宗旨即在求此物質科學也。然以當時不知歐西捨物質科學外，亦自有文化。遂於不知不覺中，生西學即物質科學之謬解，浸而使國人群趨於功利主義之一

途。彼舊學家，一面既知物質科學之不可不治，一面復以人文主義
之舊學不可或棄，乃倡中學為體，西學為用之說。然一般青年，則
認此為舊學派抱殘守缺者之飾辭而心非之。以為既治西學，則舊日
之人文學問必在捨棄之列。至美國退還庚子賠款，以為選送學生赴
美留學之資，國人親承西學之機日眾。民國以還，留學考試既廢，
已不須國學為獵取仕進之敲門磚，功利主義之成效，亦以銀行交通
製造各事業之日增而益著。其不為功利主義所動者，又以純粹科學
為其最高潔之目的，蓋不待新文化之狂潮，舊日之人文學問已浸趨
於漸滅矣。

即彼自命為新文化之前鋒者，亦與上舉之人物無別。其求學之
時，惟一之願望，為在社會上居高位享盛名。自來既無中正之修養，
故極喜標奇立異之學說，以自顯其高明。既不知克己復禮為人生所
不可缺之訓練，故易蹈歐西浪漫主義之覆轍，而疾視一切之節制。
對於中西人文學問，俱僅淺嘗，故不能辨別是非，完全不顧國情與
民族性之何若，但以大而無當之學說相尚。同時復不受切磋，斷不
容他人或持異議，有之則必強詞奪理以詆譭之。結果養成一種虛驕
之學閥，徒知哺他人之糟，啜他人之醨，而自以為得。使中國舊有
之文化日就漸滅，歐西偏激之學說風靡全國，皆此種學者之罪也。

此種崇尚功利主義之習，固不但歐美留學生為然。而吾獨歸罪
於歐美留學生者，則以歐西之功利主義，惟吾歐美學生為能代表之。
吾國固有之文化，惟吾歐美學生為敢詆譭之也。

加以任最高教育之責者，復為歐美留學生，國內學生之願望，
亦為他日得為歐美留學生。故以歐美留學生而提倡功利主義，詆譭
舊學，自不難有風行草偃之勢。即有二三老輩，偶一答辯，社會亦
惟嗤之為頑舊而已矣。夫如是，吾乃不得不謂吾國固有文化今日之
瀕於破產者，惟吾歐美留學生為能致之也。

近日之新文化運動者，雖自命提倡藝術哲學文學，驟視之，似
為今日功利主義之針砭，實則同為鄙棄節制的道德之運動。且以其
冒有精神文明之名，故其為害較純粹之功利主義為尤烈焉。今日社
會主義共產主義諸運動最重要之特徵，厥為認物質的享用為人類一
切文明之根本，苟經濟之分配能得其平，則太平可立致。馬克思之

唯物歷史觀，即此思潮之代表也。其求達此郅治之方法，不在節制的道德，乃在階級之相仇。某舊學家嘗有言，歐洲美德中無一讓字，吾聞其言，深許其能切中西方文化之癥結也。今日資本主義之弊害，正為不知節制物質之欲望，故貪得無厭，致釀成今日貧富懸殊之現象。今日新文化所主張之文學哲學之精神，亦正類此。非極端之寫實主義自然主義，即極端之浪漫主義象徵主義，絕無中正和平涵養性情之作品。不求正心誠意，而高談博愛。不能修身齊家，而肆言互助。己不立、能立人。己不達、能達人，天下有此理乎？吾徒見其引導青年於浮囂虛驕之習，而終無補於世道人心耳。

今日中國社會之領袖，捨吾歐美留學生莫屬，此無庸自謙者也。吾輩既居左右社會之地位，則宜自思其責任之重大，而有以天下為己任之心，切宜自知偏頗教育之弊害。庶於求物質學問之外，復知求有適當之精神修養，萬不可以程朱為腐儒，以克己復禮為迂闊，一人固可同時為牛頓、達爾文、瓦特、愛笛生與孔子孟子也。對社會亦宜提倡節制的道德，中正的學說，使一般少年，不致為功利主義浪漫主義之奴隸。庶幾物質文明與精神文明，得以同時發達，則新舊文化咸能穩固，社會之進步，政治之修明，雖目前未能實現，二三十年後，終能成也。斯乃吾歐美留學生與一般社會學者教育學者之真正使命，苟不漠視，則中國其庶幾乎。〔註158〕

4月，《評趙堯生〈香宋詞〉》文章在《學衡》雜誌（第4期，第132～140頁）發表。摘錄如下：

清末趙堯生先生，以名御史而能詩。其《送楊昀谷官蜀》之竹枝詞六十首，固已遍傳海內，膾炙人口，然初不為詞也。其為詞始於民國五年，六百日中，已裒然成集，吾國不朽之詞人中又新添一座矣。昔人嘗稱文章在得江山之助，徵諸往事每每而信。范石湖之詩，自入粵帥蜀後而益奇秀，放翁詩亦成於入蜀之後，大謝之詩，多為模山范水之作，孟襄陽、柳柳州之精粹，亦如英詩人威至威士（Wordsworth），咸從自然界之靈悟中得來。彼「竹外三峨九秋色」

〔註158〕張大為、胡德熙、胡德焜合編《胡先驌文存》（上卷），江西高校出版社，1995年8月版，第82～90頁。

「水邊村，雁外雨」「半夜鐘，千岩瀑，晴雪皓立諸蠻。」「月中搖夢去，亂灘一葉，風起雪花飛。」「白雲紅葉畫青城」之影響於詩之靈悟者，豈淺鮮哉。

既生於此等名山水之中，日常耳目濡染，皆他人夢想不及之靈境。故不能詩詞則已，倘曰能也，則他人冥思不得之景，闔眼即至，但求能以言語狀之，已為天地間佳詩矣。香宋詞人，生於榮德蛾眉名山之下，於此故倍能擅場。

堯生御史生於清，仕予清，故忠於清，且又身與晚清惟一之中興政治運動，而親見其失敗。心知清社之屋終不可免，乃必效孤忠。同江胡諸御史，犯顏極諫，然究無補於時。親見清室之覆，袁氏之篡，以及後日川滇之難、南北之爭。其心之哀可想矣。故其詞賦哀傷亂一如杜陵，可為詩史，初非詞人泛泛之傷時可比也。

故堯生侍御之境遇，一大悲劇也。吾嘗讀杜詩，覺杜陵之一生，亦一大悲劇也。以「自謂頗挺出，立登要路津。致君堯舜上，再使風俗淳」之抱負，乃不得顯達，一展其素志。

吾之評香宋詞，不憚對於堯生侍御之為人，及其遭遇，言之至再者，則以其詞之精髓十九在此。其所以高出於其他詞人一頭地者亦在此。然其全集非盡皆此等淒悲之作也。其善於模範山水，前已略言之。此種特長，可稱獨擅，隨手拈來，皆為秀句。如「春風小市青羊你，記水葉晴絲，酒旗雙燕」。

香宋詞之勝處，固在其精神，然其形式，亦大有可研究者。嘗溯其源，實出於白石，但尤生硬排奡。蓋浸潤於北宋者久，不過在北宋為疏為拙者，在香宋則故為蒼勁以見巧耳。如《詠榮德山·齊天樂》句云：「影落東南，天台四萬八千丈」皆故作生硬排奡之筆。此等句法，觸目皆是。比之於詩，人類江西詩派。前人詞中殆未之見，即此另開一法門，已足為詞家之一開山祖也。

既具有此等拗金屈鐵之筆力，故每能作他人不能作之語，而詠物亦時能超脫本題，別具勝趣。如膏藥之為物，極鄙俗而無意味者也。然其詠榮德山也。則曰：「鱗原一掌，指貼地婆城，藥膏圖樣」。

身歷其地者，僉稱為酷肖焉。其詠黃葉句云：「門外青山瘦了，酒家一二里，林際空闊」。

然香宋詞之缺點亦在是焉。作者既才思過人，乃不暇擇題，拈筆立就，其佳處固如上文所陳，然徒事雕鏤，無關宏旨之作，亦復不少。

至和胡長木六憶詞，則直鄭衛之音。吾不得不深惜作者竟蹈詞人積習，至遺此白圭之玷也。王半塘、朱強邨、蔣鹿潭諸名家乃無此，其眼光誠高人一等矣。

總而論之，香宋詞之佳處，真有美不勝收之概，而其忠君愛國之忱，尤足增加其價值。人每謂詞為詩餘，雕蟲小技之流亞。然技寧有大小，要在人為耳。稗官小說，吾人夙視為小道者，在歐西乃為文學之大宗。如香宋詞，寧得以雕蟲小技目之耶？雖側豔之詞足為高格之累，然須知此不過裒錄兩年興到之作，傳示戚友，以代鈔胥者耳。近數年來，又知添有佳詞幾許？至最後釐為定稿時，吾知此項無關宏旨之作，必在沙汰之列，則以遺後人者，寧非無瑕之白璧耶？堯生自敘云：「余於詞誠所謂不知而作之者」。堯生而不知詞，則姜白石、吳夢窗、王聖與、張玉田，皆不得謂為知詞，中國知詞者亦僅矣。〔註159〕

5月，《生命之起源與生命之特性》文章在《科學》雜誌（第7卷第5期，第460～468頁）發表。摘錄如下：

生命之起源，自來即為思想界一問題。各種宗教俱有一造物主造成世界及生物之神話。古代哲學家亦有各種之設論，大約非主造物宰造成之說即主自然發生之說。尤奇者則主生物可死物或他種生物轉變之說……

然此種學說僅將此問題推遠一步，猶不能說明生命之起源也。生物為最繁複之物，繁複之物必由簡單之物演進而後得。故自然發生終為生命起源之原由，不過或可使生物自然發生之狀況或已不存於今日，或其所須之狀況極其繁複，為人力試驗所不及，或自然發生之現象在今日仍在進行之中，吾人不覺耳。

吾人今日所知生命所寄託之物質，在生物體中為原形質，原形

〔註159〕張大為、胡德熙、胡德焜合編《胡先驌文存》（上卷），江西高校出版社，1995年8月版，第99～106頁。

質中雖含有種種之細胞器官，然其化學組成，大概為蛋白質。今欲知生命能否由無機物中自然發生，先須研究蛋白質是否可由簡單之化合物用人功製造而成。昔時化學未進步時，有機物不能由無機物造成，一時遂有無機有機為天然之界限。自某化學家發明尿素可由亞母尼亞用化學方法製得後，有機無機之界限乃破，今日有多種簡單之有機化合物，皆能由無機物用化學方法製成。費歇爾（Fischer）且能製造類似蛋白質之物焉。

有機化合物中有一種（合亞）基酸（amino-acid），其化學方程式為 NH_2-A-CO_2H，其 NH_2 一根乃含有鹼性者，CO_2H 一根則含有酸性者，一物同時具有酸性鹼性，結果乃如一磁鐵之有兩極。遇其他（合亞）基酸，則其鹼性之根乃與他（合亞）基酸之酸性之根連合，釋出一分子之水而成雙（合亞）基酸。然雖經此連合，其兩端仍為一鹼性根，一酸性根，又可以與其他之（合亞）基酸連合，如是繼續相連，可合數十分子為一大分子，而成為復（合亞）基酸。此等化合物乃與經胃液消化後之蛋白質同一化學性質，其分子最大者乃與蛋白質同性質。

......

膠質物雖可分為能還原與不能還原兩種，但若用精巧之法試驗之，使作用不致趨於不能還原之點，則雖不能還原之膠質物亦能還原。曾有人用極倍顯微鏡（ultra-microscope）以觀察血漿中之蛋白質，若徐徐加熱，至較使之永不能還原之溫度為低之溫度，則見開始純清之液質中忽有多數運動之質點，逐漸增多與增大。至此時若停止加熱，則溫度漸降時，此種質點亦逐漸溶解而不見。此種質點之生滅，可用此法使之一再實現。惟熱度過高，至質點增大至尋常之顯微鏡高倍鏡頭可見時，則不能還原矣。

此種現象大與生命有關。如管理呼吸作用之神經系細胞，與心房之伸縮組織，皆藉此以得其諧節之作用也。所有筋肉之伸縮，皆由於其細胞中蛋白質之變遷。人體死後之僵直，亦以此故。不但熱力能使蛋白質凝固，極微之化學變化，如鹼性略變為酸性，即可使蛋白質分子團結，增大其體積。若酸質過多，即變為凝固。故體中稍有極微弱之酸質如炭酸乳酸等，即可使蛋白質凝結，而細胞收縮。

此種收縮又可使酸質排泄，膠質又可還原，細胞亦恢復原狀。諧節之作用，即因此而得也。膠質溶液另有一特性，即其複分子常有趨向表面之性。在一溶液之中，一團膠質複分子，不欲平均溶解於溶劑中，爭向外面群集，因之遂成無數之小泡沫。牛乳、豆漿表面上每結厚皮，揭去復生，即此故也。單細胞之微生物與生物體中之細胞，皆自能產生外面之被膜或胞膜，亦此故也。膠質複分子此種向外群集之特性，不但能生外面之被膜，且以其群趨於表面之故，至使表面之濃度增加。濃度增加之壓力，能使此複分子結合成大質點，以懸於溶液中。此種質點群集遂成為細胞內網狀之現象。用此種方法，細胞中之蛋白質、脂肪質、澱粉皆逐漸團結而成，即其中之酵素亦能以此而結合。

此種酵素實為最奇異之物。一方面彼能輔助簡單之糖質、脂肪酸、硝基酸連合以造成澱粉、脂肪與蛋白質，一方面復能輔助之使之分解。此種作用極其重要。蓋食物必須分解之為較簡單之化合物，使各各生物能吸收以造成其各各不同之膠質構造。生物之營養作用，不外先分泌各種酵素。此種酵素在淡溶液中，能使澱粉、脂肪、蛋白質等物分解。分解後之較小分子，乃由運輸作用送至各個細胞。入細胞之後，則以濃度增加之故，使之再與前項酵素接觸，而酵素在濃度溶液中，其作用乃為重行造成較大之複分子。此種現象極有利於生物。故如一細胞遇有過量之養料，不須以供目前生命所需之養化發生能力之用，則可以細胞溶液濃度增加之故，使之成為膠質複分子，以造成脂肪、澱粉、蛋白質等顆粒。若養料減少，則細胞先將可溶解之養料消耗以發生能力，因此細胞內之壓力亦減，其中酵素又可逐漸消化其所含之複分子，使之變為可溶解之物，而後供發生能力及維持細胞內之平衡之用。因此之故，環境稍有變動，即可定此膠質物或上或下之運動也。

膠質物之化學作用，與其他簡單之無機化合物異者，尤有一要素，即化合物作用所需之時是也。在無機化合物，其化合作用以甚少之物質而有甚大之能力變遷者，其反應極速，氫氣與氧氣連合而為水，幾以立時之爆炸而得，先有一劇烈之活動，隨以極端之靜止。但在膠質物之反應，則每須經過若干日始克完成，且常有反應永不

能完成，永在一或上或下之點者。

在生活之細胞中，其膠質物初非純粹之有機化合物，而必與少量之結晶物連合，以成為結晶物的膠質物。初時研究蛋白質之化學家，每認此種結晶物為雜物，近日始知為蛋白質重要之部分，若無此則其作用停止，而生命亦停止矣。有人試得分離後尚能運動之心臟，若以一種蒸溜水灌溉之法，將其無機鹽類洗去，不久即停止其收縮作用；若重行恢復其無機鹽類，則其收縮作用亦隨之恢復。此試驗可行之於所有之生活細胞，必須有不多不少之適當無機結晶物以成為結晶物的膠質物，否則生活作用停止，不久即死矣。

以上種種之研究，可證明生命之由簡單之無機物中自然產生之可能。吾人知在溫度極高之時，不但無生物，且無無機化合物，甚而原素亦不存在。寢而溫度低降至可有原素，寢而溫度低降至可有無機化合物，寖而溫度低降至可有簡單之有機化合物，直至溫度降至攝氏五十六度以下，生物始有發生之機會。然以天地間由簡趨繁之自然趨勢觀之，則環境既至與某物適應之時，某物即能出現。故生命自然發生，實為可能之事。甚且自然發生之現象，在今日猶在進行中，不過所發生者非已甚繁複之細菌與原蟲，而為極繁複之膠質物耳。〔註160〕

6 月 12 日，董事會會議，報告中華博物學會諸多事項。

董事會 1922 年 6 月 12 日會議記錄，到者：王、胡、楊、孫、王季、張、竺、楊允中。

（一）報告中華博物學會錢不能往。

　　議決：仍請錢（胡）往。

（二）物理、動物、算學組代表。

　　（物）：胡剛復、楊允中、顧珊臣〔浦東中學〕。

　　（動）：秉農山、錢天鶴、鄭章成。

　　（數）：胡明復、〔何奎垣〕秦汾、姜蔣佐。

（三）請 Marrill, Director of Chilli Journal of Science〔？〕。

　　星期六 4～8：00，請胡步曾致錢雨農接洽。

〔註160〕張大為、胡德熙、胡德焜合編《胡先驌文存》（下卷），中正大學校友會出版發行，1996 年 5 月，第 39～45 頁。

茶點由楊允中、孫洪芬通知並主席。〔註161〕

6月，譯《浙江新發現之兩種植物》，笛而士（Diels）皮爾葛（pilger）原著，文章在《科學》雜誌（第7卷第6期，第608～612頁）發表。摘錄如下：

予在浙江所採集植物，經德國柏林植物院長笛而士、副院長皮爾葛發現有二新種。今將其原文記載翻譯，以供吾國植物學者之參考。

Rubus Hui, Diels.新種

枝與葉柄皆薄有絨狀之密毛，刺微小，幾無顯著之排列；葉之上面除葉脈有毛外余皆光滑，網狀水泡狀，葉之下面網狀筋絡狀，滿生赤黃色密毛，葉之基部心臟形，葉身五裂；裂片微作卵形，小裂片齒牙狀，長闊各 8～10cm；托葉邊緣細裂，有密毛。花序密生絲光密毛，除頂端者外，皆生葉軸間；花梗頗短，長短不定。花苞闊倒卵圓形，尖端羽狀細裂，細裂片長披針形。花之直徑約8mm，外輪萼片之尖端三五細裂。花系上行基部（腺狀？）較粗。花藥光滑。

浙江南雁宕產，生於陰濕石岩間，不常見。花開於八月中旬。1920年採得（胡先驌所採標本86號——標準種）。俗名野葡萄。

此新種屬於 Moluccani 節之 Rugosi 系，與爪哇之 Rubus malvaceum 最相近。但刺微小，花亦較小，花藥光滑則與之異云。

Mollinia Hui, Pilger.新種。

高草本。稈之上部甚為顯著。穗下之節間甚長，為葉鞘圍裏一部；葉片長形，直立，披針形，上部陡窄，上散佈有稀薄易於脫落之硬毛，上面光滑，有脈狀條紋，中間之脈特為顯著，葉鞘密有條紋，葉片下之環有白色之毛，葉舌有稍密生之毛。穗裸露於外甚長，狹，穗梗狹，粗糙；枝之基部載有小穗，直立，或微彎，微分歧；小穗有長或短之蒂，狹，有兩花，其第三花之苞片則退化而狹小，作稈狀；苞片硬；空苞片長短不等，下面者卵圓或卵圓至橢圓形，基部包圍，有三脈，側面之脈，二或多歧，常甚顯明，直至於尖端；

〔註161〕何品、王良鐳編注中國科學社檔案資料整理與研究《中國科學社董理事會會議記錄》，上海科學技術出版社 2017 年版，第7頁。

花苞片背部圓形，狹卵圓形，邊緣內卷，有三脈，尖端微鈍，從中微露一尖銳突起，基部粗厚短鈍，有一圈稀薄白毛，均勻散佈苞片 1/6～1/4 之面積上；內苞片闊，邊緣內卷．至龍骨處則卷尤甚，較外苞片稍短；穗梗之節 1/3 為花苞片所圍繞，有毛；花具兩性，花藥線形，花柱二，下部分離，柱頭微作羽毛狀。

在現寄來之標本，僅有圓錐花序下部之第一節間，約長 50 毫米，其下部為多數互相掩覆之長葉鞘所包裹，葉片直立，強硬，長約半毫米；小而易被錯認為勁直之穗之圓錐花序，長約 27 毫米；其枝叢生節上，短枝上載有小穗，小穗單純生於短枝上，或在長枝上，則為有數穗之旁枝，托苞長 2.5～3.5 毫米，花苞長 5 毫米，上面之花苞較小，捲縮，內無花。

中國浙江陽地，高海面 400 米（胡先驌所採標本 572 號～1920 年 9 月）。此新種外狀與 M. coervlea (L) Moench 相似，與之異者在其托苞只有一脈與花苞基部之光滑。M. japonica 則有較少而短之硬葉，與較大之小穗云云。〔註 162〕

6 月，《讀阮大鋮〈詠懷堂詩集〉》文章在《學衡》雜誌（第 6 期，第 125～133 頁）發表。摘錄如下：

吾國自來之習尚，即以道德為人生唯一之要素。故武樂蒙盡美未盡善之識，孔子復有雖有周公之才之美，使驕且吝，其餘不足觀之語。此種習尚，固足以鞏固人類道德之精神，然有時藝術界乃受其害。嘗讀宋孫覿之《鴻慶集》，觀其詩精嚴深秀，誠有宋之作家。……殆無人能舉《詠懷堂詩》之名者矣。其集既未為四庫所收，士君子復深鄙其人，世間遂少流行之刻本。溧水王伯沆先生幾費心力，始克緝集其內外集，共四巨冊，然只止於戊寅。前歲丹徒柳翼謀先生，復在舊書肆購得其辛巳詩一冊。阮詩之存於天壤間者，殆具於是。以有明一代唯一之詩人之遺集，乃幾於沒世不稱，不可謂非世間文化之一大悲劇也。

《詠懷堂詩》在自然派詩家中，別樹一幟。吾嘗遍讀陶公及王

〔註 162〕張大為、胡德熙、胡德焜合編《胡先驌文存》（下卷），中正大學校友會出版發行，1996 年 5 月，第 698～699 頁。

孟韋柳諸賢之詩，雖覺其閒適有餘，然尚稍欠崇拜自然之熱誠。如英詩人威至威斯之「最微末之花皆能動淚」之精神，在陶韋諸賢集中未嘗一見也。……惟《詠懷堂詩》，始時能窺自然之秘藏，為絕詣之冥賞。……非泛泛模範山水，嘯傲風月之詩人所能作也，甚且非尋常山林隱逸所能作也。必愛好自然，崇拜自然如宗教者，始克為之，且不能日日為之，必幽探有日，神悟偶會，「形釋」「神愉」，「百情有觸」時，始能間作此等超世之語也。即在詠懷堂全集中，亦不多見，他人可知矣。

至於寫景之佳句，幾於美不勝收，而要能以閒淡之筆，寫空靈之境。如「花葉沐已薺，晴鳥紛我園。佇立始有悟，任運良可尊。」……則非精研內典，確有心得之人不能道。王右丞尚有不逮，若蘇長公、黃山谷之僅以佛語裝門面者，尤無論矣。

《詠懷堂詩》尤有一優點，則其琢句用字之工也。嘗考阮氏所稱許之詩人，除陶靖節、王右丞、儲侍御三家外，所亟稱者厥為謝晞發。實則晞發集詩雕鏤瑰詭，取徑長吉。近體則時參少陵，與陶王異趣。然阮集之稱許若是者，或賞其琢句用字之工也。……惟《詠懷堂詩》，則稟王孟之精神，副以黃陳之手段，故倍覺過人。亦猶清末詩人鄭子尹之《巢經巢詩》，以黃陳之手段，傅以元白之面目，亦遂開一前此詩家未有之體格也。總觀《詠懷堂集》中，天機獨擅，不假雕飾之句。……苟明眼人不為外貌所欺，則可見其與孟東野、黃山谷同一溪壑。此其所以稱美謝臯羽之故，亦即〈詠懷堂集〉所以出奇制勝之處也。

自諸體言之，詠懷堂所最工者，厥為五言古與五言律。五言古詩閒整以暇，極得陶王韓柳之神理。五言律詩天機完整，一氣呵成，尤得王孟之神髓。其四言古詩。導源《三百篇》，古趣盎然，頡頏漢魏。……七言絕句非作者所措意，一時興到，雖有佳作，亦不足為大觀，可不置論。

夫兼攬眾長，本非易事。老杜而外，各體皆能名家者，本不數覯。阮集之能以五言擅長，已非易事，固無庸苛求也。雖然，詠懷堂詩實質上乃有根本大缺點焉，即天性不足是也。總阮氏之一生觀之，生有異稟，才力過人，自無疑義。然跡其阿附權奸，傾陷正士

之行為，可知其絕無道德觀念。彼身丁明季，目擊時艱，在有志之士，方且疾首腐心之不暇，而彼仍嘯傲山水，寄情風月，極其自得。觀其集中，憂天憫人之辭，百不一見，即可知其人德性之薄弱矣。

雖然，孔雀有毒，文采斐然。嚴格苛求，亦非批評之責。才人無行，屢見不鮮。我國文士，自魏武以下，如宋之問、沈佺期、儲光義、盧仝、李義山、溫飛卿、馮延巳、柳耆卿、孫覿、嚴嵩之流，亦復甚眾，然不聞因噎廢食，束其書而不觀。則吾人之讀《詠懷堂詩》，亦但賞其靈芬孤秀，闡發自然界秘奧之作可耳。陳散原先生稱其詩為五百年所未有，夫能冠冕明清二代之作家，寧無獨擅之長？是在有目者所共賞已。〔註163〕

7月14日，王浩致胡先驌信函。

步曾大兄如握：

迭奉惠音，久稽裁答，一病累月，竟成廢人，度故人之所未知也。弟自春假後即感時疾，調治月餘，感冒痙瘉，忽得腳氣，初時未甚經意，及後愈治愈劇，最後在協和醫院開割一次，竟至足趾不能點地，一樓風雨，幽閉於茶煙藥裏中，又一月於茲矣，今茲創口平復，已能恃杖而行，但頗通倪難看耳。猶憶昔年吾兄贈詩，嘗謂我躄躃人海，今真驗矣。生當憂危，百不堪中，乃復以久病與長貧交煎，宜其速朽而又不然，是則大可哀也。

國事綱領太紊，道德信義日忘於人心，其大患固不在兵革水火，最近北之逐徐競與南之逐孫同應，以孫與徐較而獲果如一，此豈有理？而不幸之曹吳，且當繼蹈其軌，如此似北方之亂方未艾也。鄉事京同人日事奔走呼號，弟亦勉強其後而遞遞歲月，結果殊未可預料。近且有吳子玉（注：即吳佩孚）親證江西之說，倘此獠黷共仇已，吾贛人無噍類矣。今舉國大政大計，皆決於如此之一人，何恨天心之不悔禍耶？弟之院職未嘗補缺，已從東海，同其命運。董授金矯私立名，罔識大體，作此大憾，而弟之微秩亦且乘流俱去，今雖可由甄用委員會擇尤甄用，然薪給恐不可復收矣，家貧親老，丁

〔註163〕張大為、胡德熙、胡德焜合編《胡先驌文存》（上卷），江西高校出版社，1995年8月版，第107～113頁。

此離亂而又失位，即不云病廢，已覺無復好壞，況又困此痼疾，坐荒日力，人生無百歲，如此已耳，恐不復為相見時也。步曾吾兄，公將何以教我耶？

金亞匏江南小名士，其詩集原稱來雲閣，弟曾見於數年前，了覺無甚精彩（其子為金環，嘗為梁氏次官），今見精刊都下（為秋蟪吟館詩），震撼一時，雖由□□一言，世俗貴耳賤目，現取而復閱之，亦覺似別有蹊徑，其投好時賢處在語淺易懂，又能以白話描繪社會曲折，然可取者亦只新樂府體之數篇，如記烈女黃婉梨駱烈女詩諸篇，有詩史之遺，又如棄婦篇，半邊有可稱為白樂天體之社會詩，其著手著眼與巢經巢各有不同，未可厚非，其餘古近體各詩，凡近猥瑣，始終不出黃仲則、王次四範圍，梁氏謂能自成一家，不特大言不慚，且可謂之少見多怪，肆力斥之可也。陳仁兄詩既已出版，甚盼讀之，能為致一本否？又聞散原丈近亦續有刻集之舉，已付印否？便乞為□詢之。弟年來困於不急之書，沈頓舊籍，了無新得，作詩亦寥寥，病中得詩二篇，另紙錄寄，異時亦有零章斷句，不知有望連綴成詩否？蓋弟意一詩中有一句未妥，寧棄全篇，甚恨時賢之貪多急名，敷湊成篇為自賊也。學衡每期必持論，益加精密，近乃幾於無懈可擊。弟頗思作文投入，奈此數輩作家，雖不致遽焚筆硯，殊未敢輕於落筆，怡笑大方也。拙稿伯老評點後亟欲觀之。兄如寄來，弟處尚有副本寄奉，初欲先寄副本去，念蒙先寄來則更好矣。

專肅敬請儷安

弟浩　再拜

七月十四日

嫂夫人聞前有微恙，全愈否？敬念〔註164〕

7月19日，王浩致胡先驌信函。

步曾大兄如握：

日前長緘奉訊，計先塵達，日來又薄有所得，即以錄呈。足病

〔註164〕王四同先生提供，胡啟鵬輯釋《胡先驌墨蹟選》（初稿），2022年2月，第359～360頁。

轉深，不能步履，臥吟一榻，待其盡耳。山谷所謂計窮心亦舒，殆此日之謂耶？兩月前曾有圖南就食之思，今則欲歸亦不可能，何能他涉？滬上一別不覺首尾二年矣，念之奈何？尊著論詠懷堂詩，極得此中秘藏，又能以科學方法分析出之，末數段尤愜鄙懷，蓋此等詩人大缺點正坐無性靈，使生於承平翰院中亦可藏拙，但亦不得為大家，王孟韋柳終不能與李杜韓蘇並論，由其質力脆薄，無可充發，至陶淵明，直是大部分家國身世，劉氏屋晉，其人尚存，其超凡絕塵非得已也，故弟謂淵明之出世正與老杜之憂時同一行徑，決非韻懷堂所能貌似，簡單言之，則純粹的自然派決不能與人文派驂駕也，兄意以為何如？篇末指陳文人無行云云，稍有粗疎之處，盧仝棲隱甚深，定跡未仕，固無由知其無行，弟意或是劉義之誤，李義山清才不偶，牛李之黨本無是非，橫相牽涉令彼困辱終身，此正是小人為朋，君子不幸攖其鋒，正如昔年之弟被人指為敬伯部下，因而品第其人格，孰愈於為慕蓮部下者，此等論事豈不冤甚？吾儕千載下正當為義山吐氣（不能因溫累李），今兄著為論斷概諸詠懷堂一流，義山有知當失色地下也，一笑。適有所會拉離布臆，幸兄勿為瑣瑣笑我耳。又曉湘之五言古詩（亦是至性語過人）其境界直逼巢經巢而上之，天才如吾二人亦當卻步，兄以弟此言為然否？

　　即頌雙安

弟浩　再拜

七月十九日〔註165〕

7月26日，王浩致胡先驌信函。

步曾大兄惠察：

　　七月廿日續上一緘，論詠懷堂詩得矢，並附上二近作，計達千室。病榻兀坐，忽奉還雲，喜慰可知。弟病為時太久，醫治兩月餘，終亦不見進退。現但幽閉一室，醫藥俱窮，擇其可望為者急為之，以待其自然奄滅。至雲告瘥則為夢尚遠也。北方政局亂，尚未艾延陵窮凶極惡，不久當成獨夫。近且欲以武力統一政策冒天下不韙，

〔註165〕王四同先生提供，胡啟鵬輯釋《胡先驌墨蹟選》（初稿），2022年2月，第362～363頁。

蹂躪吾贛。吾人處此種政治現象之下，不特□□無所，抑且無家可歸，念如此□□浩劫，流連無有已時，惟貧與病亦又其次。

甄用事邈無結果，且其欠薪已八個月，而京中欠薪有至兩年餘者，似此得失，固無關也。家兄曉湘處境尤苦，省教育機關自三月後即停滯，下年開學顯然無望，而曉兄捨當教習外，又無可為之地。幸體健，差可告慰。舍間日處危城，但決不遷避，鄉間土匪蜂起，避者適以先禍，故家兄力主不遷。此間同鄉膺命南官者，多欲挽弟歸（如南雷紹雲伯遯），弟以足痛不能步履，竟不得藉故一視，極可痛恨。現仍寓江西會館，惠示遞寄可也。

金亞匏詩中別裁，不足語於大雅，論其資地，冬郎次回之流，且不免夾帶頭巾氣，原無可短長。不過吾兄欲著論評之，對於新樂府諸作，須特予提出，加之褒采，始為公允。蓋其諸作取境，初與老杜、樂天及巢經巢有別，當嘉其膽力，能以纖微之質，自造蹊經。雖中氣不具，而心力彌堅，所恨正望有頭巾氣耳，不可斥為儇語也。

尊論拙詩，謂弟注重造句，吾不得不謂為知言；並云晦澀，為近友所罕言，亦當視為他山之玉。惟弟之尋境有非我兄所能觀其一面者，請約略陳之。為詩練及字句，本係初步工夫，此為詩人所當然，有之妙用，但非詩之本體。至詩之本體，決不在詩中求之。經詩文章，原為一貫，其上則通於性道，其旁則發為氣節，其所取材則詩書、爾雅、山川、人物，當無一離手，然後吐語成章，不假修飾雕琢，而其形表自然光潤清圓，無復棱角。此弟三年來近作也。故此等詩，或經年不一為之，而為之未嘗不善。至於往年造境，誠有如兄所說，但求吐棄。凡近刻畫山谷、後山無所不肖，此勿自尋窘境，稍久即覺其非。重取杜蘇集並讀之，覺其博大處皆不在詩中，而得諸形質之外。此路一通，膽力復壯，乃知杜蘇亦有未盡之途，吾人絕不可厚自菲薄而生畏。散丈所謂天設山川，亦設人心，相遇相引，未之能窮，即此旨也。至雲弟詩琢句嬈美長吉，則為弟十年前之志。望所作多未經兄覽，此語不審何自而來。長吉之詩，多欠理解，但以奇字驚人，並且鄭箋難作，弟詩似無此病。作詩固不必要勤，合論理然。弟於此節，則極意保持，有時雖不科學，必有哲理自行文上，觀之與論理必不甚相背馳。古文家多薄論理，弟素認

為缺憾，尊論云云，或是弟亦有未檢處，後當細釋之，求之此過最
好。兄能隨時指出，則尤幸甚。人苦不自見微，兄言吾幾以此曾自
炫矣。用句取字，山谷最為擅長。蓋唐人喜用故實，困於繩律。蘇
詩開合自然，而有時流於輕熟；山谷自識蘇後，自揣才力不及（所
謂大國禁與曹劌之別），無由與之並世，而王卻能覷破蘇公句法之病，
自覺尚有制勝之具，乃事事以精銳奇兵出，蘇公不意。故蘇公有時
亦云擬山谷體，亦以山谷字字不苟，迥非一般時流所能取法。非如
蘇詩之易於貌似，人人可學也。今有清道咸以來，無人不言學杜，
無人不擬諸將秋興列諸集中，以撐門面。其實，古今學杜神似者，
惟一義山；形似者，惟一東坡；而用句造字，則惟山谷得其真髓耳。
山谷首變用典之法，而惟取字往往儉腹不知出處。以其所採擷多為
人所不取，以故常人詫為不經，其實並非書僻典，乃為摘法僻也。
樊山喜用故實，雕縷滿面，有類貧兒曝富；而散原則以摘字為用，
豈惟仙凡之別，亦覺驅遣龍象，舉重若輕。但自弟觀之，山谷與散
原，均不免著雕琢之跡。散丈近作多用倒裝句法，逐水行舟，且句
句皆見精力，則其氣象不舒，而韻乃不遠，正如寶山琳琅，觸手皆
是，使人無由記其名色。又如二窗之詞，句句皆極錘鍊，讀過卻不
能記憶，弟甚懼焉。故曉夜所取法者，「惟池塘生春草」，「梁空落燕
泥」等章句。其所致力，蓋在光潤清圓，而非生澀沈晦。如杜詩中，
「塞外忽傳收薊北」，及黃詩中「桃李春風一杯酒」，「落木千山天遠
大」等句，皆深得此意。韻懷堂詩，費盡心力，其大病蓋在磨琢太
甚。其於池塘春草之境，未嘗夢到，正如白石之詞，雖亦云邊幽邈，
然於美成之「多少暗然密意，惟有天知」，如「今向漁村水驛夜，如
歲焚香獨自語」，及「兔葵燕麥」、「馬踏霜濃」等句，實不易望見也。
弟舊作中，如「閉門詠棠棣，白首無歡嘆」。「沈思不能談，微風吹
酒卮」，「薰香獨坐人如夢，斜日無言鳥下啼」等句，皆弟自得之作，
極思超出沈晦之境者也。大抵此等好句，文場不能多得，得之又懼
全首弗稱，所以滿城風雨近重，乃自言為催租人敗興，正以藏拙耳。
近贈劉伯遠一詩，頗變山谷面目，見者謂極似撫蘇，而程擷華則謂
可與范南通亂楮葉實，則弟乃師心為之，未嘗知有古人也。續作數
章，並以錄呈，中有《思阿牛》三章，兄必謂襲鄭子尹與家兄。近

作清明詩同趣，而弟則意存後山而范以山谷語調者也。弟論詩論文，嘗立於第三者地位，有時公然自訕，亦不以為醜。拉雜論列，恃惠子之知，不以狂妄目我耳。拙稿望即日快郵，賜寄副本亦即日寄上，以弟病常慮不足與逆境久相周旋，慨然有刊稿之志，兄意以為何，如紙盡而意不窮。

即頌

雙安

弟 浩 再拜

七月二十六日（1922 年）〔註166〕

7月，譯《浙江植物鑒定名表（三）》，笛而士博士（Dr. Diels）著，文章在《科學》雜誌（第 7 卷第 7 期，第 705～706 頁）發表。

7月，《讀鄭子尹〈巢經巢詩集〉》文章在《學衡》雜誌（第 7 期，第 115～124 頁）發表。摘錄如下：

梁任公所著《清代學術概論》中論有清學術，以為文學不發達，其稱成同以後詩之稍可觀者，厥為「生長僻壤之黎簡、鄭珍輩」。……其所推崇之諸子，獨鄭珍（子尹）卓然大家，為有清一代冠冕。縱觀歷代詩人，除李杜蘇黃外，鮮有能遠駕乎其上者，則又非僅稍可觀而已也。

《巢經巢詩》最足令人注意之處，即其純用白話之法，善於驅使俗語俗事以入詩也。其以點染俗語俗事擅場之詩句，予於《評〈嘗試集〉》文中，嘗數舉之。……嘗讀其子知同所作之行述，謂其「蚤年胎息眉山，終撫韓以規杜。」又嘗出程春海侍郎門下，治學之方，受其影響者亦至大。而程春海之詩雄奇奧衍，亦昌黎山谷之流。其淵源所自，明眼人固能辨之也。

《巢經巢詩》寫景抒情，皆有過人之長。梅聖俞有言：「必能狀難寫之景，如在目前，含不盡之意，見於言外，然後為至」。懸此為格，二三流詩人，殊不易到，而《巢經巢詩》則優為之焉。其寫景之佳。如《下灘》句云：「前灘風雨來，後灘風雨過。灘灘若長舌，我舟為之唾。岸竹密走陣，沙洲圓轉磨。指梅呼速看，著橘怪相左。

〔註166〕《胡先驌全集》（初稿）第十七卷下中文書信卷，第 547～548 頁。

半語落上岩，已向灘腳坐。榜師打懶槳，篙律遵定課」。語語生動，下灘迅駛之狀，森列目前，真「能狀難寫之景」者。……可於自然派詩人中占一席焉。

至其描寫敍述極平易庸俗之事，而生動空靈，尤徵作者想像力之強，初不待雕琢堆砌以炫人耳目也。如《武陵燒書歎》云：「烘書之情何所似，有如老翁撫病子。心知元氣不可復，但求無死斯足矣。書燒之情又何其，有如慈父怒啼兒。恨死擲去不回顧，徐徐復自摩撫之。」可謂極比附之能事，文人之愛書者，讀之當為首肯。……

至於言情，則尤為《巢經巢詩》所擅長。蓋其天性特厚，故於父母兄弟友朋妻子之倫，出語倍能深摯也。如《度歲澧州寄山中》句云：「今宵此一身，計集幾雙淚。爐邊有爺娘，燈畔多姊妹。心心有遠人，強歡總無味。憶在十載前，舊事已酸鼻。老懷況愈慈，如何淡此際」非天性肫摯者，安能體貼入微至此。……嘗讀阮大鋮《詠懷堂詩》，雖模範山水之佳作，美不勝收，而全集絕無性情語，固知言為心聲，非可假託者也。

《巢經巢詩》不僅藝術之工，有如上述，其風格遒上，要由於其學術識見之過人。嘗讀其子知同所作之行述，具言鄭君十餘歲時就村塾讀，僅攻帖括，即以為天下人所讀書，必不盡是。……

巢經巢之詩，既脫胎蘇黃，追蹤韓杜，則非王孟韋柳漠視人生，徒驚霞想者可比。故其詩對於民生疾苦，家國休戚，極為關懷。……則對於貪官怯將，為嚴厲之切責矣。其他紀亂之詩，皆杜陵八哀之流亞，然又無金亞匏來雲閣詩譏謗怨憤之音，此大家之所以異於庸俗也。

然《巢經巢詩》亦非有醇無疵者也。其長篇巨製，有時不免矜才使氣，上文已言之。其善於驅使俗事俗語，誠如上述，然有時務為新巧，賣弄精神，亦覺稍過。……

然此乃嚴格之批評，殊不足以貶損《巢經巢詩》之價值也。尤有一事讀者宜加注意，即自來詩人，多有逃禪之習，每賴西方悲智。以得精神上之慰藉。惟鄭君則篤行孔子之教，尊德性而道問學，其學蓋冶漢宋於一爐者。吾嘗於其「止覺百無路，來循夫子牆」之句。諷誦數四，不忍去乎。於覺百無路之時，而來循夫子之牆，其襟抱

為何如乎？則區區詩人之稱，又不足以盡鄭君也，明矣。〔註167〕

8月15日，中國科學社生物研究所舉行開幕式，並任籌備委員會委員。

8月17日，王浩致胡先驌信函。

　　書來倒床褥久矣，此病竟不起，命已頃，已電召曉兄來京料理身後事，千頭萬緒。小詩副本寄存尊處，冀君故人之不速朽也。步曾吾兄，相期寧復止此，庚申一別，遂不復為相見時耶，臨書浪浪。曉湘北高教授事亦就，知注附聞。

八月十七

弟　浩　伏枕上〔註168〕

8月18日上午，參加在南京中國科學社生物研究所舉行的開幕式，並擔任植物部主任。中國科學社生物研究所正式成立，它是近代中國第一個生物學研究機構。並且在南京成賢街文德里社址舉行了規模空前的開幕典禮。上午九時社員和來賓均已陸續來到，來賓有韓省長、齊督軍代表劉先生，張季直代表張孝若先生，財政廳嚴家幟先生，昆蟲局長吳偉士博士等10餘人。社員有梁啟超先生，實業廳長張軼歐先生，東南大學校長郭秉文先生等四十餘人。科學社社員，北京大學生物系主任譚仲逵教授先報告了成立的原因，說「所以有生物研究所者，原因有二：其一中國地大物博，研究新材料極多，可供於世界，吾國科學程度與歐美先進各國相較，已覺瞠乎其後，故應即起研究，俾有所得以為涓滴之助；其二本社社員於生物研究，採集動植物標本等已有成績，當便繼續進行。」所長秉志博士說：「以本所為基礎，一面當求達到研究高深問題；一面求能通俗，以期普及。」來賓吳偉士說：「研究所成立新聞不久將聞於世界，文化是循轉的，初由東而西，現在由西而東。貴社為初步的研究事業，切勿以設備不及書籍不足而灰心，且為世界各學術團體所稱譽」。最後科學社社員、著名學者梁啟超作題為「生物學在學術界之位置」的講話。另外蔡元培、汪精衛、黃炎培、沈恩孚、丁文江及中華教育改進社等個人或社團發來賀信或賀電。

〔註167〕張大為、胡德熙、胡德焜合編《胡先驌文存》（上卷），江西高校出版社，1995年8月版，第114～121頁。

〔註168〕王四同先生提供，胡啟鵬輯釋《胡先驌墨蹟選》（初稿），2022年2月，第364頁。

1922 年 8 月 18 日中國科學社生物研究所開幕，胡先驌（倒數第二排右 3）

中國科學社生物研究所北樓

中國科學社生物研究所南樓

8月18日，中國科學社生物研究所成立。

　　　　在這時期我同秉志、陳楨諸人組織中國科學社生物研究所，秉
　　　志任所長。這是中國人創辦的第一個生物科學研究機構，不久即有
　　　研究彙報出版。〔註169〕

8月19日～24日，參加在江蘇南通舉行中國科學社第七屆年會。

　　　　十九日晨七時同乘齊督軍特派「利通」兵艦赴通，下午六時抵
　　　埠。是時風雨甚大，年會委員長張孝若及各界代表冒雨在碼頭招待，
　　　軍警長官派隊歡迎，當即分乘汽車赴南通俱樂部安歇。其他社員直
　　　接到會者，上海方面有馬湘伯、胡敦復先生等，京津方面有丁文江
　　　先生等。計今年到會諸人，社員方面為張季直、梁任公、馬湘伯、
　　　張孝若、陳心銘、郭守純、胡敦復、胡明復、胡剛復、沈籟清、譚仲
　　　逵、陶知行、王伯秋、秉農山、胡步曾、鄒炳文、席鳴九、劉寄人、
　　　陸費叔辰、熊雨生、鄭初年、過探先、楊允中、柳翼謀、何奎垣、徐
　　　南騶、李拔茨、熊迪之、推士、尤懷臬、周子競、蕭叔綱、竺藕舫、

〔註169〕胡先驌著《自傳》，1958年。《胡先驌全集》（初稿）第十五卷人文科學文章，
　　　　第656～659頁。

王季梁、鍾心煊、錢安濤、楊子嘉、丁在君、楊杏佛、溫嗣康等四十人，來賓方面有梁思成、梁思永兩君，及本社圖書館管理員王鳳岐君等。〔註170〕

8月，《評金亞匏〈秋蟪吟館詩〉》文章在《學衡》雜誌（第8期，第127～137頁）發表。摘錄如下：

> 夫批評家之責任，在以精密之眼光，洞觀古今作者之得失，下以正確之評判，以為一般社會之指導。決不容輕於許可，或肆意詆謨，以淆亂讀者之視聽也。夫以風俗習尚歷史絕不相同之文學相提並論，誠難為斤兩悉稱之衡度。然同此圓顱方趾，喜怒哀樂，則其表情述性之作，其品質等差之相去必不甚遠，而批評之道亦必有一貫之理存。……余嘗細讀金氏之《秋蟪吟館詩》，其五七言古體詩，誠犀利痛快，言無不盡，然讀之每覺其骨格不高，鋒利太甚，非但不足以方大家，且去名家尚遠也。其近體之凡猥纖細，直元明人之陋習，當與王次回《疑雨集》相伯仲，視袁枚糞自珍之流，且有遜色。梁任公乃謂其元氣淋漓，且擬之於莎士比亞、戛狄爾，一經品題，聲價十倍。甚矣乎！不負責任之批評，淆亂視聽，為害於社會匪淺也。
>
> ……
>
> 金君一生最有關係之行為，厥為謀內應襲取金陵一事。其《痛定篇》十二詩、《追紀五月初十日事贈同學張君荷生》《初五日紀事》諸詩，在全集中亦為重要之作。以藝術論，此諸詩仍如前之犀利痛快，惟過於急節，轉失深厚沉雄之致。且其五言古，亦慣用急轉直下之筆法，尤覺聲調之迫促。說者謂作者之詩，有如短刃之銛鋒，而異於長槍大戟，堂堂正正之氣象，誠中竅要之語也。就事而論，襲城內應之謀，亦魏延出兵子午谷之策，不得謂為至計。向忠武之不深信其策，不得謂為畏葸。及聞城中有伏之謠而收軍，亦不得謂為詒誤。乃金君之詩曰：「固知賊不解為此，曾何所見皆云云。」當軍情百變之頃，寧有人敢斷言「賊不解為此」耶？在金君躬與其謀

〔註170〕王良鑌、何品編注中國科學社檔案資料整理與研究《年會記錄》選編，上海科學技術出版社2020年12月版，第78～79頁。

而不見納，自不免憤懣形於楮墨。然事後平情論之，殊覺不能深責向忠武也，且金君之言未可盡信也。如《江寧死事》詩中所弔之兩江總督陸建瀛，其死也係微服乘小轎出走時，為賊所邀殺。當時萬目睽睽，親見其非巷戰而死也。而金君以曾在其家教讀，必以死難之美名歸之，乃有是詩。夫褒貶苟可以意為之，則內應襲城之計之利鈍，尤不能據其片面之辭而下斷語矣。短無論如何，向帥之持重皆未足為詬病耶。……

金氏集中之名篇，當首推《蘭陵女兒行》，其敘述之生動，氣勢之天矯，殆少倫比。然亦如金氏所有之古詩，弦急柱促，既無白樂天、吳梅村低徊掩抑，一唱三歎之風致。復無杜工部、韓昌黎博大沉雄之氣格，故終為識者所不取也。且所敘述之蘭陵女兒，不無過情之譽。細察其辭句，恰似滬上賣文之小說家所誇張之女劍俠，無一非天人，無一非超群絕倫、古今無兩之奇女子，甚足使人無徵不信也。……《蘭陵女兒行》乃用長短錯落之句法，亦為不中法度之表徵。此其所以終不能儕於名家之列也。

金氏之喜於逞才，喜作大篇，靡處不然，而每不見好。如死生骨肉之情，苟善於描寫，最能真摯動人者也。……至金氏《苦蚤》一詩，則除誇多鬥靡而外，別無剩義，浪費楮墨，徒自苦耳。其《病瘡》與《足瘃篇》二詩，愈刻畫畢肖，愈覺可厭。夫病瘡至可厭之苦也，足瘃至不韻之事也。人偶罹之，方懊惱之不暇，乃曲形諸篇章，豈尚欲讀者同感其懊惱耶？無他，矜才炫博之結習，有以使之耳。

且金氏之詩，骨格至為凡猥，跡其平生之所遭，誠為坎壈。然大詩人如杜工部、陳後山，所遭之屯塞，當什佰於金氏。……而金氏則不然，粵寇初興之候，其意氣方張，故其詩雖欠翦裁，尚餘豪氣。自後則流亡轉徙，所遇益困，意氣益索，其詩亦漸露頹喪之氣象。……

綜而論之，金氏之詩，才氣橫溢，言詞犀利，誠有過人之長。惟太欠翦裁，不中法度，且骨格凡猥，口吻輕薄，殊缺詩人之高致。充其量，亦惟可與龔定庵相伯仲耳。故苟湮沒無聞，則亦有表彰之必要。惟自梁任公、馮蒿庵、陳石遺諸公交口稱譽以來，風行海內，

不脛而走，則不得不為毫釐之辨。龔定庵之恢奇弔詭，炫人耳目，貽誤後人者已久，斷不容更有野狐禪妄擬正法眼藏也。陳石遺詩學耆宿，尤善言詩，乃於金氏有此溢譽，殆市惠於朋好，遂不惜從而為之辭耶！〔註171〕

8月，《「嚴幾道與熊純如書札節鈔」志》文章在《學衡》雜誌（第8期，第94～102頁）發表。摘錄如下：

> 嚴幾道先生最為人所訾議者，厥為名列籌安會一事。觀其致熊純如先生書札，則知其純為被動，且雖主君憲，然不主袁氏稱帝，亦不主清室復辟。故刊布此等書札，大足以解先生之謗也。至認共和國體不適吾國國情，純屬諸個人之意見。予之刊布此等書札，非必心契其說。若以主張君憲意見識，則非予所任受。且至今日，君憲已萬無再現之希望，此等議論亦無動搖人心之虞也。〔註172〕

8月，為《高等植物學》撰寫例言。

例 言

（一）我國學述銷沉，植物學從無博大精深之教本。編者有鑑於此，乃參酌海內外各名家著作，編成此書，以為大學及專門學校教科之用。

（二）此書第一編通論，取材於 Ganong 之 AText-book of Bctany for Colleges 為多，餘如 Coulter, Barns, Cowles，之 AText book of Botany, Coulter 之 Elementary Studies of Botany, Stevens 之 Plant Anatomy, Bergen, Caldwcll 之 Practial Botany 及 Stras-burger 之 A Text book of Botany 亦多所採取。第二編分類則參酌 Ganong 之教科書 Coulter Barns Cowles 之 AText-book of Botany, Scott 之 Evolution of Plants, Von Wettstein 之 Hand-buch der Systenmatische Botanik 與日本齋藤功太即佐藤禮介之最新圖說內外植物誌各書。論菌藻植物則取材於 Ganong，論苔蘚植物與蕨類植物則取材於 Coulter，論古代植物則取材於 Coulter 與 Scott，論種子植物則取材於 Von Wettstein 及參

〔註171〕 張大為、胡德熙、胡德焜合編《胡先驌文存》（上卷），江西高校出版社，1995年8月版，第122～129頁。
〔註172〕《胡先驌全集》（初稿）第十五卷人文科學文章，第91頁。

考齋藤氏之作。種子植物之分類一以 Von Wettstein 為本而稍有變易。要以擷取眾長以成一最新之完善教本為目的也。

（三）我國曩日之植物教科書皆因襲日本之編制法，頗有陳舊之譏。對於通論則形態學組織學生理學三者分立，致學者覺其枯索無味，而於植物構造與作用相連互之理不能貫通。

對於分類則大悖植物天演之程序，先論天演最高組織最複之種子植物，逆流而上溯孢子植物，本末倒置莫此為甚。編者有鑑於此，故於通論則效法 Ganong，以形態組織生理融合為一片，庶學者既明植物之構造組織，即明其構造組織之作用而無破碎支離之病。於各論即自最簡單之黏菌植物論起，而漸及最高最複之種子植物，庶學者對於植物之天演及其器官構造之蛻變，了然如指掌而無惶惑之苦。

（四）此書具改制之志，凡舊日因襲日本而不合學理之名稱，概予改定。如隱花植物之改為孢子植物，顯花植物之改為種子植物，蘚苔植物之為苔蘚植物，羊齒植物之為蕨類植物，雌雄蕊之為大小蕊，雌雄花之為大小蕊花，雌雄異株之為大小蕊花異株，孢子之為孢子等，皆按之學理及考證不得不更改之者，非故求立異也。編者且深望此書一出，後人之編中小學之植物教科書者，從而更定其舊名，則於植物學之功匪鮮也。

（五）此書之圖皆採取於上列各書，故大小精粗未能一律。又此書以急於印行之故，大疵小瑕知未能免，編者深望社會績學之士，恕其草率而時賜切磋，以便於再版時一切不完全之處得有所更正。

民國十一年八月　編者識

9 月，譯《江西浙江植物標本鑒定名表（三）》，莫禮爾（E. D. Merrill）、芮德而（Rehder）、笛而士（Diels），文章在《科學》雜誌（第 7 卷第 9 期，第 958～964 頁）發表。

9 月，胡先驌任東南大學生物系主任。

農科設立生物學系，系主任由秉志擔任，胡先驌後曾繼任。但在文獻記載中既有秉志，亦有胡先驌，但均未標明任職時間，讓人莫衷一是。……

籌劃設立生物系，胡先驌貢獻甚多，成立之後，即推秉志為系

主任。然而未久，秉志提出辭職，轉請胡先驌繼任，於 1922 年 9 月
有函致校長郭秉文請辭：

鴻聲校長先生大鑒：

敬啟者。敝系自去年以來，所有事務或關於教授，或關於研究，
或關於行政，皆弟與胡步曾及錢雨農二君協力並行，和衷共濟，而
胡君之盡心力尤多。弟為學校、為學生，甚感胡君之熱心也。蓋渠
學問既優，道德又美，而且富於治事之才，敝系中同人皆最欽佩者。
弟決意推轂賢人，請將敝系主任一職讓與步曾，庶幾弟為學校與學
生裨益起見，不愧見賢能薦之□（引者注：此有一字無法辨識），而
敝系同人當更努力共進，為將來謀發展。步曾遊美之計，現既未能
即見實行，渠在校之日方多，可由執事酌定改任渠為敝系主任，弟
可隨諸君子之後教授讀書，稍求進益。是則吾校用人各當其材，敝
系諸事無不措置如意，而同人皆得潛心研求，教授者之程度日高，
學生獲益自不可限量矣。弟此舉實為謀敝系利益起見，弟與步曾、
雨農皆相處甚得，意氣相投。即新來之陳君煥鏞、陳君楨尤屬相契
之同志。數年來舊交得聚首一校，相觀而善，絕無絲毫不協之處，
望執事萬勿誤會弟此舉之或出意見也。蓋弟天性喜岑寂而不耐煩劇，
一系之事雖不多，要以性質較活潑者任之為宜。弟之力讓步曾，即
以此意。此等曲曲，尚希亮察是幸。

耑此，恭請

公綏

此議如蒙允諾，即請速行知照步曾，弟可向同事及學生等聲明
以後步曾為系主任，弟事事向彼相商也。又及。

弟 秉志 頓首

秉志專注學問，不願董理行政事務，尤不願陷入人事，乃請辭
而推薦胡先驌繼任。胡先驌也未推辭，而勇於擔任，直至 1923 年 11
月去國為止。胡先驌赴美之後，生物系主任又由秉志接任。當 1925
年秋學成回國，重返東大執教，此時東大生物系分為動物系和植物
系，分別由秉志、胡先驌擔任。

上引秉志推薦胡先驌函，可知秉志之於胡先驌推崇備至，「學問

既優，道德又美，而且富於治事之才」，可謂慧眼識才。〔註173〕

10月14日，王浩致胡先驌信函。

步曾大兄如握：

別久思深，得來書，胸中輒起千百語，不能一罄，今日足痛正劇，左足底下倏起一疽，不得成膿，呼號而已。念全歸之難，又不肯輕於一割，困頓至此亦命也夫。前數日足疽未盛時頗能扶杖以行，有詩數章摘呈備採，此閒時運略無佳作，大率多挾宋人浮想，掠得字面，其拙者且並此未能，偶剪數紙，皆是類也。鄭太夷序散原詩，文題皆稱，似可登入學衡，駢文俟暇錄上。

即頌雙安

弟　浩

十月十四

（王四同先生提供）

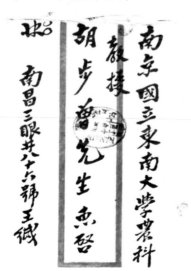

王浩致胡先驌信函

〔註173〕秉志致郭秉文函，1922年9月，中國第二歷史檔案館藏中央大學檔案，全宗號六四八，案卷號341。牛力先生提供。胡宗剛著《生物學系主任小考》，2021年09月13日。南京大學生命科學學院版。《百年院慶、南京高等師範學校農業專修科之生物系創設原委（七）》COPYRIGHT © NANJING UNIVERSITY ALL RIGHTS RESERVED|蘇 ICP 備 10085945 號 WEBMASTER @ NJU.EDU. CN。

　　10月，《評朱古微〈彊村樂府〉》文章在《學衡》雜誌（第 10 期，第 3～11 頁）發表。摘錄如下：

　　　　自《鶩音集》出，彊村侍郎亦垂垂老矣。《彊邨樂府》既為侍郎晚年定本，吾人自可據之以為定論。余常瀏覽有清一代之詞，覺名家雖輩出，而詞學之發揚光大，實始於晚清王幼遐侍御鵬運。……清初及中葉詞人，未知嚴於此，故辭意雖工，終非兩宋之舊。至王幼遐侍御之刊《四印齋詞》，讎校始精。其所作詞，律亦漸細。朱彊村、鄭叔問、況夔笙，皆聞風興起者，而彊村侍郎尤為出類拔萃。其先後刊印之宋元人詞集，校讎之精，殆為僅見。他姑不論，即以《夢窗詞》而論，先後治之凡二十年，其與王幼遐共校之無著庵刊本，已遠在毛刻杜刻之上矣。然舛訛仍屬不少，如暗香疏影之誤為疏影，秋思之誤為秋思耗之類。直至今刻，始克糾正。然《繞佛閣》調前段本為雙拽頭之兩小段，誤並為一，則雖在今刻，亦未發見。直至《鶩音集》刊行，數百年訛誤，一旦始正。可見校讎舊籍之難，而侍郎之精勤可佩也。

　　　　侍郎既精於校讎，又專治夢窗。故詞律極細。在王幼遐《半塘定稿》，律法猶有出入，《彊村樂府》則絕無此病。以視並世詞人，能五聲皆不舛於古，恐除況夔笙先生外，殆少其匹矣。侍郎之詞不但律細，命意遣詞，悉經苦心擘畫。舊刻彊村詞吾人視之已為全璧者，《彊村樂府》中，獨多所點竄，其終始不懈有如此者。又所刊落之詞多有佳作，每每二三流詞人冥心孤往所能僅到者，侍郎乃棄之如遺。……

　　　　彊村詞最知名者，為《摸魚子·梅州送春》《燭影搖紅·人境廬話舊》諸詞。蓋斂稼軒之豪情，就夢窗之軌範，遂兼二家之長，而別開一境界。不獨為夢窗，直成其為彊村矣。……

　　　　此外彊村詞最著之旨趣，厥惟厭倦世務。夫人生寡趣，明哲人略涉世故，即能深知。矧中年飽經哀樂，死生聚散之感日深，厭倦浮世之念自亦日著。加以國事日非，伏莽遍地，燕巢危幕，魚游沸釜。當局者尚歌舞升平，金迷紙醉，不知喪亡之無日。明眼人徒抱杞憂，莫籌長策，則惟有棲遁山林，偶耕沮溺，厭倦之念自為之益深也。……

　　　　有清末季文人，與政局多有密切關係。甲午之役，一時號稱清流者，如張佩綸、陳弢庵、文芸閣、張季直輩，皆擁常熟相國為魁

率，紛紛主戰。戊戌政變，參加者尤夥，譚復生、林暾谷輩，至遭柴市之慘戮，陳伯嚴、文芸閣則降謫竄逐，鄭太夷、嚴幾道亦與之通聲氣，幸而未被牽涉者耳。庚子拳禍，為矯詔所殺者有袁爽秋。趙堯生雖未躬與此數役，然終光宣之世，犯顏極諫，直聲蜚然。蓋幾於第一流文人，皆與政潮起伏，有不解之緣者。獨彊村侍郎，不聞與此數役有關。殆其素性恬退，故克持明哲保身之訓，亦志在高文壽世。初不以一世之理亂，影響其名山盛業耳。然又非秦越視之也。……

總而論之，彊村詞骨高韻遠，復異乎尋常之詞人。微論國初浙派諸公，未能視其項背。即以有清一代而論，捨成容若、項蓮生、蔣鹿潭三數詞人外，殆難與之頡頏。在光宣朝，大詞家若文芸閣、王幼遐，天骨開張，風神雋上，固可與之抗手，而半塘翁尤為彊村所尊視，然二家皆病於律法較疏。即論淵源所自，侍郎之於半塘，亦尚有出藍之勝焉。趙堯生別樹一幟，自為雄長，自是能手，然究有韓孟歐梅奇正之別。至況夔笙、鄭叔問，則終須弟畜之耳。間嘗與三數友人煮茗談藝，每深慨不及見兩宋詞壇之盛。六百年來，清響久歇，得彊村詞視逾瓌寶。嘗不揣謬妄，許為有清一代之冠。少年莽魯，自屬可嗤。然細思維，雖不中亦不遠也。〔註174〕

11月3日，郭秉文校長復胡先驌等函，逐條答覆。

敬啟者。

惠示敬悉。承商各節，答覆如下。

（一）（二）兩條「自然科學院獨立建築及解決時不提交評議會」，應會同有關各系共同商酌，一方更須徵集洛氏基金部意見，俟有結果，再行提交評議會。（三）「化學系聘教員，基金任半數，生物系得同等權利」，當能可以照辦。（四）（五）兩條「自然科學院設農校新址，及與地學系磋商之事」，俟農科校址問題解決後，再行討論。（六）「預算支配問題」俟本年度新增經費確有著落時，再行酌量支配。

此復

生物系諸位先生

〔註174〕 張大為、胡德熙、胡德焜合編《胡先驌文存》（上卷），江西高校出版社，1995年8月版，第130～138頁。

郭秉文

十一年十一月三日（1922 年）

（張建中先生提供）〔註175〕

11 月 29 日，參加董事會會議，報告出版菌學研究經費事項。

董事會 1922 年 11 月 29 日會議記錄，地點：府東街山東館。到
會者：任叔永、王伯秋、張子高、秉農山、胡剛復、楊杏佛、竺藕
舫、胡步曾、王季梁。

事件：

（一）任叔永報告在川募捐情形云：因受戰事影響，結果不佳，
但各人口頭答應者（實業家楊君）約有三千之譜。

又報告：在滬遇本社社員張孝若君，張君自認擔任與滬上要人
接洽募捐事，且允出使時在南洋為科學社募捐，募捐信已寄滬。

（二）討論社務。

（甲）各部預算由各職員報告約數如下：

生物研究所

動物組：秉農山云，即需五百元。

植物組：胡步曾云，即需三百元，且將出版菌學研究報告。

圖書部：胡剛復報告：

> 雜誌、新書，年需金洋二千元。
>
> 職員薪金、書櫥等，二千元。

至於所欠書債，又當另籌。〔註176〕

11 月，與錢崇澍、陳煥鏞、秉志、陳楨致郭秉文校長信函。就生物系經費
與其他系相比較，相差較多，要求給予關照。

鴻聲校長惠鑒：

> 生物系成立以來，同人等不甘於敷衍校課了事，除竭能盡忠以
> 教授學生外，且積極從事於課外之研究。兩年以來，不無小就，凡
> 此皆在亮鑒之中，初無庸逢人自炫。敝系合動、植物兩門經費，尚

〔註175〕中國第二歷史檔案館國立中央大學案卷。

〔註176〕何品、王良鐳編注中國科學社檔案資料整理與研究《中國科學社董理事會會
議記錄》，上海科學技術出版社 2017 年版，第 11 頁。

不及物理或化學一系之多。今春敝系請求援西洋文學系之例分為兩系，乃同事諸君不惜以全力破壞之。陳君鶴琴至謂：敝系所授課程不及西洋文學系之多，故不能分立。敝系經費不數，無力購買顯微鏡。除得農科補助一部分外，至今學校仍懸欠債款不還。而植物門購買標本紙之款，非敝系在標本費中撥借，幾須將貨退還。物理系之二千數百金購置儀器之款，則中央迅速為之還清。物理、化學兩系課室、實驗室、用品室地方極為宏敞，且日圖擴充房舍。敝系則十八種課程擁擠於兩實驗室之內，且尚須供病蟲害系及他系講授實習之用。植物門費盡九牛二虎之力，始乞得一預備室。凡此種種，同人等憤懣已難言宣。今者煉油大王醫學基金部欲為本校辦醫預科，允出半費建築教舍。前次晤談時，已經大家承認，分建築物質科學、自然科學兩院。今聞又欲徇物理、化學系之請，改為一建築。敝系素不為學校所重視，又無人任校中機要之職，不能日與先生晤面。則將來房舍分配、設備布置，勢必盡徇物理、化學兩系之意，而敝系僅得他人之飯餘，此同人萬死不甘者也。為學校計，亦宜設法劃分，以免後日之糾纏。乃聞有以此議提交評議會取決之說，彼評議會非贊成西洋文學系分立而不贊成動植物兩系分立者乎？彼評議會非仍以文理科、教育科各系出席占多數者乎？苟先生誠不願予敝系一單獨建築，評議會焉有不希承意旨予以否決者乎？則何若明白聲言，而必假評議會之公意以相鉗壓也。今同人再四商酌，決定為以下數條之請求：

（一）自然科學院必須獨建，決不與物理、化學兩系之建築物相連。建築設備之經費各得其半，不得有絲毫之增減。

（二）建築物或一座或兩座，由先生與同人兩方面解決，不得提交評議會。

（三）化學系如欲添聘教員，由煤油大王基金出任薪金之半數，則敝系亦須得同等之權利。

（四）自然科學院設農科新校址內，另由農科籌畫學生走讀時交通之辦法。

（五）如地學系不願設在農科新校址內，請設之於物質科學院中，敝系或補助以若干之建築經費。

（六）以後但有新預算，敝系動、植兩門之經費，必與物理、化學兩系之經費等。

否則，敝系寧可放棄煤油大王醫學基金補助建築之權利，永為農科之一部，亦不擔任醫學預科之課程。好在學校有經費，不妨另聘他人教授醫預科或文理科之動植物課程。再不然或以同人等頑劣無狀，不堪教誨，可根本完全改組，同人決不戀棧。戇直之言，諸希垂鑒，並候。

回示不宣

胡先驌、錢崇澍、陳煥鏞、秉志、陳楨同啟

（1922 年 11 月）

（張建中先生提供）

11 月，《植物學教學法》文章在《科學》雜誌（第 7 卷第 11 期，第 1181～1191 頁）發表。首先呼籲學校正確教學好植物，關鍵在老師，老師只有正確掌握植物教學方法，才能把學生教好。全文分為四部分：一是總論。植物學教育如此之劣者有三原因：一是一般社會甚至於辦教育者皆不知植物學與人生之關係，及其在教育上之價值；二是博物教師，濫竽尸位者過多，不能引起學生、辦學者與一般社會重視博物學之觀念；三是部定課程表無實習期間，設備復不完善，教科書一本日人，截然分為形態、組織、生理，分類之舊，使學生不能貫通學理，躬親實習，遂至興趣索然，成績自劣。要從以下五方面加強：植物學在教育上之價值、植物學與人生之關係、博物師資缺乏之原因、教授法之不善、植物師資補救之方法。具體要在三個階段實施不同措施。二是初級中學之植物學教法。三是高級中學之植物學教法。四是大學之植物學教法。他呼籲今欲挽救於未來，必先於此數點有所糾正，方有希望也。針對植物學施教之方針。他最後指出：「其詳決非一文所能盡，然概括其大旨，可知今日植物學施教之數大要點：（1）無論初級或高級中學，學生必須有實習時間，以躬證書籍與教師所講授之理。（2）學校須有完善之儀器、書籍以供教師、學生研究參考之用。（3）教師除教授功課外，必須時時研究與採集。（4）教授法必須改良，使學生理解植物生命之作用，不徒記憶若干條列而不相關連之事實。（5）教育行政人員與學校宜獎勵教員研究，與以充分之書籍、儀器、日力，使有躬自策勵之機會。」〔註177〕

〔註177〕張大為、胡德熙、胡德焜合編《胡先驌文存》下卷，中正大學校友會出版發行，1996 年 5 月版，第 47～54 頁。

11 月，《評俞恪士〈觚庵詩存〉》文章在《學衡》雜誌（第 11 期，第 118
～126 頁）發表。摘錄如下：

> 某公善談詩，素無門戶之見，每能就各家各派，論列其短長，
> 語語皆中竅要。然於宋人獨不滿陳簡齋，於近人數短俞觚庵，此頗
> 可怪者也。方回《瀛奎律髓》以杜甫為一祖，以黃庭堅、陳師道、
> 陳與義為三宗。劉後村謂元祐後詩人迭起，不出蘇黃二體。及簡齋
> 始以老杜為師，建炎間避地湖嶠，行萬里路，詩益奇壯，造次不忘
> 憂愛。以簡嚴掃繁縟，以雄渾代尖巧，第其品格，當在諸家之上。……
>
> 山陰俞恪士布政明震為晚清一名詩人，其詩蓋初學錢仲文（起），
> 後學陳簡齋者。觚庵天資極高，而功力較遜，故常多疵纇之句與膚
> 泛之語。然其佳處，乃往往出入意表。其瑕瑜互見之處，明眼人自
> 知之，固不必曲為之諱，亦不宜追加抹煞者也。癸卯以前所作，多
> 浮光掠影語，初讀之覺有新意，細尋繹之乃空洞無物。……癸卯以
> 後之詩，膚泛語仍數數有之，惟較少耳，又無病呻吟之積習亦深。
> 在有清末季，有心人萬目時艱，好作苦語，亦自其分。然開口必看
> 天，合口必淚眼，言不立誠，讀之殊令人生厭。……
>
> 觚庵詩最擅長者為寫景。癸卯以前詩，說理抒情皆無精彩，寫
> 景則時有佳句。如「濕霧散濛濛，鳧雁靜不翔。」「層臺吐曙鮮，大
> 星沒城頭。」「一棹入溪曲，亂雲啼竹雞。」「架竹引泉脈，因松作
> 雨聲。」「新霽鈴聲活，晨炊松葉香。片雲駐靈石，一鳥答松篁。」
> 皆極高秀。以視他作，有仙凡之別，蓋得力於錢考功有如此也。
>
> 癸卯至庚戌，於觚庵詩是為第二期。視前作乃漸深厚而耐人尋
> 味，氣度亦漸蒼莽。……
>
> 辛亥至壬子，為觚庵詩之第三期。觚庵官贛後，歷覽虔邊山水
> 之雄健，詩格為之增進不少。至是自燕京渡河赴隴，目睹風沙大漠
> 雄偉深厚之氣象，胸懷益加宏廓，作品亦日趨於雄渾。……
>
> 觚庵之為人，有可得而論列者。清季文人粗分之約為五類：第
> 一類為泥古不化，反對一切新事業者。第二類為清季所謂清流，深
> 知中國如欲立國於大地之上，必不能墨守故常，政法學術，必須有
> 所更張。第三類為有志於維新，對於清室初無仇視之心，亦未必以
> 清室之覆，民國之興，為天維人紀壞滅之巨變，而必以流人遺老終

其身者。第四類為奔走革命，誓覆清室者，如章太炎先生是也。第五類則藉名士頭銜，獵食名公巨卿間，恬不為恥，反發「諸夏無君出處輕」之謬論，甚或沉湎於聲色，乃託詞於醇酒婦人。如樊樊山、易實甫之流是也。觚庵則屬於第三類。

觚庵癸丑以後詩，視辛亥度隴諸作，未有進境。惟處境閒適，窮幽躡景，益多佳句耳。如「江山不滿眼，萬荷補其隙。初花弄光影，顛倒一湖葉。繁聲疑雨來，微涼散空闊。」「石佛垂白眉，披煙露寒脛。滉漾洞牖開，幽極得鳥敬。掩關千層雲，破寂一聲磬。」「谷口漸通樵，人家枕斜日。春風入雲際，炊煙相與白。」「魚貫出層嵐，帽檐欹曉日。咿啞答鳥聲，風輿坐超忽。直上窮欹如，下臨詫奇絕。雲與石爭山，怒泉抵其隙。回風一震盪，喬林濺飛沫。危橋通兩崖，關鎖見氣力。」皆刻畫山水，具有獨到，傳之久遠，差無愧焉。〔註178〕

是年，《江蘇省設立昆蟲局之經過》文章在《農業叢刊》雜誌（第1卷第2期）發表。摘錄如下：

蘇省農業所受蟲害，每年損失不下萬萬元。前年稻受螟害損失至一千萬元，去年棉受蟲害較螟害禾稼尤甚，即如南匯、奉賢兩縣，據東南大學教授張君巨伯調查，損失在二百萬元以上。又如通泰各墾牧公司據四公司之報告，損失亦不下二百萬元，金融大感不便。今春中國銀行張副總裁，以代各該公司經募五百萬元債票事，受上海銀行界錢新之、陳光甫、盛竹書諸先生之託，親赴各公司調查所及，覺公司對於蟲害須早自為計，庶發達可期，而債權銀團亦得一重要保障。因提議撥款組織通泰農事試驗場，注重蟲害之治防及作物上改良方法，特託國立東南大學農科代為籌備。

農科主任鄒秉文先生以蟲害研究非敦請著名專家主持不可，惟著名專家延聘不易，且事業局於數公司範圍以內，亦覺屈彼長才。正籌度間，政務朱廳長、財政嚴廳長、實業張廳長聞其事，謂蘇省害蟲時有所聞，其損失百數十倍於公司影響所及賦稅，短收甚巨，

〔註178〕張大為、胡德熙、胡德焜合編《胡先驌文存》（上卷），江西高校出版社，1995年8月版，第139～145頁。

農民尤為困苦。內務行政本歲有搜捕蝗蝻之舉，實業廳內亦曾有考察螟蟲之團，徒以士少專長，民多迷信，未收大效。歐美對於蟲害問題，皆設局專理。今幸實業先進，有此意願，行政方面亟宜通力合作，為蘇民造福。因呈請省長主持延聘積有經驗，負有盛名之專家一人，為江蘇全省昆蟲局長。

鄒君旋即薦聘世界著名昆蟲專家，美國加州農科大學昆蟲主任教授吳偉士博士為局長兼主任技師，而以留美康南耳農科大學農學博士胡經甫先生，及留美奧海奧農科大學農學碩士，現任東南大學昆蟲學主任教授張巨伯先生為副技師，擔負解決全省及各墾牧公司害蟲問題之責。現聞吳博士已早有電應聘，現時業已在美首途，約下月初旬即可抵滬。王省長暨各廳長均極欣慰，並謂凡百政費均可節省，此項治蟲經費則較賑款尤急。除發起此事之銀團熱心擔任開辦費及每年該局經常費一萬元外，並由省長核定於國家預算捕蝗經費項下指撥一萬元為該局經常費，合之銀團所撥者共為二萬元。該局至遲明年一月即可成立。

似此辦法，銀團與各公司注重研究根本問題，故具有遠大之眼光。各官廳當仁不讓，嘉惠農民，亦具有深長之計劃。此等重要事業為吾國空前之舉，今日得於蘇省見之，誠蘇民莫大之幸也。〔註179〕

是年，王浩致胡先驌信函。

步曾大兄道席：

日前續上長緘，中間論為詩語，多自是平生狂妄，惟此節度兄原之，不以為奇。弟屢上書，皆未自存稿，若兄憫其精神或滅，設法存之，或交潭秋，採入詩話，雖片言之微，亦可見得失也。幸甚禱甚。頃讀《學衡》第七，尊論巢經巢詩，精悍異常。鄭君百年下，不圖得此知己，可為浮白。篇中論及鄭君短處亦中肯。縫弟意其長古於二三十韻以外，有時六四各節，須中氣不可不知。即見累贅，竭蹶似有貪多之病。其原因有力趨平渾，而乏挺脫之筆，故造境不遠，微露忠厚。膽小之藝，若取較時流矜眩，亦自美疵也。弟詩中如戒同生阿齊懊懷及近作之思，阿牛面目微似鄭君而風格思力自謂

―――――――――
〔註179〕《胡先驌全集》（初稿）第十四卷科學主題文章，第18頁。

過之。吾於此曹所畏者，惟一陶淵明耳。至於東野之苦，後世之酸，皆落弟二義矣。最近時如曉兄五古，其至性語，沉痛入骨，貌似經巢之肶勢，而境造淵明之蕭曠，未可輕修，五鳳樓只可別覓蹊耳。弟之思阿牛三首，即故異其蹊者也，兄謂如何。

　　即頌

吟安

弟　浩

再拜（1922 年）〔註180〕

是年，對1922年以來中國科學社生物研究所成果介紹。

　　1954 年，社長任鴻雋作《中國科學社四十週年紀念會開會詞》，文中對生物研究所作了總結。生物研究所 1922 年在南京成賢街江蘇省政府撥給的房屋內成立，並得江蘇省政府補助每月二千元。1925年以後得中基會補助，自建大樓研究所，工作人員達二十餘人。研究結果作為論文叢刊計為下列幾種：（甲）動物論文叢刊十六卷；（乙）植物論文叢刊十二卷；（丙）生物研究所專刊二種；（丁）森林植物誌藥用植物誌各一種。

　　此後我們應當特別指出的，生物研究以它出版的論文向世界各國學術團體交換刊物達八百餘處，幾乎世界的每一角落都有我們的交換團體。可是在抗日戰爭期間，南京的研究所被敵人焚毀了，生物研究所也無法恢復。解放後所中尚存有十餘箱植物標本，都贈與了中國科學院植物研究所。〔註181〕

是年，派員到東南各省及四川採集植物標本。

　　一九二二年中國科學社成立生物科學研究所，作者任植物部主任，曾派員至東南各省及四川採集植物標本，有重要的發現。後來鄭萬鈞博士在浙江與四川、昌都地區更有大規模的採集，得有大量植物標本，有重要的新發現。中國科學社生物研究所彙報於一九二五年開始出版。中國植物圖譜第二卷由作者與陳煥鏞教授編纂，於

〔註180〕《胡先驌全集》（初稿）第十七卷下中文書信卷，第 549 頁。
〔註181〕林麗成、章立言、張劍編注《中國科學社檔案資料整理與研究——發展歷程史料》，上海科學技術出版社 2015 年版，第 182 頁。

一九二九年出版。一九二八年，錢崇澍教授繼任為該所植物部主任，裴鑒博士任植物部技師，多年來皆有多篇論文發表。〔註182〕

是年，將採集到的植物標本和國內外科研機構互相交換植物標本，有關單位、人士捐贈的植物標本，利用這些植物標本資源，建立中國科學社生物研究所植物標本室。

是年，胡先驌將採集植物標本請外國專家鑒定。

胡先驌在浙江、江西兩省所採標本有數千種之多，先後有部分標本寄予美國之雷德（A. Rehder）和德國之笛而士（Ludwig Diels），請兩氏協助鑒定。〔註183〕

是年，美國人梅里爾在我國進行植物標本採集。

美國還有一些生物學家，對美在華教會大學生物標本室、館的建設非常熱心。1922年，植物學家梅里爾（E. D. Merrill）組織過金陵大學的植物標本採集，並鑒定其中大部分標本。梅里爾曾在菲律賓擔任科學局長，對東南亞和我國廣東的植物都頗有研究。他還和我國植物學家陳煥鏞合作研究海南植物。20世紀前期，我國植物學家鍾觀光等人採集的許多植物也都是他鑒定的。他還曾是我國植物學家裴鑒在美留學攻讀博士學位時的指導教師。〔註184〕

編年詩：《春日過校場有歌大鼓書者為之駐聽移時率占一絕》《南昌春日絕句》（二首）《同陳伯嚴梁慕韓柳翼謀諸前輩太平門外觀桃花》《慰然父臥病京邸》《哭沈乙庵師》（二首）《秋日乞得木犀數枝作案頭清供》《題海鹽周養齋燭窗漫吟圖》。

〔註182〕胡先驌著《植物分類學簡編》，高等教育出版社1955年3月版，第4頁。

〔註183〕胡宗剛著《胡先驌赴浙贛採集植物標本》，2021年08月16日。南京大學生命科學學院版。《百年院慶、南京高等師範學校農業專修科之生物系創設原委（四）》COPYRIGHT © NANJING UNIVERSITY ALL RIGHTS RESERVED| 蘇ICP備10085945號 WEBMASTER@NJU.EDU.CN。

〔註184〕羅桂環著《近代西方識華生物史》，山東教育出版社2005年10月版，第272頁。